나는 돈이 없어도 경매를 한다

확장판

나는 돈이 없어도 경매를 한다

10만부 ★기념★ 확장판

자산을 100배 불린 마법의 7단계 경매 공식

이현정 지음

거인의 정원

"과거에는 부동산 분야 중 경매에 대해 부정적인 인식이 있던 시기가 있었다. 아마도 전문적 신뢰성 부족에서 기인한 것으로 보인다. 그러나 11년 전 객관적 전문성으로 무장한 이현정 작가의 《나는 돈이 없어도 경매를 한다》 출간으로 경매가 대중화되었으며, 지금은 부동산 전문자산관리의 한 방식으로 자리하게 되었다. 그러나 여전히 이 분야는 통찰력과 함께 부동산과 법에 대한 깊은 이해가 필요하다. 이 책은 부동산 경매를 처음 접하는 사람들이 어떻게 해야 하는지 알려주는 지침서이자 교과서이다. 다양한 예시와 함께 기본에 충실하여 매우 친절한 책이다. 최근 부동산의 흐름이 바뀌고 있고, 다시 한 번 경매의 시즌이 오고 있다. 이 책을 만나는 모든 독자에게 지금이 새로운 도약의 시기가 되기를 기대해본다."

_박태원(광운대 도시계획부동산학 교수)

"이현정 작가의 삶이, 그리고 수강생들의 삶이 경매라는 수단을 통해서 얼마나 성공적으로 바뀌어가고 있는지를 오랜 기간 지켜봤다. 그녀가 경매를 시작하던 시기의 부동산 시장은 요즘처럼 좋지가 않았다. 그리고 그 당시 돈도 별로 없었다. 그래서 했던 것이 돈이 없어도 경매를 할 수 있는 방법을 연구하고 실행했던 것이다. 그리고 엄청난 성공을 이루어냈고, 경매로 인생이 바뀌었다. 경매는 투자 타이밍이 상당히 중요하다. 부동산 시장의 활황기에 경매는 그리 빛을 발하지 못한다. 오히려 불황기에 본격적으로 들어섰을 때, 그때야 말로 경매로 인생을 바꿀 수 있는 10년에 한 번 올까 말까 한 기회인 것이다. 그리고 이제 그 절호의 시기가 도래하고 있다. 요즘 각종 유튜브 채널에서 2024~2026년은 경매로 엄청난 기회를 잡을 수 있는 시기라고 이야기하는 이유이다. 경매를 통해서 인생을 바꾸고 싶은 모든 분들에게 자신 있게 이 책을 추천한다."

_김기원(리치고 대표)

"이현정 작가는 서른아홉 살에 셋째를 낳았다. 뒤늦게 시작한 부동산 투자로 빌라 전세금 9천만원이 전 재산이던 그녀는 내 집 마련의 꿈을 넘어 3년 만에 21채 집주인이 되었다. 나이 때문에, 부족한 지식 때문에, 그리고 주변의 반대 때문에 할 수 없다고 하는 모든 사람에게 희망을 준 것이다. 내 집 마련이 꿈인 메뚜기 전세 세입자부터 명도가 두려워 경매를 시작하지 못하는 투자자에게 이 책을 자신 있게 추천한다."

_빠숑 김학렬(스마트튜브 대표)

"경매에 입문하고자 한다면 책을 고를 때 가장 중요한 것은 진솔함이다. 화려한 거짓으로 독자를 현혹하여 잘못된 투자의 길로 빠트려서는 안 된다. 진솔한 내용을 담아야 제대로 된 투자를 할 수 있는 것이다. 그 점에 있어 이현정 작가는 내가 인정하는 몇 안 되는 훌륭한 투자자이다. 워낙 인기가 많던 책을 다시 알찬 내용으로 채워 확장판으로 엮었다. 내용 하나하나가 다양한 실전 사례를 바탕으로 하여 알차고 진솔하다. 경매에 입문하는 독자에게는 물론 경매 실전투자자에게도 큰 도움이 될 수 있는 책이라 확신한다."

_새벽하늘 김태훈(부동산 경매 전문 강사이자 투자자)

"많은 전문가가 뜨고 지는 부동산 시장에서 오래 살아남은 사람이 전문가라고 생각한다. 이현정 작가는 10년 전에도 지금도 경매에 열정적이다. 이를 알아주기라도 하듯 이 책도 지금까지 독자들에게 많은 사랑을 받고 있다. 나도 부동산을 잘 모르고, 종잣돈이 부족했을 때 제일 먼저 이 책으로 경매를 시작했다. 절망 속에 있던 과거의 나에게 경매가 희망이었듯이 이 책을 읽는 독자들도 자신만의 희망을 찾을 수 있을 것이다."

_레오 김은진(레오 대출연구소 대표)

"경매의 대중화를 이끈 이 책이 10주년 기념으로 나온다고 하니 정말 기쁘다. 돈이 없어도 경매를 한다는 획기적인 메시지는 당시 투자자들은 물론 대중들에게 신세계를 경험하게 해주었다. 이번 확장판에서 이현정 작가의 10년 경매 역사와 경험을 새롭게 적용해서 출간된다니 경매를 처음 시작하는 사람이라면 반드시 이 책을 읽어야 한다."

_아임해피 정지영(주식회사 아이원 대표이사)

"이 책은 경매를 처음 접하는 사람들을 위한 가장 충실한 교과서이다. 나도 초보 시절, 경매 공부를 할 때 많은 도움을 받았다. 출간 당시 경매 열풍을 불러일으킨 이 책이 최근 투자 환경의 변화에 맞춰 개정된다는 소식은 정말 반가운 일이 아닐 수 없다. 그때나 지금이나 이현정 작가의 삶 자체가 투자를 처음 시작하는 사람들에게 롤모델이 되어 줄 것이다."

_월천대사 이주현(월천재테크 대표)

나는 다시 태어나도
경매를 할 것이다

경매를 시작한 지 16년이 지났다. 쉽지 않은 여정이었다. 그 시간 동안 어떤 투자자들은 몇 번의 성공과 실패 후 경매 시장을 떠나기도 했다. 이전에 함께 했던 동료 중 현재 경매를 그만둔 사람도 많다. 하지만 나는 여전히 이곳에서 경매를 하고 있다. 그만큼 경매는 나에게 단순히 돈 버는 수단을 넘어 내 인생의 큰 의미가 된 것이다.

2013년, 10만 부 베스트셀러가 된 나의 첫 책《나는 돈이 없어도 경매를 한다》를 출간한 뒤 정말 많은 변화가 있었다. 사고방식과 행동부터 주위 사람과 환경까지, 그때의 나와 지금의 나는 완전히 다른 사람이 되었다. 그래서인지 우연히 첫 책을 펼칠 때마다 그동안의 간극을 채워야겠다는 생각이 들었다.

그러던 어느 날, 담당 편집자로부터 개정판, 즉 확장판을 내자고 연락이 왔다. 처음에는 너무 바빠 엄두가 안 났지만 나는 경매와 함께한 그동안의 투자와 인생을 뒤돌아볼 절호의 기회라고 생각했다. 언제나 뜨거웠던 내 투자 여정을 통해 독자들도 기대 이상의 즐거움을 얻어갈 수 있으리라 믿는다.

2010~2014년, 경매로 인생이 바뀌다

첫 낙찰로 내 집 마련에 성공한 후, 3년 동안 21채의 집을 낙찰받았다. 다주택자가 되었고 주택임대사업자가 되었다. 우연한 계기로 2013년 첫 책을 발간하면서 순식간에 베스트셀러 작가가 되었다. 어렵고 생소하던 경매가 많은 사람에게 기회의 장이 되었다.

이때쯤 '즐거운경매'라는 경매 공부 커뮤니티를 시작했다. 베스트셀러 출간으로 내 이름이 세상에 알려지기 시작할 무렵이다. 매주 모여 치열하게 경매 공부를 하고 임장을 하고 낙찰을 하러 다녔다. 말 그대로 정말 즐거운 나날들이었다. 그 시절 경매를 함께한 멤버들의 인생은 지금 어떻게 변했을까?

멤버 A는 여전히 직장인으로 일하면서 회사에서 받는 연봉의 수십 배 수익을 올렸다. 멤버 B는 경매로 배운 지식을 기반으로 전국에 부동산을 매입했고, 두 개의 법인을 운영하고 있다. 멤버 C는 경매를 시작으로 분양에 도전하여 서울에서 내 집 마련에 성공했다. 멤버 D는 부동산 경매를 하다가 부동산 중개사가 되었고, 멤버 E는 경매 모임을 이끌다가 공간 사업을 하고 있다.

늘 좋은 일들만 있는 것은 아니었다. 내 경매 수업을 들었는데도 어떤 이들은 경매를 시작만 하고 결과를 맺지 못했고, 어떤 이들은 경매에 도전했지만 유의미한 돈을 벌지 못하기도 했다.

이렇게 나는 경매에 오랫동안 머물면서 다양한 성공과 실패 사례들을 지켜봤다. 그러면서 깨달은 게 있다. 한 가지 확실한 것은 꾸준히 한 사람들은 결국 성공한다는 것이다.

2015~2019년, 법인사업자가 되다

투자를 몇 차례 성공적으로 마치고 나는 2015년, 법인사업자를 냈다. 부동산 시장이 과열되면서 정부는 강력한 규제를 계속 쏟아내던 때였다. 당시에는 다주택자에 대한 정부와 대중의 시선이 좋지 않았다. 이 무렵 나도 강도 높은 세무조사를 받아야 했고 다주택자들에게 제약이 많아지자 더 이상 주택에 투자할 수 없었다. 가만히 있을 수 없어 상가와 토지로 눈을 돌렸다. 모르던 것을 배웠고 꽤 수익률이 좋았다. 나만 그런 게 아니었다. 아이러니하게도, 징벌적 규제가 많던 이 시기에 경매를 시작한 분들이 큰 수익을 보았다.

눈만 뜨면 각양각색의 규제 뉴스가 흘러나왔다. 시장도, 투자자들도, 실구매자들도 모두 혼돈의 시기였다. 어느 정도 자리가 잡힌 나는 이제 좀 휴식기를 가져야겠다고 생각했다. 강의실과 사무실을 정리하고 1년의 절반을 해외에서 지냈다. 처음에는 몸도 마음도 편했다. 이런 게 경제적 자유이고, 편한 인생이구나 싶었다. 그러나 그렇게 몇 년을 보내니 인생이 재미 없어졌다. 사실 온전히 쉬기만 한 것은 아니었다. 책을 두 권을 썼으니까. 그런데 꼭 해야 할 일상이 없는 삶은 지루하기 그지없었다.

"은퇴하면 안 되겠어. 너무 심심하잖아."

내게는 아무래도 아무것도 하지 않고 놀기만 하는 삶이 맞지 않는 듯했다. 다시 이전처럼 경매를 시작해야겠다고 결심했다. 1~2년 잠시 쉬었을 뿐인데 열정적으로 일했던 그날들이 그리웠다.

이쯤부터는 투자를 병행하면서 여행하듯 일상을 살고 있다. 삶의 속도는 조금 느려졌지만 이미 나는, 10년 전 내가 감히 상상하지 못했던 것들을 누리고 있다.

2020~2024년, 코로나 시대와 그 후

코로나 시기에는 부동산 시장에 큰 파도가 일었다. 부동산 가격이 하늘 높은 줄 모르고 치솟던 시기였다. 경쟁이 치열해서 낙찰가가 시세가와 얼마 차이 나지 않았다. 좋은 낙찰을 받기 쉽지 않았고 경매 투자를 하기가 어려웠다. 하지만, 가격이 계속 오르던 시기라 낙찰받고 바로 매도하는 단기수익이 가능했다. 그러다가 언제 그랬냐는 듯, 2023년 하반기부터 불타오르던 부동산 시장이 멈추었다. 이 시기에는 나도 단기매도를 하기도 하고, 어떤 물건은 매도 타이밍을 놓치기도 했다.

하지만 시장 상황과 관계없이 돈 버는 사람들은 항상 있다. 일반매매 거래는 얼어붙었지만 여전히 좋은 가격, 입지에 나오는 경매물건은 너도나도 낙찰하려고 매달린다. 옥석을 가릴 줄만 알면 투자할 물건들이 천지에 널려 있다. 이런 시각을 갖기 위해 우리는 지금도 경매 공부를 하는 것이다.

요즘, 처음 경매를 시작하던 때의 나를 진지하게 돌아보곤 한다. 어떻게든 살아남으려 애쓰던 그 시절의 나. 다른 선택의 여지가 없었기에 악착같이 경매를 했고, 두려움 없이 새로운 길을 찾았다. 당시에는 경매가 어떤 길인지 몰랐기 때문에 두려움이 없었다기보다 더 이상 물러설 곳이 없었다는 표현이 맞다.

지금도 여전히 나는 '그 시절의 나'를 만난다. 답답한 현실을 벗어나려 경매를 시작하는 주부, 제2의 직업으로 경매를 도전하는 은퇴자, 모자란 수입을 채우려는 가장, 미래를 위해 오늘 두 배로 사는 젊은 청년 등 지금 내가 이끄는 '즐거운경매' 멤버가 그들이다. 10년 전 좌충우돌하며 경매의 길을 가던 '그 시절의 나'에게 지금의 내가 길을 알려주고 있는 것이다.

내 인생에서 가장 잘한 일 세 가지

지금까지 인생을 살면서 절대 후회하지 않는 것들이 몇 가지 있다. 쉽지 않은 길이었지만 그만큼 내 삶을 풍요롭게 해줬다. 무엇이었는지 하나씩 살펴보겠다.

첫째, 세 아이의 엄마가 된 것

아이들을 키우느라 8년간 전업주부로 지냈다. 돈이 없어 힘들고, 몸도 아프고, 세상의 쓰임새가 없어져서 좌절했던 시기였다. 다 늦게 막둥이를 낳고, 먹고살기 위해 경매를 시작했다. 세 아이들이 없었다면 이렇게까지 치열하게 살지 않았을 것이다. 대충 살게 해주지 않아 고맙다. 이제 내 키보다 더 큰 세 아이들. 내가 키운 것이 종종 믿기지 않는다.

둘째, 경매를 시작한 것

돈을 벌려고 시작한 경매가 내 삶을 바꾸었다. 운도 좋았다. 경매물건이 넘쳐나고 좋은 낙찰이 쉽던 시기였다. 시장의 변화에 따라 경매의 방법은 바뀌었지만 투자는 계속되었고, 어느덧 십여 년이 지났다. 남편도 건축으로 직업을 바꾸었고, 아들도 사이드잡으로 경매를 하고 있다. 딸은 부동산학으로 석사를 하고 있다.

나는 1년에 네다섯 번쯤 여행을 떠난다. 올해는 1월에 가족여행으로 베트남 달랏에 다녀왔다. 여름 휴가는 친구 부부와 동반여행으로 어른 여행을 했다. 여름 끝자락에는 혼자 스쿠버다이빙을 위한 여행을 다녀왔다. 지난주에는 즐거운경매 멤버들과 일본여행을 다녀왔고, 겨울에는 오랜 부동산 지인들과 온천여행을 예정하고 있다.

"언니, 가을의 일본 참 좋네."

지난주 즐거운경매 멤버들과의 일본여행은 신주쿠에서 하라주쿠, 시부야까지 둘러보는 바쁜 일정이었다. 부동산을 하는 사람들이라 다들 거리의 건축물에 관심이 많았다. 나는 특히 개성만점 편집숍이 가득한 오모테산도 거리가 인상 깊었다.

"오모테산도 골목쯤 집 하나 있어도 좋겠다."

"도쿄에 맨션 투자를 좀 해볼까?"

혼잣말이지만, 지금의 내게는 이루기 어려운 일은 아니다.

돈이 없어서 계절 옷도 사지 않던 내가 1년에 다섯 번째 여행을 떠날 수 있다니. 꿈 같은 현실이다.

셋째, 책을 쓴 것

평생 책 한 권쯤 써보고 싶었다. 프랜시스 버넷의 소설 《소공녀》를 읽고 자존감을 지키는 법을 배웠고, 쥘 베른의 소설 《80일간의 세계일주》로 세상의 모험을 꿈꾸었다. 또 성인이 돼서는 데일 카네기 책으로 새로운 삶을 꿈꾸었다. 나도 내가 사랑하는 책의 저자처럼 나같이 평범한 사람들에게 희망의 메시지를 전하고 싶었다.

하지만 작가는 아무나 되나, 그저 꿈다운 꿈이었다.

경매를 시작하면서 시중에 나온 경매 책을 모조리 읽었다. 막상 경매를 해보면 간단한데, 책은 왜 그리 어려운지. 세상에 쉬운 경매 책 한 권쯤 있으면 좋겠다고 생각했다. 혼자 목차를 써보고, 평소 읽던 책에서 출판사의 이메일을 찾아 기획서를 보냈다. 그렇게 《나는 돈이 없어도 경매를 한다》가 출간됐다. 그 책이 십여 년 만에 이제 새롭게 재탄생하는 것이다.

첫 책이 출간된 지 시간이 흘렀지만, 권리분석 및 명도가 쉬운 물건을 사야 한다는 내 원칙은 변함이 없다. 그러나 급변하는 경제로 인해 금리, 집값, 대출 이자 등 상황이 이전과 크게 달라졌다. 확장판에서는 이를 보완해 현재의 투자에 보다 도움이 되게 했다.

또한 나는 십여 년 전과는 달리 수백 건의 경매 사례를 경험한 베테랑이 됐다. 그동안의 수많은 경매 경험 중 인상적인 사례들을 모아 확장판에 추가했다. 동시에 첫 책에 집필한 사례들도 그대로 남겨두었는데, 집의 가격만 변동이 있을 뿐 경매라는 투자의 매커니즘은 동일하기 때문이다. 이 책의 3장은 기본적인 물건들을 다룬 2013년 당시의 사례로, 4장은 한층 더 업그레이드된 물건들을 다룬 최신 사례로 헷갈리지 않게 구분해놓았다. 시간 차를 염두에 두고 읽었으면 한다.

일단 꿈은 크게 꾸자

신기하게도 꿈꾸는 모습이 되면 나의 세상이 모두 변한다. 작가가 되기 전에는 주위에 책을 낸 사람이 한명도 없었는데, 지금은 수많은 작가 친구가 있다. 강사가 되니 많은 강사 친구가 생긴다. 유튜버가 되니 유튜버 친구가 생기고, 사업가가 되면 사업가 친구가 생긴다.

평소 꾸던 꿈의 모습이 되면 그 세상이 내 것이 된다. 처음부터 대단하지 않아도 된다. 베스트셀러 작가가 아니라도 작가이고, 100만 유튜버가 아니라도 유튜버이다. 100억 부자가 아니라도 부동산 투자자이다. 꿈꾸던 사람이 되는 가장 쉬운 방법, 그 세상으로 들어가는 것이다.

당신이 부동산 투자자가 되고 싶다면, 그저 우리의 세상으로 들어오기만 하면 된다. 나는 언제나 이곳에서 당신을 기다리고 있다.

1부
당신의 인생을 한 차원 높여줄 유일한 방법

1장 첫 낙찰로 내 집 마련과 투자에 성공하다

2장 사람들은 왜 경매를 두려워할까

2부
경매는 실전이다

3장 경매 초보들의 좌충우돌 투자 성공 스토리

4장 경매 고수들의 똑똑한 투자 성공 스토리

3부

경매 고수로 가는 가장 쉽고 빠른 길

5장 **이것만 알면 된다! 경매 7단계**

6장 진짜 투자자들만 아는 똑똑하게 돈 버는 법

당신의 인생을
한 차원 높여줄
유일한 방법

나는
돈이
없어도
경매를
한다

첫 낙찰로
내 집 마련과
투자에
성공하다

1

결혼으로
두 번째 인생이 시작되다

스물아홉 엄마, 길을 잃다

내 나이 스물여섯 결혼을 했다. 신혼집은 보증금 2500만원에 월세 10만원인 다세대주택이었지만 남편과 나는 마냥 좋았다. 나는 의류회사 MD로 일하면서 능력도 인정받고 성과도 올리는 잘나가는 커리어우먼에 행복한 신혼부부였다. 지금 돌이켜봐도 내 인생에서 가장 눈부신 나날이었다.

그러다 큰아이를 낳은 게 1997년 11월. 아이를 낳고 한 달 후 IMF가 터졌다. 온 나라는 난리가 났고, 회사는 순식간에 부도가 났다. 출산 휴가를 끝내고 돌아가 보니 회사는 명동 사옥을 처분했고, 본사 직원들은 물류창고 한구석에서 일하고 있었다. 생각보다 상황이 훨씬 안 좋았다. 출산 휴가를 다녀오면 내 자리가 있을까….

아니나 다를까, 내 책상은 없었다. 있던 사람도 쫓겨나는 마당에 출산 휴가에서 돌아온 내 자리가 있을 리 없었다. 그렇게 어쩔 수 없이 회사를 나왔고, 이후 집에 있으면서 둘째를 가져 29살 어린 나이에 두 아이의 엄마가 되었다. 나는 그렇게 아줌마가 되었다. 예기치 않은 일들이 일어났지만, 어쨌든 나는 두 번째 인생을 시작했고, 열심히 살았고, 무엇보다도 잘하고 싶었다.

무언가 하고 싶었다

아이들은 너무나 사랑스러웠다. 하루하루가 다르게 커서 그 하루가 아깝기도 하다. 그러나 아내이자 엄마인 나도 꿈이 많고 하고 싶은 것이 많았다.

그 열정을 발산할 수 있는 방법 중 하나는 공부였다. 어려서 공부를 좋아했으면 더 좋았을 것을. 사춘기 열병으로 10대를 흘려보내고, 공부의 즐거움을 다 커서야 알았다. 첫째 아이를 낳고 편입한 방송통신대학을 둘째 아이를 낳고 졸업했다. 그조차도 없었으면 난 주부 우울증으로 아주 힘든 시간을 보내야 했을 것이다.

아이들이 어린이집에 들어가면서부터 다시 일을 시작했다. 결혼 전 의류 MD로 일했던 경험을 살려 동생과 인터넷 쇼핑몰을 열었는데 꽤 잘되었다. 하지만 의류 쇼핑몰은 생각보다 시간이 많이 드는 일이었다. 아이들을 제대로 돌보는 것은 고사하고 밥 챙겨줄 시간도 없었다. 다 먹고살자고 하는 일인데 말이다. 마침 우리 쇼핑몰을 사겠다는 사람이 있어서 300만원에 팔아버렸다. 그러고 나서 우리 아이들이 하던 학습지 선생님의 권유로 학습지 교사도 해보고, 설문조사 아르바이트나 방송국 방청 아르바이트 등 짧은 시간에 할 수 있는 일이면 가리지 않고 모두 했다. (정부에서 하는 인구센서스 아르바이트가 꽤 괜찮았다.)

중산층이라는 착각

맞벌이를 하게 되면서 얼마간 수입이 늘었다. 비록 전세를 줘서 내가 들어가 살지는 못했지만 우리 이름으로 된 아파트도 있었다. 하지만 수입이 늘어난 만큼 씀씀이도 커졌다. 아이들이 초등학교에 들어가면서 필요한 돈이 더 많아졌다. 학원에도 보내야 하고, 맛난 것도 먹어야 하고, 휴가 때 여행도 다녀야 했다. 그뿐이면 좋으련만, 살던 집의 전세금도 오르고 남편 사업자금도 필요해서 우리 이름으로 된 첫 아파트를 팔 수밖에 없었다.

'집은 또 사면 되지. 청약도 넣어놨으니 괜찮아.'

실은 불안했지만, 나 자신을 위로했다. 열심히 일하면 돈을 벌고, 그 돈을 모아서 천천히 부자가 되는 것이라고 배웠다. 나는 열심히 일했고, 남편도 밤늦게까지 일했다. 그렇게 사는 것이 당연한 줄 알았다. 너무 열심히 살아서 돈 벌 시간이 없었던 것을 그땐 몰랐다. 막연히 부자가 되고 싶었지만 돈 벌 궁리를 할 수 있는 내 시간을 가질 생각을 못했다.

큰아이가 초등학교에 입학하자 출퇴근을 하는 일도 가능해졌다. 그래서 선택한 일이 보험 영업! 지인의 소개로 외국계 보험회사에 입사했다. 하지만 오랜만에 사회에 나온 내게 보험 영업은 그리 녹록지 않았다. 친척도 빽도 없는 나의 영업실적은 솔직히 그냥 그랬다.

그러나 덕분에 보험과 금융, 재무설계를 모두 배울 수 있었다. 당시는 재무설계가 재테크의 하나로 유행하던 시기라 내 딴에는 정보를 많이 알아가는 기회가 되었다. 재무설계에 관심이 많았던 나는 재무설계 전문회사로 옮겼고, 이제 막 자리가 잡히는 듯했다. 그때 덜컥 셋째가 생겼다. 내 나이 내년이면 마흔이다.

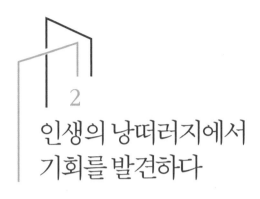

2

인생의 낭떠러지에서
기회를 발견하다

가난한 부모는 죄가 없다

한 가지 개인적인 이야기를 하고자 한다. 나의 부모님은 내가 어린 시절 이혼을 했다. 덕분에(?) 중학교까지 공부를 곧잘 했던 나는 고등학교에 올라가면서 바깥으로 돌며 반항의 사춘기를 보냈다. 세상 모든 시름을 내가 다 짊어진 것 같았다.

지금 나의 아이들이 그때의 내 나이가 되었다. 나는 우리 아이들을 보고서야 나의 어린 시절을 돌아볼 수 있었다. 가진 것 없는 젊은 아빠가 세 아이를 굶기지 않고 가르치기 위해 얼마나 아등바등했을까. 그리고 아버지가 돌아가셨을 때 알았다. 아버지는 그 존재만으로 든든한 울타리였다는 것을.

우리 삼남매가 아버지에게 물려받은 것은 아무것도 없었다. 돈은커녕 살던 집도 다른 사람 손에 넘어갔다. 평생을 살면서 아버지가 돈을 빌려준 사람도 있을 법한데 세상에는 온통 아버지에게 받을 돈이 있는 사람들뿐이었다. 아버지가 돌아가신 후에도 우리는 아버지의 빚을 갚아야만 했다.

동생들은 머물 곳이 없었다. 고맙게도 남편이 동생들과 함께 사는 것을 흔쾌히 허락해주었다. 우리 부부가 살던 13평짜리 전셋집에서는 모두 함께 살 수 없어 이사를 하기로 했다. 처음으로 대출을 받았다. 은행 예금창구만 이용하다가 의자에 앉아 대출상담을 받고 필요한 서류를 준비했다. 다락방이 딸린 넓은 다세대주택으로 이사했다. 우리 부부와 3살, 1살의 아이, 그리고 두 동생. 이렇게 여섯 식구가 이 집에서 열심히 살았다. 여동생은 자기가 번 돈으로 시집을 갔고, 막내 남동생도 얼마 안 가서 독립했다.

전월세를 전전하는 떠돌이의 삶

그렇게 인생의 큰 고비를 넘기고 평탄하게 흘러간다 싶을 때, 셋째를 가지게 된 것이다. 이왕 이렇게 된 거, 큰 아이들 때 못해 봐서 아쉬웠던 것들을 셋째를 위해 다 해주기로 했다. 나는 다니던 회사를 휴직하고, 당분간 태교에만 신경을 쓰기로 했다. 걱정이 없었던 것은 아니지만 스스로를 다독이며 위로했다.

'다 잘 될 거야.'

그렇게 셋째를 낳았다.

너무나 사랑스러운 아기를 바라보며 한발 물러서서 생각할 시간을 가지게 되었다. 만약 막내가 아니었다면 나는 계속 맞벌이를 하며 다람쥐 쳇바퀴 같은 일상을 달리고 있었을 것이다. 수입은 조금씩 늘어났겠지만 일하지 않으면 돈을 벌지 못 하는 상황은 변하지 않았을 것이다.

당시에 나는 꼭두새벽에 일어나 아이들 챙기고, 회사에 출근하고, 회의하고, 고객 상담을 하고, 교육받고, 강의하고, 퇴근하면 저녁 준비하고, 아이들 숙제 봐 주는 바쁜 일상을 살았다.

고맙게도, 그 바쁜 일상이 셋째를 가지면서 멈췄다.

그사이 남편의 사업이 기우는 바람에 아이들 키우며 살기가 더욱 어려워졌다. 아끼고 사는 데도 한계가 있어 꼬박꼬박 붓던 펀드를 생활비로 쓰기 위해 깨야만 했다. 위기는 한꺼번에 오는 것인지, 우리가 살던 빌라의 전세기간까지 만료되었다. 집을 비워 달래서 어쩔 수 없이 또 이사를 해야 했다. 주민등록초본을 보면 나는 태어나서 결혼 전에 19번, 결혼 후 12번 이사를 했다. 전세와 월세를 전전하는 떠돌이 삶이었다. 서울 전체가 내 고향인 것 같다.

기존 전세보증금 8500만원으로 집을 구해 보려 노력했지만 전세가격이 혀를 내두를 정도로 많이 올라 있었다. 4년 전에는 이 가격이면 30평 신축빌라에서 살 수 있었는데….

우여곡절 끝에 겨우겨우 낡은 빌라를 구했다. 집은 더 좁고 어두워졌지만 남편의 가게(송파구) 가까이에 구했다는 것에 감사해야 했다. 우리집이 외벌이라는 사실이 온몸으로 느껴지는 순간이었다. 남편은 얼마나 더 힘들었으랴.

낭떠러지를 벗어날 길이 보이다

살다 보면 너무나 자주 내 의지가 아닌 일들이 벌어지고 만다. 나의 어린 시절과 아버지가 돌아가신 후의 경제적 어려움도 나의 의지는 아니었다. 더 좁고 칙칙한 집으로 옮겨가야 하는 암담한 이 현실도 내가 원했던 것은 아니다. 그러나 마냥 한탄만 하고 있을 수는 없다. 상황은 내가 원한 것이 아니지만, 삶에 대한 태도는 내가 선택할 수 있다.

나는 모든 사람에게 평생 주어지는 고통의 총량이 같다는 '고통 총량의 법칙'을 믿는다. 사람은 누구나 자기가 겪어야 할 고통을 가지고 있다. 힘든 일들은 한 살이라도 젊을 때 겪어내는 것이 좋다. 나는 이미 생애 초반에 많은 것을 겪어냈기에 앞으로는 다 잘될 것이다. 긍정의 마음을 갖는 데에는 돈도 들지 않는다.

나는 남편만 바라보고 손을 놓는다거나 지출을 더 줄이며 구질구질하게 사는 것을 원하지 않았다. 나는 뭔가 다른 답을 원했다. 스스로 낭떠러지를 벗어나야 했다. 뭔지는 몰라도 무언가 방법이 있을 것 같았다.

'투자할 돈 없이도 부자가 될 수 있는 방법은 뭘까?'

'이 답답하고 낡은 빌라에서 벗어날 수 있는 방법은 뭘까?'

바로 그때, 나는 경매를 만났다.

1부. 당신의 인생을 한 차원 높여줄 유일한 방법

바로 그때,
경매를 만났다

경매, 나도 할 수 있는 거였어?

"언니, 나 강의 듣는 거 있잖아, 재미있네."

동생은 결혼해서 줄곧 전업주부로 살았다. 요리 잘하고, 아이들 잘 키우는 베테랑 주부다. 그동안 아이들 키우느라 정신없이 살다가 아이들이 초등학교 고학년이 되자 무언가 할 일을 찾던 중 포털 사이트의 한 커뮤니티에서 경매 오프라인 강의를 하나 듣게 된 것이다.

"경매? 그거 아무나 할 수 있는 거야?"

생소하다. 경매라면 한 어깨 하는 남자들이 하는 것 아닌가? 내가 아는 경매는 부잣집에 빨간딱지 붙이고, 마나님은 울고, 사장님은 뒷목 잡고 쓰러지는 드라마가 전부다. 전혀 관심도 없었고, 생각해 본 적도 없다.

하지만 당시 나는 살아나갈 뭔가 다른 방법을 찾고 있었고, 돈 되는 일이라면 나쁜 짓만 빼고 뭐든 할 요량이었다. 내게 오는 모든 신호를 잡으려 필사적일 때였다. 하루 날을 잡아 동생과 함께 강의를 들었다. 강의는 짧았지만 좋았다. 가장 맘에 든 것은 많은 돈이 없어도 돈을 벌 수 있다는 거였다. 집을 싸게 살 수 있다면 내가 살 집도 싸게 살 수 있을 것이다. 왠지 신이 났다.

용감한 자매의 경매 분투기

나는 셋째를 낳고 두 달 후 복직했다. 그러나 셋째를 낳기 전의 맞벌이 일상과는 달랐다. 아이 하나 키우는 것과 둘 키우는 것도 천지 차이인데, 셋은 어떻겠는가. 그야말로 전쟁을 치르듯 바쁜 와중에 한 달간 매주 목요일 저녁 경매강의를 꼬박꼬박 들었고, 짬을 내 도서관에서 경매 관련 책을 모두 읽었다. 신간은 사서 보기도 하고, 내용에 빠져 서점 바닥에 주저앉아 한 권을 다 읽고 오기도 했다.

책은 읽으면 읽을수록 알쏭달쏭했다. 알 것 같다가도 영 모르겠고 법률 용어는 어려운데 무용담은 멋있기만 했다.

"언니, 우리 이 물건 보러 갈까?"

얌전하지만 때로는 나보다 더 적극적인 동생이 목동의 오피스텔 물건을 보여줬다. 용감한 우리 자매는 그 즉시 현장조사에 나섰다. 함께 공부하는 사람 몇 명도 같이 가보기로 했다. 개중에는 경험이 있는 분도 있고, 우리처럼 완전 초짜도 있었다.

"오긴 했는데, 어떻게 해야 하죠?"

"인원이 많으니 둘씩 짝을 지어서 다니는 게 좋겠어요."

역시 현장조사 경험이 있는 분은 다르다. 나는 동생과 함께 움직였다.

"뭐부터 봐야 하지?"

"글쎄, 집부터 볼까?"

사실 엘리베이터 버튼이야 얼마든지 누를 수 있다. 우리가 볼 집은 15층 꼭대기층이다. 복도도 깨끗하고 좋다. 괜히 복도를 어슬렁거려 보고, 바깥 전망도 둘러본다.

'에고, 초인종을 눌러봐야 하나?'

초인종을 누르는 손이 떨린다. 두근두근. 문이 열리면 뭐라고 해야 하지? 심장이 쿵쿵 난리다. 문 앞에서 나도 모르게 한 발자국 뒤로 물러난다.

'땡동.'

엇, 조용하다. 다행이다. 두 번은 못 누르겠다. 놀란 가슴을 진정시키며 1층으로 내려왔다.

"가슴 떨려서 혼났네, 그치?"

"이제 부동산에 들러볼까?"

동생과 재빠르게 부동산으로 발걸음을 옮겼다.

"저기요, 집 좀 알아보려고 하는데요."

거짓말하는 게 양심에 걸린다. 대충 묻고, 대충 대답하는 대화가 오갔다. 부동산을 나와서 해당 호수의 우편함도 슬쩍 들여다보았다.

주위를 휘휘 둘러보는 동안 함께 온 분들과 약속한 시간이 되었다. 1층에 있는 설렁탕 가게에서 다들 모였다. 한 팀이 자랑스레 말했다.

"우린 오피스텔 내부도 두 개나 보고 왔어요."

"네? 어떻게요?"

"부동산에서 월세 찾는다고 하고 봤죠. 구조가 썩 좋지는 않네요. 그래도 요새 월세 찾는 사람은 많대요."

의견을 종합한 결과, 이 오피스텔은 꽤 인기 있는 오피스텔이다. 월세 찾는 사람도 많고, 거래도 간간이 된다. 현재 감정가 1억 5000만원에서 1회 유찰되어 최저가가 1억 2000만원이다. 최저가에 낙찰받는다면 시세보다 싸게 팔아도 남는다.

"입찰하실 거에요?"

"글쎄요. 생각 좀 해보고요."

얼렁뚱땅 첫 임장을 마치고, 일행들과 헤어져서 동생과 둘만 남았다.

"언니, 내일 입찰인데 나 한번 해볼까?"

"좋아, 최저가에 넣어봐. 되면 대박!"

난 돈이 없어서 곤란하다. 대신 동생이 입찰하는 데 같이 가주기로 했다.

두근두근 첫 번째 입찰

다음날 아침, 회사에 휴가를 내고 서울남부법원으로 출근했다. (서울

남부법원은 목동역에서 한참을 걸어야 한다.) 입찰 시 필요한 돈은 최저가의 10%. 동생은 미리 은행에 들러 돈을 수표로 찾아두었다. 입찰마감 시간은 11시 20분이지만, 급한 마음에 입찰개시를 하는 10시에 맞춰 법정에 도착했다. 경매법정 앞은 사람들로 북적였다.

"저…, 이거 가져가면 돼요?"

경매법정 입구에 입찰표가 놓여 있었다. 그 앞에 서 있던 사람이 입찰표와 노란 입찰봉투, 보증금 봉투를 주었다.

"저기서 쓰는 건가 보다."

"언니, 여기 쓰는 법이 잘 나와 있어."

경매법정 안에는 기표소같이 생긴 입찰표 쓰는 공간이 따로 마련되어 있다. 우린 입찰표 쓰는 법을 이미 알고 있었지만, 혹시 실수라도 할까봐 법원 내에 있는 입찰안내서와 꼼꼼히 비교해 보며 입찰표를 작성했다. 숫자는 또박또박. 절대 애매하게 흘려쓰면 안 된다. 우리가 써낸 금액은 1억 2073만원. 최저가에서 행운의 숫자 7과 3을 조합했다.

입찰마감시간까지 시간이 많이 남았지만 일찌감치 입찰표를 제출했다. 단상 앞에 있던 집행보조관이 우리 입찰봉투를 받아 도장을 쾅쾅 찍어 봉투의 끝부분을 깨끗하게 잘라 입찰봉투와 함께 다시 건네주었다. 건네받은 봉투 쪼가리를 잘 챙겨넣고 입찰봉투는 투명한 입찰함에 넣었다. 이제 개찰까지 대기하면 된다.

법원 의자 맨 앞에 앉아서 사람들이 오가는 것을 구경했다. 신기했다. 법정은 생각처럼 조용하지 않다. 단상에서 서류를 받아가는 사람들과 입찰서 제출하는 사람들로 분주하다. 여기저기서 수군대는 소리와 많

입찰표

은 사람의 열기로 살짝 긴장감이 감돌기까지 한다.

드디어 시작이다. 법정 단상 위에서 집행관이 입찰마감을 알리는 멘트를 하고, 보조요원들이 입찰함을 열어 입찰봉투들을 책상 위에 쏟아부었다. 서류를 분리하는 손놀림이 현란하다. 노란 봉투들이 각자 제자리를 찾자 드디어 개찰이 시작되었다.

"2009타경 ○○○○번은 어디에 사는 누가 얼마에 낙찰되었습니다. 2등은 얼마입니다."

낙찰이 되면 이름과 금액이 호명된다. 부럽다. 우리는 일찍 도착해서 오랜 시간 기다린 탓에 힘이 들었다.

드디어, 우리가 입찰한 물건 차례다.

"경매번호 2009타경 15○○○ 입찰하신 누구, 누구, 누구, 누구…."

끝도 없이 부른다. 대체 몇 명이나 입찰을 한 거야? 이 물건에 무려

1부. 당신의 인생을 한 차원 높여줄 유일한 방법

23명이 입찰했다. 낙찰가는 감정가를 약간 넘어선 금액이다. 아마도 우리는 꼴찌이거나 꼴찌 근처일 것이다.

떨어지면 그 자리에서 보증금 봉투를 돌려준다. 23명 중 22명이 보증금을 돌려받았다. 그러고 보니 어제 같이 현장조사를 했던 사람들은 아무도 오지 않았다. 어차피 떨어질 거라고 생각해서 안 온 것일까? 내가 부족한 것은 무엇일까?

드디어 나도 낙찰이 됐다

나는 회사에 출근도 해야 하고, 아이들을 돌봐야 하기 때문에 시간이 많이 없다. 우리 자매는 주말이면 분당, 평촌 등으로 현장조사를 다녔다.

이번 현장조사는 경기도 광주다. 이곳에서 동생들이 독립해 나가고, 우리 부부도 오래 살았다. 지금도 친정엄마가 살고 계셔서 내게 어느 곳보다 익숙한 지역이다.

이번 물건은 9년 된 아파트인데, 2000가구의 대단지다. 대단지답게 초등학교가 단지 안에 있고, 각 동마다 예쁜 놀이터들이 있다. 단지 안 정원도 잘 가꿔져 있어 보기 좋다. 빌라에 살다가 아파트 단지를 보면 참 좋다.

부동산에 들러 매매가격을 알아보니 2억 5000만원 정도다. 관리실에 확인해보니 관리비 미납은 없고, 주인은 퇴직한 교수님으로 점잖으신 분이라고 한다. 우리가 둘러보고 있는 중에도 이사를 들어오는 집이 있다. 거래가 잘되는 모양이다. 하지만 나중에 알아보니 이는 경매 초짜였던 우리의 오판이었다. 이삿짐이 자주 들고 난다고 매매가 잘되는 것은 아니었다. 매매거래가 아니고 전세나 월세로 이사를 하는 경우도 많기 때문이다.

나는 이 물건은 꼭 낙찰받으리라 마음을 먹었다.

'나 이번 물건 들어갈래.'

이번 경매법정은 성남이다. 네 번째 입찰이다. 경매를 알게 된 지 꼭 두 달째 되는 날이었다. 역시나 사람들로 북적댄다. 우리는 제법 익숙하고 당당하게 경매법정으로 들어간다. 이번에도 입구에서 대출상담사들이 명함을 한 장씩 손에 쥐여준다. 그동안 매번 최저가에 입찰을 하고 번번이 떨어졌다. 이번 물건은 너무나 욕심이 났다. 두 번 유찰이 되어 최저가 1억 6000만원이다.

"언니, 얼마 쓸 거야?"

"이번에는 꼭 낙찰받고 싶어. 조금 높여 쓸까?"

이번 입찰자는 나다. 우리 자매는 물건분석과 현장조사는 같이 하지만, 각자 원하는 물건에 입찰한다. 찬찬히 입찰표를 작성하고, 봉투에 넣어 입찰함에 넣었다. 2억 1050만원. 최저가를 훨씬 넘어선 금액을 썼다.

물건별로 낙찰자를 호명하고 드디어 내가 입찰한 물건 차례다. 이 물건에 입찰 한 사람은 모두 12명. 전부 앞으로 나와 섰다. 두근두근. 이번에는 될까?

"2009타경 26○○○, 물건번호 2의 낙찰자는 서울 송파구에 사는 이현정입니다. 앞으로 나와주세요."

속으로 환호성을 질렀다. 내 이름이 불린 것이다. 아하, 이런 기분이구나. 앉아 있는 동생과 기쁨의 눈빛을 교환했다.

첫 낙찰의 기쁨도 잠시

나도 모르게 입이 다물어질 줄을 모른다. 다른 11명이 보증금 봉투를 돌려받을 때 나는 낙찰영수증을 받았다. 영수증을 받고 돌아 나가는데 아까 명함을 주던 대출상담사들이 우르르 몰려든다.

"사모님, 대출받으셔야죠? 전화번호가 뭐예요?"

"문자 넣어드릴게요. 금액이랑 금리랑 비교해보세요."

연예인이 따로 없다. 사람들에게 둘러싸여 전화번호를 따였다. 정신이 쏙 빠졌다. 낙찰을 받으면 바로 낙찰받은 집에 가봐야 한다. 급한 마음에 점심때를 훌쩍 넘긴 시간인데도 배고픈 것도 잊고 광주로 향했다.

내 집이라고 생각하니 동네도 친숙하다.

"언니, 저기 봐봐. 사람 있나봐."

블라인드 밖으로 불빛이 새어나오고 있다. 아파트 출입문에 비밀번호가 있어서 들어가지 못하고, 입구에서 호수를 입력하고 호출을 했다.

"누구세요?"

"예, 오늘 이 집 낙찰받은 사람인데요. 제 연락처 좀 드리고 가려고 들렀어요."

60대의 자그마한 할아버지가 나오셨다. 화를 내는 것은 아니었지만 불쾌한 얼굴로 내가 건네준 전화번호만 받고 들어가 버렸다. 나도 맘이 불편하다.

지난번 현장조사를 했던 부동산에 들를 차례다.

"안녕하세요. 며칠 전에 한 번 왔었는데, 기억하세요? 이번에 저희가 낙찰을 받아서 물건 좀 내놓으려고요."

"여기 회장님 댁이요? 거기 받으셨구나. 요새 30평대가 거래가 뜸해요. 게다가 1층이라 시간 좀 걸릴 거예요. 싸게 내놓으면 나가려나…."

부동산을 나오는데 머리가 복잡하다.

4

내 집을 낙찰받은 후
해야 할 것들

낙찰받고 나니 모르는 게 너무 많다

낙찰받고 일주일 후 전화 한 통이 걸려왔다. 컨설팅사 직원이란다. 두서없이 얘기하는 것을 종합해보니 집주인이 집을 다시 사고 싶어 하니 싸게 넘겨줄 수 없겠느냐는 것이다. 집주인을 대신해서 경매에 참여한 모양이다. 전화를 받고 고민하던 차에 며칠 후 집주인에게 전화가 왔다.

"아휴, 왜 그렇게 비싸게 받았어요? 여긴 1층이라 빛도 잘 안 들고 곰팡이도 있어요."

"그런가요? 우선은 뵙고 이야기하는 게 좋을 것 같아요."

"지금 몸이 아프니 며칠 있다 다시 통화해요."

나는 전화 한 통 받는데도 긴장이 되어 온몸에 힘이 들어가는데 집주인은 태평하다. 야속하다. 며칠 후엔 부동산에서 전화가 왔다. 매수하려는 사람이 있는데 가격을 깎아달란다. 집주인은 만나지도 못했는데 집을 어떻게 보여주나…. 결국 집은 보여주지도 못 하고 거래 기회가 날아가버렸다.

그러는 동안 경락잔금대출 가능금액과 금리에 대한 견적을 받았다. 몇 군데 이자를 비교해보았는데 역시 1금융권이 금리가 싸다. 1억 5700만원을 연 5% 이율로 대출받으면 월이자 65만원이다.

'나머지 돈은 어떻게 마련하지….'

동생은 모아놓은 1000만원이 있었지만, 나는 정말 돈이 하나도 없었다. 막막했다.

문득 5년 정도 납입한 변액유니버셜 보험과 연금보험이 떠올랐다. 보험은 잠깐 돈을 융통해야 할 때 아주 유용하다.

마이너스 통장까지 동원을 했다. 얼마 전까지 펀드에 넣어둔 금액이 꽤 있었는데, 생활비로 다 써버렸다. 아쉽다. 마이너스 통장을 써서 경매 투자를 시작한다고 할 때 주위에서 걱정이 많았다. 실은 나도 걱정이다. 혹시 잘못되면 노후를 위해 준비해놓은 연금을 깨야 한다. 어느 하나 쉬운 게 없었다.

서류를 준비해서 대출신청을 하고, 아껴두었던 보험 약관대출을 받고, 그러고도 모자라는 돈은 동생에게 빌렸다. 취등록세는 카드로 납부했다. 그렇게 해서 낙찰받은 지 20일 만에 잔금납부를 했다. 그야말로 피가 마르는 날들이었다.

경매할 때 반드시 알아야 할 경락자금대출

경매로 집을 사면 대출을 많이 받을 수 있다. 일반대출은 매매가격의 70% 정도까지 대출을 해주지만, 경락잔금대출은 낙찰가의 80%까지 받을 수 있다. 하지만 대출은 가급적 집값의 50% 내에서, 최대 60%가 넘지 않는 것이 좋다.

대출받기 전 확인할 신용점수

경매로 부동산을 낙찰받으면 낙찰가의 80% 대출이 나오는 것은 해당 집을 기준으로 했을 때다. 그러나 대출을 받는 차주인 나에 대한 결격 사유도 없어야 한다. 수시로 현금서비스를 받으면 신용점수가 하락하여 대출이 불가능할 수도 있다.

- 토스 신용점수조회(toss.im)
- 카카오페이 신용관리(kakaopay.com)
- NICE 나이스신용평가(credit.co.kr)
- KCB올크레딧(allcredit.co.kr)

보통 신용점수는 1000점 만점이다. 700점 이상이면 경락잔금대출을 받는데 문제가 없고, 600점 이상이면 가능하지만 다소 높은 금리로 대출을 받을 수 있다.

급전이 필요할 때 유용한 대출 세 가지

1) 보험의 약관대출

해약환급금을 담보로 대출을 받는 것이다. 본인의 돈을 담보로 하기 때문에 따로 심사를 받을 필요도 없고, 신청만 하면 언제라도 입금받을 수 있다. 내 돈을 담보로 하는 약관대출은 신용평가에도 영향이 없어 신용대출과는 다르다.

2) 변액유니버셜 보험의 중도인출

중도인출은 나중에 받을 환급금 중 일부를 미리 인출하는 것이다. 돈을 몇 달 쓰고 상환할 것이라면 약관대출을 이용하고, 오랫동안 상환하지 못할 것이라면 중도인출을 쓰면 된다.

3) 마이너스 통장

내가 필요한 시기에 마이너스 통장을 만들려고 하면 은행에서 잘 받아주지 않는다. 그래서 은행에서 먼저 우수고객이라며 마이너스 통장을 개설해준다고 연락이 왔을 때 일찌감치 만들어두는 게 좋다. 급전이 필요할 때는 카드보다 마이너스 통장을 이용하는 편이 낫다.

집주인이 떠나야 내 집이다

잔금납부도 마쳤으니 이제 이 집은 내 집이다. 곧 이자도 내야 돼서 맘이 급했다. 내용증명을 보내자 며칠 후 집주인에게서 만나자는 전화가 왔다. 집에선 남편 보기가 민망하니 밖에서 보자고 한다.

경매 나온 집에는 다 사연이 있다. 이분은 잘나가던 화장품 유통회사 여사장님이셨단다. 필요할 때마다 급전을 썼는데, 2000만원을 제날짜에 갚지 못해서 경매가 시작된 것이었다. 집에 잡혀 있는 부채도 많고 해서 본인이 다른 사람 명의로 낙찰을 받을 계획이었다고 한다. 집주인이 다른 사람 명의로 자신의 집을 낙찰받는 이유는 집의 등기부등본이 다시 깨끗해지고, 집에 대한 채무도 사라져 여러모로 이점이 있기 때문이다. 주로 집을 팔아도 빚을 다 갚을 수 없을 때 이런 편법을 쓴다. 그런데 내가 낙찰을 받았고, 중간에 컨설팅사의 실수로 대화가 꼬여버린 것이다.

그러나 나는 이미 잔금납부를 마쳤고, 이제 이분이 본인 집을 되찾

1부. 당신의 인생을 한 차원 높여줄 유일한 방법

으려면 내게 정당하게 사는 방법밖에 없다.

이사할 결심

"저랑 미리 대화를 하셨으면 좋았을 걸 그랬네요. 어머님께서 방법을 찾을 때까지 잔금납부를 연기할 수도 있었을 테니까요. 도와드리고 싶지만 이젠 방법이 없네요….."

솔직히 그때까지도 나는 이 집을 잘못 받았나 생각하던 중이었다.

"이 집은 우리가 죽을 때까지 살려고 맘먹은 집이에요. 우리가 월세로 살면 안 될까? 남편이 받는 연금이 있거든."

나는 정중히 거절하고 다음주에 '내 집'에서 다시 만나기로 약속했다. 내 집을 얼른 보고 싶었다. 며칠 후 집주인이 근처에 월세로 계약을 했다고 연락을 해왔다. 남편 연금이 월 200만원씩 나와 월세 내는 것은 문제가 없단다.

처음 본 '내 집'은 예상외로 상태가 좋았다. 짐이 여기저기 널려 있었지만 인테리어에 신경을 많이 쓴 집이었다. 집을 나서면서 나는 왔다 갔다 하던 맘을 정했다.

"나 안 팔래. 여기 들어갈래."

"정말? 언니네 애들하고 살면 딱이겠더라. 근데, 이자 괜찮겠어?"

집에 도착해서 곧바로 전셋집 주인에게 이사 가겠다고 전화를 드렸다. 부동산에 내놓자 얼마 안 있어 이사 오겠다는 분이 나타났다. 혹시라도 명도가 늦어질까 걱정이 되어 2주 여유를 두고 이사 날짜를 잡았다.

드디어, 전 주인이 약속한 이삿날이 되었다.

걱정 반 기대 반 속에 내가 도착했을 때는 짐이 거의 빠진 후였다. 전 주인은 점잖으신 분들답게 관리비, 가스비도 깨끗하게 정산해주었다. 나는 감사의 뜻으로 약간의 이사비용을 드렸다. 사실 이사비용은 꼭 줘야 하는 것은 아니다. 깨끗하게 나가주는 데 대한 감사의 인사다.

경매 고수의 노하우

전 집주인과의 월세계약

전 집주인과의 월세계약은 위험하다. 인도명령은 낙찰받고 6개월 내에 해야 한다. 만일 전 집주인에게 월세를 줬다가 6개월이 넘으면 인도명령을 할 수 없어 강제집행도 불가능하다. 6개월 뒤 태도가 돌변해 안 나가겠다고 버티면 난감한 것이다. 딱 하나 방법은 명도소송인데 그 과정은 강제집행보다 훨씬 더 복잡하고 시간도 오래 걸린다.

5

내 인생의 첫 집

낙찰받고 두 달 만에 원만하게 명도가 끝났다. 그간 돈 맞추랴, 대출받으랴, 전 주인이랑 전화 싸움하랴 힘들었던 일들이 꿈만 같다.

"언니, 완전 축하해! 여기만 도배하면 되겠다. 나 할 줄 알아. 도배지사다가 우리 둘이서 하자."

주택에 살아 집수리 경험이 많은 동생은 못하는 것이 없다. 집이 깨끗해서 아이들 방과 부엌 한 면만 도배를 하기로 하고, 방산시장에 가서 도배지를 사다가 동생과 둘이 직접 도배를 했다.

주말에 아이들과 남편이 처음으로 집을 보러 왔다. 우선 넓어서 좋단다. 온 식구가 집을 쓸고 닦았다. 거실에 책장을 넣고, 부엌에 식탁도 들였다. 돌려받은 전세보증금 9000만원으로 여기저기 빌린 돈을 갚고 나니 3000만원이 남았다.

첫 낙찰로 내 집 마련에 성공했다. 물론 아쉬움이 있는 것은 사실이다. 만약 지금이라면 좀더 투자가치가 있는 곳에 집을 샀을 것이다. 혹은 더 저렴한 가격에 낙찰받을 수 있었을 것이다. 하지만 나의 오늘은 모두 이 집 덕분이다. 이 집에 들어가면서 돌려받은 전세금의 일부로 투자금을 만들었고, 이후 대출이자를 내기 위해 임대수익이 있는 곳을 찾아다니게 되었으니 말이다.

이사한 그해 가을, 막내의 돌잔치를 집에서 치렀다. 막내가 아니었으면 경매를 하지도 않았을 것이고, 이 집을 갖지도 못했을 것이다. 여러모로 복덩이다.

일단 시작하라

내가 경매를 시작한 2010년에는 다들 서울과 수도권에 투자하던 때였다. 하지만 나에게 서울과 수도권의 집은 너무 비쌌다. 하는 수 없이 지방으로 우회할 수밖에 없었다. 지방이라 더 쉬울 거라는 생각은 결코 하지 않았다. 오히려 현장조사를 할 때 힘든 점이 더 많았고, 정보가 많지 않아서 손품, 발품을 더 많이 팔아야 했다. 그런 노력 덕택인지 2011년 후반부터 지방 소형 아파트가 뜨기 시작하면서 지방의 아파트는 전월세만 놓아도 투자금을 회수하고도 이자까지 감당할 수 있었다.

이 과정에 늘 동생과 함께했다. 어려운 어린 시절을 함께 보낸 우리 자매는 좋은 파트너이다. 내가 사람을 상대하는 동안 동생은 끝내주는 눈썰미로 집 안 구석구석을 둘러본다.

"언니, 작은방 확장한 거 봤어? 큰방은 천장에 곰팡이 있더라."

같이하면 파워는 세 배, 네 배가 된다. 나는 경매 파트너인 동생과 함께 충청도, 경상도, 강원도, 전라도 등 전국을 다 누볐다. 이제는 전국 어느 곳도 멀게 느껴지지 않는다. 그렇게 우리 자매는 3년 만에 37채의 집을 보유하게 되었다. 다시 한 번 돌이켜보건대, 우리가 37채의 집을 보유하게 된 가장 큰 힘은, 제일 먼저 내 집을 마련했기 때문이다.

경기도 광주
32평 아파트

- 낙찰가   210,500,000원
- 당시 시세   240,000,000원

투자 금액		초기 비용		수익(예상)	
대출(75%)	157,000,000원	취득세	2,530,000원	매도가	230,000,000원
내 돈(❶)	53,500,000원	등기 및 수수료	2,000,000원	대출금	−157,000,000원
		수리비	200,000원	실투자금	−58,730,000원
		명도비용	500,000원		
합계(낙찰가)	210,500,000원	합계(❷)	5,230,000원		
실투자금(❶+❷)			58,730,000원	차익	약 14,000,000원

| 투자포인트 |
2003년식 아파트. 단지 내 초등학교가 있는 2000세대 대단지다. 대출과 우리가 살던 전셋집 전세보증금을 합쳐 잔금납부 후 입주를 하고 남은 돈으로 경매를 시작할 수 있었다. 첫 집이라 취등록세가 저렴했다.

| 어려웠던 점 |
처음 낙찰받은 집이라 다소 비싸게 낙찰받았다. 현금 여유가 없어서 잔금, 추가비용 납부일마다 마음을 졸였다. 집에 애착이 있던 원래 집주인이 집 보여주기를 꺼려하며, 월세를 제안했었다.

| 해결방법 |
저층은 경쟁이 낮아 1~2천만원 정도 싸게 낙찰받았으니 큰 손해는 아니었다. 집 내부를 보고 우리 가족이 들어가 살기로 결정했다. 우리 아이들이 마음껏 뛰놀 수 있어서 그 어떤 집보다도 우리 가족에게 딱 맞는 집이었다.

부동산 환경이 많이 변한 이유로 현재의 시세, 대출 등이 당시와 많이 다를 수 있습니다. 하지만 경매 자체는 모든 시대를 관통해 유효하기 때문에 공부하는 차원에서 기록을 남겨뒀습니다.

2장

사람들은
왜
경매를
두려워할까

1
한눈에 보는
경매의 기초

알고 보면 쉬운 경매 용어들

법원 경매는 부동산 외에도 기계, 가전제품, 자동차, 배 등 별의별 것이 다 있고 부동산도 땅, 상가, 공장, 창고 등 모든 부동산이 다 있다. 경매 초보자라면 아파트, 빌라, 오피스텔, 원룸, 주택으로 시작하길 권한다. 이후 상가 등 임대수익용 부동산이나, 전원주택을 지을 토지 등으로 관심을 가져도 좋다.

빚을 갚지 못한 집들이 경매에 나오면, 어떤 집이 좋을지 인터넷으로 조사하고 위험요소가 있는지 확인하는 것을 권리분석이라고 한다. 직접 찾아가서 교통은 어떤지, 햇볕은 잘 드는지, 유해시설은 없는지 등 집과 그 주변을 눈으로 확인하는 것은 현장조사(임장)다. 법원에서 경매에 참가하는 것은 입찰이라고 하며, 경매로 낙찰되면 낙찰받은 사람이 법원에 잔금을 내는 동시에 그 집은 낙찰자의 것이 된다. 집의 소유주가 바뀌는 것이다.

법원은 낙찰자한테서 받은 돈으로 빚쟁이들(은행 등 채권자)에게 순번대로 돈을 갚아준다. 이것을 배당이라고 한다. 어떤 빚쟁이는 빌려준 돈을 다 돌려받지 못하지만 낙찰자와는 상관없는 일이다. 안타깝지만 어쩔 수 없다.

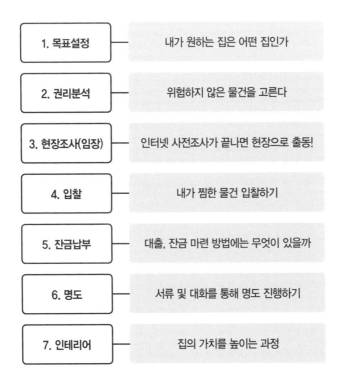

경매의 전 과정

1부. 당신의 인생을 한 차원 높여줄 유일한 방법

경매 나온 집에는 사람이 살고 있는데 그들은 집주인이거나 임차인이거나 둘 중 하나다. 경매로 집의 소유주가 바뀐 이상 그들은 집을 떠나야 한다. 그들을 내보내는 것을 명도라고 한다.

경매의 7단계

1. 목표설정 – 내가 원하는 집은 어떤 집인가

당신이 그토록 원하던 집이다. 아무 집이나 되겠는가. 당신이 살 집이다. 그렇다면 신중해야 한다. 당신이 원하는 집은 어떤 집인가. 당신과 함께 살 가족에게 필요한 요건은 무엇인가. 당신이 가진 돈으로 필요한 집을 살 수 있는가. 대출을 해야 한다면 얼마나 할 것인가.

먼저 원하는 집에 대한 목표를 구체적으로 설정하자.

2. 권리분석 – 위험하지 않은 물건을 고른다

경매에 나오는 집들은 무언가 사연이 있는 집이다. 복잡한 사연은 등기부등본을 보면 대략 알 수 있다. 법원에서는 매각물건명세서를 통해 집에 어떤 문제가 있는지 알려준다. 당신은 이러저러한 사연과 문제가 있는 집들 중에서 내가 감당할 수 있는 문제를 가진 집만 골라내야 한다. 이것이 권리분석이다.

내가 원하는 집을 마음껏 고른 후에 권리가 복잡해서 어려운 집, 살고 있는 사람이 쉽게 나가지 않을 듯한 집, 명도가 힘들어 보이는 집을 하나씩 제외시키는 것이다. 이런 단계를 거치고 나면, 마지막에 남은 집은 권리관계도 문제가 없고, 마음에도 드는 집일 것이다.

3. 현장조사(임장) – 인터넷 사전조사가 끝나면 현장으로 출동한다

자유여행을 가보았는가. 가이드 뒤만 따라다니는 패키지여행과는 비교도 되지 않는 즐거움이 아주 많지만, 그중 최고는 스스로 일정을 짤 때의 즐거움이다.

현장조사도 자유여행과 유사하다. 인터넷으로 할 수 있는 모든 조사를 다 하고 가야 한다. 현장조사는 내가 조사한 것이 정확히 맞는지를 확인하는 절차다. 이를 생략하면 절대 안 된다. 인터넷으로 알아본 정보가 현장과 다른 경우도 종종 있으니 말이다.

4. 입찰 – 내가 찜한 물건 입찰하기

입찰의 핵심은 입찰가격이다. 입찰가격은 임장을 가서 현재 매매가격을 확인하고, 이를 기준으로 정해야 한다. 오래전 매겨놓은 법원의 감정가를 기준으로 입찰가를 정하면 자칫 높은 가격을 쓸 수도 있으니 주의해야 한다.

입찰을 하러 법원에 가기 전, 은행에 들러 물건의 보증금을 수표로 끊어가는 것이 좋다. 입찰은 오전 10시 즈음 시작하고 11시 전후로 마감하는데, 법원마다 조금씩 다르니 미리 확인하자.

법원에 비치된 입찰표에 주소, 이름, 금액을 잘 기재하고, 보증금 봉투와 함께 입찰봉투에 넣어서 경매법정 앞에 있는 투명한 입찰함에 넣으면 입찰 끝이다. 이제 기다리는 일만 남았다. 시간이 되면 집행관이 개찰을 시작한다. 순서대로 사건번호와 입찰한 사람들을 호명한다. 떨어진 사람들은 그 자리에서 보증금이 들어 있는 돈봉투를 돌려받는다. 돈봉투를 받았으면 미련 없이 집으로 돌아가면 된다.

"낙찰자는 어디에 사는 ○○○입니다."

이렇게 당신 이름이 호명되면 당신이 물건의 주인이 된 것이다. 패찰자들이 돈봉투 돌려받을 때 당신은 낙찰영수증을 받는다.

5. 잔금납부 – 대출, 잔금 마련 방법에는 무엇이 있을까

경매의 잔금납부 과정은 어떻게 될까. 경매에 입찰할 때 먼저 최저매각가격(최저가)의 10%를 보증금으로 낸다. 낙찰이 되면 정해진 날짜까지 나머지 잔금을 법원에 납부해야 하는데, 이때 대출을 받는 경우가 많다.

경매 낙찰 후 받는 대출을 경락잔금대출이라고 한다. 경락잔금대출을 해주는 은행은 법무사를 통해 일을 진행하는데, 이때 법무비용이 발생한다. 은행마다 조금씩 다르지만, 생각보다 많은 것이 법무비용이다. 그리고 집을 살 때 내는 세금인 취득세도 준비해야 한다. 취득세율은 정부 방침에 따라 변하므로 취득 당시의 세율이 얼마인지 확인해야 정확한 금액을 알 수 있다. 대출을 받게 되면 법무사가 취득세를 계산해서 알려주고 납부를 대행해준다.

이외에 체납 관리비가 있으면 관리실과 협의를 하고, 체납 공과금이 있다면 해당 기관에 필요한 감면 서류를 준비하라.

6. 명도 – 서류 및 대화를 통해 명도 진행하기

경매된 집에 전부터 살고 있는 사람을 점유자라고 하고, 이들을 내보내는 것을 명도라고 한다. 점유자와의 만남은 편치 않다. 그렇다면 이들을 언제 만나는 것이 좋을까?

빠르면 빠를수록 좋다. 그래야 그들은 이사 준비할 시간을 좀더 가질 수 있고, 나는 명도의 난이도를 파악하여 미리 준비를 할 수 있다. 그래서 나는 낙찰된 당일 점유자와의 만남을 시도한다. 점유자를 만날 수 없는 경우도 많다. 이럴 때 쉽고 저렴하게 이용하는 방법이 내용증명이다. 서류를 보낼 때는 강경한 내용으로 하되, 대화는 최대한 부드럽게 한다.

사람이 하는 일이라 대화가 중요하다. 법적으로 이미 정해진 룰이 있는 마당에 감정을 건드리면서까지 언성 높일 필요는 없다.

7. 인테리어 – 내 집의 가치 올리기

인테리어는 두 가지 측면이 있다. 첫 번째는 구조적, 기능적 문제의 해결이다. 아귀가 맞지 않는 새시나, 단열에 문제가 있는 벽은 아름다움과는 상관없지만 기능적인 문제로 인해 반드시 수리해주어야 한다. 돈 들인 흔적도 안 나는 부분이다. 두 번째는 미관적인 부분이다. 낡고 누런 몰딩을 하얀 몰딩으로, 빛바랜 싱크대를 반짝이는 싱크대 등으로 교체한다. 임차인이 원하는 아름다운 집으로 꾸며주어야 임대, 매도가 잘 된다.

집은 내 운명

경매로 나온 집은 집상태가 안 좋을 것 같지만 꼭 그렇지는 않다. 어떤 집은 도배도 필요 없을 만큼 깨끗하다. 하지만 항상 예산에 수리비용은 넣어놓는다. 수리비가 안 들어가면 돈 번 것이다. 임대든 매매든 사람은 누구나 깨끗하고 예쁜 집을 좋아한다. 내 집은 말할 것도 없다.

아무리 준비를 많이 했어도 임대와 매매는 경기와 계절을 많이 탄다. 경기 안 좋은 것과 추운 겨울이 온 것을 내가 무슨 수로 막겠는가. 조바심은 건강에 해롭다. 부동산에 눈도장 찍고, 인터넷에 광고 글 올리고, 관리실이나 동네 슈퍼에도 다니며 "내 물건 좋아요"라고 소리치고 다녀야 한다. 걱정 마시라. 짚신도 짝이 있고, 집도 임자가 따로 있다.

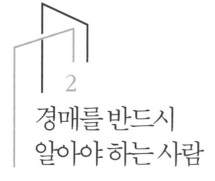

2
경매를 반드시
알아야 하는 사람

내 집 마련을 하고 싶은 사람

"언니, 그냥 사지 말고 경매도 알아보고 사는 게 좋아."

"그런 건 현정이 너나 하지. 난 복잡해서 못해. 부동산에 급매가 나왔다니 좀 알아보려고."

지인이 한 아파트에 전세를 살고 있었는데, 전세가격이 자꾸 오르니 집을 사기로 결심한 모양이었다.

경매가를 알아보라는 것은 경매로 사라는 얘기가 아니다. 인근 낙찰사례에서 지난달에 낙찰된 가격은 얼마이고, 두 달 전, 석 달 전 낙찰된 가격은 얼마인지 확인해보라는 것이다. 현재 급매가라는 것이 정말 저렴한지 확인해보자는 것이다. 부동산에서 말하는 급매가는 정해진

선이 없다. 현재 시세가 1억 6000만원이라면, 1억 4000만원도 급매고 1억 3000만원도 급매다. 부동산에서는 현재 매매되는 가격보다 싸게 나온 것이면 모두 급매가라고 한다.

예를 들어 어느 집의 시세가 1억 6000만원이라고 치자. 같은 평수의 집이 경매에서 지난달에 1억 3000만원, 두 달 전에 1억 4000만원, 세 달 전에는 1억 5000만 원에 낙찰되었다면, 이 집의 낙찰가는 계속 하락하고 있다. 이때 급매가가 1억 3000만원 정도면 저렴한 가격이라고 볼 수 있지만, 1억 5000만원이라면 시세보다는 싸지만 급매라고 보기는 어렵다. 1억 4000만원이라면 가격 흥정을 할 수 있다. 집주인과 부동산 모두 가격이 하락하는 추세임을 알고 있으므로 얼마라도 깎아서 거래를 성사시키려고 할 것이다.

경매를 잘 아는 사람이 급매도 잘 산다.

경매에 넘어간 집에 사는 임차인

어떤 세입자, 즉 어떤 임차인이 전세보증금을 떼이고 길바닥에 나앉을까? 자신의 권리를 잘 모르는 임차인이다. 매정하지만, 법은 권리를 주장하지 않는 사람은 보호하지 않는다.

"아니, 왜 배당신청을 안 하셨어요?"

"회사일로 바빠서 못했죠."

정해진 날짜까지 배당신청(경매가 시작되기 전 법원이 채권자들에게 법원

등기우편을 통해 배당신청을 하라고 공지를 한다. 정해진 기간이 지나면 배당신청을 할 수 없다.)을 하지 않아서 배당금을 받지 못하는 임차인의 변명이다. 혹시 사람이 하는 일인데 봐주겠지 하는 마음이었을까. 그러나 그런 일은 절대 없다.

전세금은 전세입자의 전 재산에 가깝다. 그런 돈을 어떤 집주인에게 맡겨야 안전할지 애초부터 신중하게 선택하는 것이 중요하다. 집주인의 성격보다 중요한 것은 집주인이 집을 담보로 얼마를 빌렸는가다. 다행히도 이것은 등기부등본에 다 나와 있다.

세금 체납여부를 확인하는 것도 중요하다. 임차인 전세 피해 방지의 일환으로 미납국세 열람제도가 신설되었다(2023년 4월 3일 이후). 미납국세 열람제도는 임차인이 임대인의 미납한 국세를 확인할 수 있도록 하는 제도이다. (국세징수법 제109조) 기존에는 임차인이 임대인의 동의를 받아 관할 세무서에서만 열람이 가능했다. 지금은 전국의 모든 세무서에서 열람을 신청할 수 있도록 개선되었다. 특히 임대차 계약 체결 후에는 임대차 기간이 시작하는 날까지 임대인의 동의 없이도 열람 신청을 할 수 있다.

월세라면 보증금 1000만원, 500만원은 내 앞의 설정금액이 아무리 많더라도 소액임차인 보호를 위한 최우선변제제도(소액 보증금으로 사는 임차인들의 배당을 최우선적으로 보장해주는 권리) 덕분에 보증금을 떼일 염려가 없다. 하지만 전세라면 가능한 한 내 앞에 설정된 금액이 없는 집을 골라야 한다. 아무리 저렴한 집이라도 빚이 많은 집은 들어가지 않는 것이 안전하다. 살다 보면 어떤 일이 생길지 모른다.

집의 가치보다 너무 높은 전세가도 곤란하다. 경매를 알면 물건의 가치판단을 하게 되어 역전세도 피할 수 있다. 만약 거꾸로 내가 살고 있는 집이 경매에 넘어가게 되면 어떻게 해야 할까? 보증금은 다 돌려 받을까? 내가 낙찰을 받을 수는 없을까? 언제 무엇을 해야 할까?

경매를 알면 방법을 찾을 수 있을 것이다.

월세 받고 싶은 직장인

경매 하는 직장인은 아주 흔하다. 내가 운영하는 커뮤니티 '즐거운 경매'에도 직장 다니는 경매인을 자주 볼 수 있다. 직장인 경매 10년 차 인 심꾸준씨는 이렇게 말한다.

"연봉을 넘어서는 수익을 경매로 벌게 되니, 직장생활이 더 이상 힘 들지 않아요. 승진을 하고 싶지도 않고요. 이대로 은퇴까지 직장 다니 면서 경매 하고 싶어요."

그는 경매 초보 시절에는 현장답사를 갈 시간도 없고, 입찰을 하러 갈 수도 없어서 퇴사를 고민했지만 이내 마음을 다잡았다. 직장인 경매 투자자는 아래와 같은 장점이 명확하기 때문이다.

현금흐름이 일정해 안정적인 투자를 할 수 있다

회사원은 매달 받는 월급으로 모든 생활을 해야 한다. 통장이 바닥 나면 다음 달에 월급이 입금된다. 그 돈으로 또 한 달을 산다. 그러나 회사를 그만두면 당장 입금되는 월급이 없어 난감해진다.

만약 당신이 고정 수입이 없다면 어떻게 될까? 당연히 모아둔 돈으로 살아야 한다. 그럼 투자는 무슨 돈으로 해야 할까? 투자는 못한다고 보는 것이 현실이다.

직장인 중에는 자신의 월급이 적다고 생각하는 사람이 있다. 하지만 그렇지 않다. 예를 들어 보자. 200만원의 월급은 현금 2억원과 같다. 월급 300만원이면 무려 3억원의 보증금에 해당한다. 만약 은행에 예금을 들고 매달 이자로 생활한다면 월 300만원을 받기 위해 무려 15억원을 예치해야 한다. 은행금리를 2%로 가정하고, 세금은 고려하지 않았을 경우이다. 이처럼 우리는 급여의 가치에 대해 다시 생각해볼 필요가 있다.

직장인은 대출을 받을 때 유리하다

경매투자를 할 때는 자기 돈은 물론, 대출도 활용해야 한다. 은행은 매달 월급을 받는 직장인에게 대출해주는 것을 좋아한다. 변동성이 큰 사업자보다 고정 월급이 있는 직장인이 이자연체의 위험이 적기 때문이다. 대기업에 다닐수록 자금을 융통하기 수월하고, 대출금리도 할인해준다.

또는 자신의 직종에 따라 전문가보다 경매를 잘할 수도 있다. 음식점 영업직원은 장사가 잘되는 상가를 알아보는 눈이 있고, 건설회사에 다니는 건축전문가는 건물을 보는 안목이 있다. 컴퓨터 앞에 있는 시간이 많은 직장인은 경매물건 검색에 유리하다. 직장에서 보고 듣는 작은 정보가 실제 투자에 도움이 되기도 한다.

직장을 다니다가 전업투자자가 되어도 늦지 않다

여러분은 전업투자가가 되고 싶은가, 탁월한 경매전문가가 되고 싶은가? 경매전문가가 되고 싶다면 경매전문법인 회사로 직장을 이직하라. 장기적으로 돈을 벌기 위해서라면 일단 지금 나오는 월급을 쉽게 포기하지 말라.

경매는 직장을 다니면서 시작하는 것이 낫다. 현재 월급 수준의 월세가 나올 수 있도록 준비하고, 투자를 할 만한 일정 수준의 목돈이 준비되면 그때 직장을 그만두고 전업투자자가 되어도 늦지 않다.

생활비 벌고 싶은 주부

남편에게 생활비를 타서 쓰는 주부도 경매에 관심이 많다. 어렵게 모은 종잣돈으로 하는 경매, 주부도 경매를 잘할 수 있을까?

주부보다 집을 잘 아는 사람은 없다

경매 초보자들이 목표로 삼는 주택은 주부에게 익숙한 공간이다. 어떤 아파트가 인기 있는지, 어떤 아파트 가격이 오르는지, 이 동네에서 인기 있는 학교는 어느 지역 학군인지 주부가 가장 잘 안다. 잘 아는 사람이 잘할 수 있다.

집의 가치를 높이는 일도 주부들이 탁월하다. 저렴한 자재를 이용한 소품으로 인테리어를 하기도 하고, 조명 하나로 집안 분위기를 바꾸기도 한다. 손재주가 있는 주부는 낡은 집을 낙찰받아 가치를 높여 임대를 놓을 수 있다.

다만, 한 가지 주의할 점은 주부의 눈높이가 아닌 임차인의 눈높이로 봐야 한다는 것이다. 엄마의 시선으로는 맘에 들지 않는 유흥가 근처 집이지만, 임차인에게는 재미있고 살기 편한 집일 수도 있다.

남편 월급으로 오늘을 살고, 아내는 미래를 준비하라

남편의 월급으로 오늘을 살고, 아내는 경매로 내일을 준비하면 어떨까? 오늘에 충실하며, 동시에 내일을 준비하는 방법 중 하나다. 안정적인 월급이 있어 현금흐름이 좋다면, 당장 월세가 나오는 물건보다 미래에 시세가 오를 만한 물건에 투자하는 편이 좋다. 부부가 함께 넉넉한 은퇴 생활을 즐길 수 있게 말이다. 아내 덕분에 남편은 어깨에 짊어진 무거운 짐을 한결 덜 수 있을 것이다.

시간이 자유로운 워킹맘처럼 일하라

직장인이 가장 갖고 싶은 것이 시간이다. 돈이 있어도 시간이 없으면 원하는 삶을 살 수 없다. 사실 주부는 누구보다 바쁘다. 가족의 모든 일에 주부의 손길이 필요하기 때문이다. 하지만 마음만 먹으면 시간을 만들 수 있다. 집안일은 좀 미뤄두고 아이가 어린이집이나 학교에 가 있는 시간에 경매를 해보라. 자신이 잘하는 일로 소득을 만들어낸다는 것은 의미 있는 일이다.

경매는 부부가 함께할 수 있는 좋은 취미다

부부가 같은 취미를 가지면 가정이 행복하다. 경매도 취미가 될 수 있다. 내 주변에는 부부경매단(?)이 꽤 있다. 남편이 물건을 검색해 오면, 부부가 함께 현장답사를 다녀온다. 멀리 떠난 김에 맛있는 음식을 먹으면서 데이트하는 기분도 낸다. 아내가 법원입찰로 낙찰을 받고, 명도를 마치면 가족의 자산이 차곡차곡 늘어난다.

또 다른 부부는 가족명의 투자법인을 설립했다. 대표이사는 아내이고 남편은 직원, 아이들은 주주다. 회사와 가족이 함께 성장하는 가족형 투자법인회사인 것이다. 부부가 함께 경매투자를 하다 보니, 대화 시간도 자연히 많다. 이렇듯 부부가 같은 취미를 가지면 가정이 화목해진다.

은퇴를 앞둔 공무원

며칠 전 공기업의 예비 은퇴자들을 대상으로 강의를 했다. 2박 3일간 연수원에서 진행한 강의인데 오로지 경매 공부만을 위해 전국에서 삼삼오오 모였다. 그 누구보다 경매 공부가 꼭 필요한 사람들이어서 그런지, 정말 강의 분위기가 좋았다.

경매투자에는 은퇴가 없다

경매에서만은 나이는 숫자에 불과하다. 누군가에게 고용되는 일이 아니니까 말이다. 경매에는 특별한 자격조건이 없다. 스스로 자신의 목적에 맞는 물건을 골라 자신의 수익률 기준대로 입찰을 하고 수익을 내면 된다.

경매는 일하고 싶을 때 일하고, 쉬고 싶을 때 쉴 수 있는 매력적인 평생 직장이다. 1년에 한두 건만 투자할 수도 있고, 1년 내내 부지런히 입찰을 할 수도 있다. 어떤 방식으로 투자를 해도 좋다. 스스로 결정하고 투자에 대한 책임을 지면 된다. 경매투자는 직장인이 아닌 사업자의 마인드로 해야 한다.

생활비는 따로 떼어놓는 게 좋다

퇴직금으로 생활도 해야 하고, 경매투자도 해야 한다면, 생활비는 미리 분리할 필요가 있다. 매달 200만원으로 생활을 한다면 1년에 2400만원, 2년이면 4800만원이다. 생활비를 생활비통장으로 옮겨 놓으면 생활이 안정된다. 가진 돈을 털어 무리하게 투자를 하면 현금흐름이 막혀 생활이 궁핍해지고, 투자판단도 흐려지게 된다. 불리한 시장에서 기다릴 수 없게 되고, 적정 매도시기가 되기 전에 팔아 손해를 입을 수도 있다. 투자수익보다 생활안정이 먼저다.

투자수익은 불로소득이 아닌 근로소득이다

경매투자자는 누구보다 부지런하다. 물건을 찾고, 현장답사를 하고,

입찰하고 명도하는 일련의 과정은 쉽지 않은 노동이다. 남들보다 저렴하게 낙찰을 받기 위해, 조금이라도 더 시세차익을 내기 위해 부지런히 일한다. 내 오랜 경험 끝에 내린 결론은 경매투자자의 수익은 분명 근로소득이라는 것이다. 오랜 투자로 임대사업자가 되어도 크게 다르지 않다. 그러므로 늘 성실하게, 꾸준히 내 시간과 노력을 쏟아야 한다는 것을 잊지 말자.

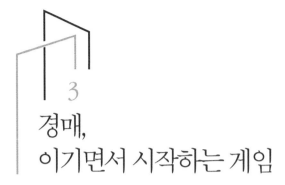

3
경매,
이기면서 시작하는 게임

상대방의 패를 볼 수 있다

모든 게임에는 승자와 패자가 있어서 게임에 참여를 하면 이기거나 지게 된다. 그런데 경매는 시작부터 이긴 게임이라고 할 수 있다.

이 게임에서는 상대의 패를 볼 수 있다. 어떤 상대인지, 어떤 위험이 도사리고 있는지 모두 공개되어 있다. 당신이 보기에 상대가 강하다고 판단되면 게임을 하지 않으면 된다. 게임에서 만난 경쟁자들이 당신보다 높은 가격에 낙찰을 받으면 게임은 시작도 되지 않는다.

낙찰을 받지 못했다고 손해 볼 것은 없다. 다른 좋은 물건을 찾으면 그만이다. 무엇보다 경매는 상대에게서 이익을 뺏는 게임이 아니다. 빚쟁이들과 은행은 낙찰금으로 집주인에게 빌려주었던 돈을 되돌려받는다. 경매가 아니라면 그들이 그 귀중한 돈을 어디서 돌려받을 수 있겠는가? 그러니 경매에 대해 막연한 오해를 하고 있었다면 푸는 것이 좋겠다.

경매는 앞을 내다볼 수 있는 게임이다. 감당하기 어려운 게임이라고 느껴지면 일찌감치 포기하고, 다음번에 조금 더 쉬운 게임에 참가하면 된다.

첫 번째 상대, 입찰 경쟁자

법원에서 입찰을 하게 되면 여러 명의 경쟁자들이 각자 정한 금액을 쓰고, 가장 높은 금액을 쓴 사람이 낙찰을 받는다.

나는 투자금을 최소화하기 위해 그 지역 임대료를 기준으로 적정 입찰가격을 정한다. 수익률을 20% 이상 잡기 때문에 그 미만이 되게 가격을 높여 쓰지 않는다. 만약 내가 사려는 집을 누군가 10%의 수익률로 사려고 한다면 나는 그들을 이길 수 없다. 내 집을 마련코자 하는 사람이라면 임대수익률보다는 현재 급매가보다 싸게 사면 되기 때문에 낙찰받을 확률이 높다.

원하는 수익은 사람마다 다르고, 투자금액의 크기도 다르다. 가령 나보다 더 많은 자본으로 더 많이 투자할 수 있는 사람이라면 나와 다른 기준을 갖고 있어도 더 큰 수익을 낼 수 있을 것이다. 암만해도 돈 많은 사람이 더 쉽게 번다. 돈 없으면 몸이 바쁘다.

하지만 그들이 낙찰받고, 당신이 떨어졌다고 해서 진 것은 아니다. 단지 게임이 시작되지 못했을 뿐이다. 다른 물건을 찾으면 된다.

두 번째 상대, 전 주인과 임차인

경매의 꽃은 명도라고 한다. 현재 살고 있는 사람들을 내보내야 당신이 이사를 하거나, 새로 임차인을 들이거나, 팔 수 있다.

그들은 처음부터 정해진 권리를 갖고 있다. 내가 집을 낙찰받고 잔금을 내면 법원은 빚쟁이들과 임차인, 집주인에게 정해진 순서대로 배당을 한다. 이 룰은 내가 낙찰받기 전부터 정해져 있던 것이고, 내가 아닌 누가 받아도 똑같이 적용된다. 받을 자격이 있는 임차인은 보증금을 돌려받고, 빚잔치를 하고도 남은 돈이 있으면 집주인이 받는다. 게임의 룰은 바뀌지 않는다.

나는 낙찰을 받으면 즉시 그 집에 살고 있는 사람들에게 게임의 룰을 설명하고, 내가 해줄 수 있는 한계를 알려준다. 언제까지 이사를 가야 하고, 만약 원한다면 재계약을 할 수 있으며, 금액은 얼마이다 같은 것들이다.

최악의 경우엔 강제집행을 할 수 있다는 것도 알려준다. 강제집행은 카드로 치면 조커. 내가 조커를 갖고 있다는 것을 상대도 알고 있기 때문에 현실에서 강제집행을 할 일은 거의 없다. 정해진 룰 안에서 나는 결정적 패를 쥐고 있어 상대를 배려할 수 있는 여유도 가질 수 있다. 실수로 게임의 예외가 되는 집을 낙찰받지만 않으면 게임은 언제나 순조롭다.

세 번째 상대, 나 자신

경매는 시작부터 이기는 게임이라고 했다. 시작하는 것 자체가 가장 힘이 들 뿐이다. 우선, 게임에 들어가기 전 맘에 드는 물건 하나를 찾기까지 많은 시간을 투자해야 한다. 정부의 부동산 정책에 어떤 변화가 있는지 늘 귀를 열어놓고, 경제신문을 읽으며, 부동산 뉴스도 놓치지 않는다. 아는 동네뿐 아니라 새로운 지역을 알기 위해 교통과 일자리 등의 변화를 인터넷을 통해 조사를 한다.

맘에 드는 물건을 찾으면 직접 찾아가서 조사한 것과 맞는지 확인도 해야 한다. 시세는 어떤지, 전월세는 잘 나가는지 부동산도 방문하고, 관리실도 방문하고, 동사무소도 방문한다.

이렇게 공을 들여서 조사를 마치면 애착이 생겨서 이미 내 집이 된 것 같은 느낌이 든다. 아주 맘에 드는 집이면 수익률이 낮아지더라도 꼭 낙찰받고 싶은 마음에 입찰가격을 올리고 싶은 욕심이 들기도 한다.

따라서 낙찰받기 전에는 집에도 정을 주지 말아야 한다. 그 물건이 아니더라도 집은 많다. 계속 떨어지더라도 낙담하지 않고 계속 도전할 수 있는 열정이 필요하다. 부지런히 움직이면 반드시 원하는 좋은 가격에 낙찰받을 수 있다.

가장 어려운 상대는 지치고 실망하는 나 자신이다. 실패는 면역력을 키우는 과정이다. 나만 그런 것이 아니다. 당신을 믿어라.

나 자신만 이길 수 있으면 경매라는 게임에서 승리는 정해져 있다.

경매는 시작부터 이기고 시작하는 게임이다. 이기지 않으면 게임은 시작도 되지 않는다.

처음부터, 시작부터, 끝이 결정된 일이다.

4
당신이 경매를
두려워하는 이유

처음 보는 법률 용어

처음 경매를 접했을 때 나를 당황하게 한 것은 외국어와 같은 법률 용어였다. 한국말이 분명한데도 무슨 얘기인지 도통 알아들을 수가 없었다. 가압류, 가등기, 법정지상권, 임대차보호법, 배당 등 알 수 없는 용어가 산더미였다. 법에 문외한인 나는 머릿속이 어지럽기만 했다.

책을 읽어도 도대체 무슨 말인지 이해가 되지 않았다. 단어 자체가 이해가 안 되니 몇몇 재미난 에피소드나 장황한 자랑만 기억에 남을 뿐이었다. 게다가 용어와 판례들은 뭐가 그리 많은지…. 그것을 다 알아야 경매를 할 수 있었다면 나도 시작조차 못했을 것이다.

나는 내 방식대로 이해하고 실전에 뛰어들었다. 단순하고 쉽게 접근하는 것이 내 스타일이다.

경매를 알아가면서 가장 먼저 깨달은 것은 현실에서는 그 어려운 법률 용어들이 다 나오지 않는다는 것이다. 내 물건에 등장한 용어들은 생각보다 그리 많지 않았다.

약자를 괴롭힌다는 선입견

경매는 가난한 사람의 집을 빼앗아 거리로 내쫓는 일이라는 선입견이 있다. 경매를 알기 전에는 나도 그것 때문에 망설였던 것이 사실이다. 세상 살면서 남에게 도움을 주지는 못할망정 해는 끼치고 싶지 않았다.

하지만 경매는 남을 괴롭히는 일이 아니다. 사람 사는 모습이 가지각색이듯이 경매로 나온 집들의 사연도 가지각색이다. 집주인이 대출을 연체해서 나오기도 하고, 집을 담보로 사채빚을 써서 나오기도 하고, 때로는 직원들 월급을 못 줘서 사장 집이 경매에 나오기도 한다. 요새는 이혼하는 부부의 재산분할을 이유로 나오는 경우도 종종 있다.

이런저런 사연이 있는 집들이 법원의 경매절차를 거쳐 경매라는 시장에 나오게 되면 투자자인 우리는 등기부등본을 통해 얼마나 복잡한 사연이 있는지 그 내용을 미리 파악한다. 이 집은 아버지가 죽고 자식들이 싸웠구나, 이 집은 정말 땡전 한 푼 없구나, 이혼하면서 여자가 가압류했구나 등등. 그런 다음 투자를 해서 그 사연 많은 집을 낙찰받는 것이다. 만약 경매가 없다면 빚투성이인 그 집을 누가 살 것이며, 그 집을 팔지 못하면 집주인은 무슨 수로 빚을 갚겠는가.

법의 보호 밖에 있는 안타까운 사연을 가진 임차인들을 만나게 되는 것 또한 사실이다. 나이 어린 아이들만 있는 집이거나, 오갈 데 없는 어르신이 사는 집을 낙찰받으면 참으로 곤란하다. 더욱이 아무 권리가 없어서 보증금도 못 받아간다면 어떻게 모질게 쫓아낼 수 있을까? 마음이 안 좋다면 차라리 이런 집은 낙찰받지 말자. 본인의 성격과 맞는 경매물건을 찾는 것도 하나의 방법이다.

문제가 생길 수 있다는 불안감

경매를 알기만 하는 사람들, 경매를 공부만 하는 사람들을 만나는 것은 어렵지 않다. 몇 년째 경매 공부를 했다면 알 만한 건 다 알 텐데, 왜 낙찰을 못 받았을까. 이들은 하나같이 이런 말을 한다.

"이 집에 문제가 없는지 자신이 없어요."

결국, 문제 있는 집을 낙찰받으면 어쩌나 하는 걱정 때문이다. 이런저런 걱정에 한 발자국을 떼지 못하는 것이다. 누구나 처음은 두렵다.

하지만 멀리 있는 광명만 좇지 말고, 차근차근 나에게 맞는 집을 찾으면 된다. 집을 고를 때부터 명도가 수월하게 끝날 수 있고, 권리상에 아무 문제가 없는 집을 고르면 되지 않겠는가. 그런 집은 분명히 있다.

경매, 공동투자에서 유의할 점

집은 주인이 여러 명 될 수 있다. 1억원짜리 집을 사면서 두 명이 5000만원씩 투자를 해서 등기부등본에 각각 50%의 지분으로 기재하면 두 명 모두 이 집의 주인이 된다. 이를 공동명의라고 한다. 부동산에서는 이런 일이 흔하게 발생하고, 특히 경매는 공동투자를 하는 경우가 많다. 경매를 시작하게 되면 경험이 많은 사람의 주도하에 공동투자를 제의받는 경우가 종종 있다. 주로 경매 학원에서 주도하거나 인터넷 경매카페에서 회원들이 의기투합해서 이루어지는데, 경매 초보자의 경우 이러한 공동투자가 솔깃하게 마련이다.

집주인이 여럿인 만큼 의견도 제각각

그러나 좋게 시작한 일이 잘못되면 누가 책임을 질까? 나홀로 투자라면 혼자 결정하고 혼자 행동하면 그만이다. 그런데 공동투자는 문제가 생기면 해결하기가 골치 아프다. 공동투자는 투자를 한 사람들 모두의 의견을 조율해야 하고, 한 명이라도 의견이 맞지 않으면 모든 게 괴롭다. 그나마 수익이 나면 다행인데, 수익이 예상보다 적으면 의견 차이는 더욱 심해진다.

공동투자자 중 한 명이 마음이 변해 투자금을 돌려달라고 하는 일도 종종 생긴다. 이럴 경우 어쩔 수 없이 부동산을 헐값에 매각하거나, 나머지 투자자 중 누군가가 탈퇴하는 투자자의 지분을 사주어야 한다. 최악의 상황은 돈이 묶이는 것이다. 어떤 투자자가 팔자고 해도, 다른 투자자는 못 팔겠다고 하면 부동산을 팔 수 없다. 그래서 경매로 낙찰된 공동투자 물건이 다시 경매에 나오는 일도 흔하다.

돈이 오가는 일, 공증은 필수

공동투자를 제대로 하려면 반드시 사전에 의견조율을 해야 한다. 투자자들의 역할과 권리, 수익분배 방식, 낙찰물건 처분 방식을 미리 정하는 일은 매우 중요하다. 공동투자를 하려면 반드시 이런 내용을 서류로 작성하여 공증을 받도록 하자.

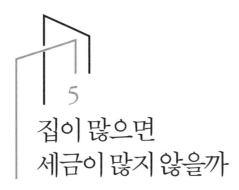

5
집이 많으면
세금이 많지 않을까

세금도 투자비용이다

모든 물건은 사고팔 때 세금이 있다. 부동산도 예외는 아니다. 더욱
이 부동산 관련 세금은 나라의 주요 수입원이며, 부동산 정책을 펼 때
중요한 수단이기도 하다. 부동산을 살 때에는 취득세를 내야 하고, 팔
때는 양도차익만큼 양도세를 내야 한다. 또한 부동산은 다른 물건과 다
르게 가지고 있는 동안 내는 세금인 보유세도 있다. 재산세와 종합부동
산세가 그것이다.

1가구가 1주택 이상을 보유하고 있을 때는 이러한 세금이 더 많이
부과된다. 나는 다주택자이기 때문에 취득할 때에도 1주택자보다 두
배 이상으로 세금을 낸다. 현재 4주택 이상 다주택자는 취득세를 12배

더 내야 한다. 이렇게 세금 차이가 난다는 것을 처음 안 사람들은 당황할 수 있다. 하지만 그만큼 안전마진을 두고 집을 저렴하게 사면 된다. 이처럼 많은 투자자가 부담스러운 세금을 상쇄시키고자 수익 구간을 미리 예상하고 입찰에 참여한다.

임대수익 두 달 치는 남의 돈

나는 임차인들이 내는 월세의 한 달 치는 세금이라고 생각한다. 한 달 치의 임대 소득으로 이 세금들을 감당한다. 또 다른 한 달 치는 그 집에 들어가는 소소한 수리비용으로 여긴다. 결국 2개월 치는 세금과 비용이니 1년간 임대를 하여 받는 월세 수익은 12개월 치가 아닌 10개월 치인 셈이다.

처음부터 12개월의 임대수익 중 2개월 치는 내 것이 아니라고 여기자. 마음의 부담이 훨씬 줄어든다.

주택임대사업자를 내야 할까

나는 과거 주택임대사업자였다. 정부에서 강제말소 하던 때 말소되어 지금은 주택임대사업자는 하지 않는다. 대신 상가를 가지고 있기에 일반임대사업자이며, 9년 차 법인사업자다. 매매사업자는 하지 않는다.

최근에는 주택임대사업자의 의무임대기간이 8년(60㎡ 이하 소형은 단

기 신설)으로 바뀌고, 보증보험 의무가입 등의 복잡한 절차가 생겨 임대
사업자를 권유하지 않는다. 그보다는 단기매매를 업으로 하는 매매사
업자가 늘고 있다. 법인, 세금 등에 관해서는 초보들은 이해하기가 조
금 힘들다. 이후에 자세히 설명하도록 하겠다. 지금은 현재 추세만 알
아두자.

세금보다 소득이 우선이다

세금이 많아서 속상하다고? 세금이 많다는 것은 그만큼 소득이 있다
는 얘기다. 세금은 소득이 있는 곳에 존재한다. 소득이 없다면 세금도
없다. 양도세를 많이 냈다면 양도차익이 많은 것이고, 재산세를 많이
냈다면 재산이 많은 것이다. 세금이 아무리 많아도 소득을 넘어설 수는
없다.

세금이 무서워서 재산을 늘리지 못한다면 이보다 어리석은 일이 있
을까? 다만, 비용을 잘 관리하지 못하면 앞으로 남고 뒤로 밑질 수 있으
므로 수입과 지출을 잘 정리하는 습관을 들이도록 하자.

경매
고수의
노하우

양도소득세 절세 팁

부동산 세금 중 가장 큰 세금은 양도소득세 즉, 양도세이다. 양도세에서 가장 중요한 건 비
용이 되는 자료를 잘 챙겨두는 것이다. 부동산은 취득 후 매도까지 시간이 걸리기에 자료가
되는 영수증을 잃어버리기 쉽다. 취득할 때부터 파일에 잘 정리하여 잃어버리지 않도록 하
자. 오래된 영수증은 지워질 수도 있으니 복사를 해두는 것도 좋다.

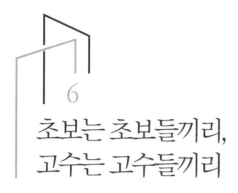

6

초보는 초보들끼리,
고수는 고수들끼리

고수들은 특수물건을 공략한다

초보와 고수는 애초부터 보는 물건의 종류가 다르다.

"좋은 것은 고수들이 다 가져가는 거 아니에요?"

아니, 결코 그렇지 않다. 초보인 당신이 고른 집은 당신과 비슷한 눈높이의 사람들이 본다. 당신의 경쟁자는 당신처럼 내 집을 사고 싶은 사람이거나 이제 막 경매에 입문한 사람들이다. 고수들은 자신만의 전문분야가 있다.

그리고 그 분야에 있어서만큼은 해결사가 따로 없다. 예를 들어 어떤 물건들은 권리상 문제가 있어 일반인들은 아예 쳐다보지도 않는다. 그래서 해결방법만 알고 있다면 아주 싸게 낙찰받아 고수익을 낼 수 있다. 이런 것을 특수물건이라고 하는데, 고수들은 바로 이런 물건들을 사냥한다. 간단히 살펴보자.

특수물건의 종류

1. 유치권

유치권은 공사대금을 받지 못한 공사업자가 집주인이 돈을 줄 때까지 공사한 집을 넘겨주지 않는 권리를 말한다.

유치권의 성립요건은 다음과 같다.

- 타인의 소유일 것
- 점유를 하고 있을 것
- 견련성(관련성)이 있는 채권을 가지고 있을 것
- 변제기가 도래할 것
- 유치권을 배제한다는 특약이 없을 것

우리 같은 초보는 유치권의 성립요건까지 자세히 알 필요 없다. 유치권이 있는 집은 명도가 어려우므로 유찰이 많이 되고 저렴한 가격에 낙찰받을 수 있다는 것만 알면 된다.

유치권자가 신고만 하면 경매법정은 사실 여부와 관계없이 유치권 접수를 기재해준다. 그러다 보니 속내를 들여다보면 성립요건에 맞지 않거나 가짜 유치권이 많았다. 전세입자가 본인이 인테리어 한 것에 유치권 신고를 하기도 하고, 배당받을 게 없는 집주인이 낙찰자에게 돈을 받아내기 위해 가짜 유치권자를 내세우기도 했다. 이러한 이유로 최근에는 등기를 한 건물에 대해서는 유치권이 성립되지 않도록 하는 방향으로 법이 논의되고 있다. 유치권 분야의 고수들은 다른 분야로 눈을 돌려야 할지도 모르겠다.

2. 지분입찰 물건

지분입찰이란 토지나 건물의 소유주가 두 명 이상일 때 그중 일부의 지분만 경매에 나오는 것을 말한다. 토지는 여러 명이 함께 소유하는 경우가 많아 지분으로 경매에 나오는 일이 흔하다.

건물과 토지가 함께 나오는 지분권은 주로 다음 세 가지 경우다.

- 공동소유자였던 부부가 이혼을 하면서 그중 한 명이 위자료나 재산분할청구를 한 경우
- 공동소유자였던 타인 중 한 명의 재산에 가압류 등으로 경매 청구가 된 경우
- 원소유자가 사망하여 여러 명이 상속을 받고, 그중 한 명의 지분이 경매 청구가 된 경우

지분을 낙찰받으면 다른 공유자에게 낙찰받은 지분을 팔거나, 나머지 지분을 사서 지분물건이 아닌 정상물건으로 만들어 팔아야 한다. 지분물건을 싸게 사서 정상물건으로 만들면 제 가격을 받을 수 있으므로 수익이 난다.

1부. 당신의 인생을 한 차원 높여줄 유일한 방법

3. 법정지상권

우리나라 민법은 토지와 건물을 별도로 본다. 토지와 건물의 소유주가 다를 때 건물의 소유주가 토지를 이용할 수 있는 권리를 법정지상권이라고 한다.

법정지상권의 성립요건은 다음과 같다.

- 저당권 설정 당시 토지와 건물이 존재할 것
- 저당권 설정 당시 토지와 건물이 동일인의 소유일 것
- 토지나 건물의 어느 하나, 또는 양자 위에 저당권이 설정될 것
- 경매로 소유자가 달라질 것

위의 성립요건에 따라 법정지상권이 인정되는 경우 건물소유주는 토지소유주에게 토지사용료(지료)를 내야 하고, 법정지상권이 인정되지 않는다면 토지소유주가 임의로 건물을 철거할 수 있다. 법정지상권이 있는 물건은 건물보다 토지를 낙찰받는 것이 유리하다. 건물소유주에게 토지를 팔거나, 반대로 건물을 사서 수익을 낼 수 있기 때문이다. 또 저렴하게 토지를 사서 지료를 받기도 한다.

4. NPL(부실채권)

은행 등 금융기관에서 대출해준 것들 중 이자가 연체되어 회수가 어려울 것으로 예상되는 부실채권을 NPL(Non Performing Loan)이라고 한다. 금융기관은 부실채권의 비중이 과도하면 금감원에 의해 퇴출될 수

있으므로 부실채권이 쌓이면 할인을 해서 유암코 등 NPL 전문업체에 팔아버린다.

NPL 전문업체는 NPL을 인수하면서 채권의 담보인 부동산을 경매에 내놓는다. 해당 부동산이 경매에서 낙찰되면 할인된 금액으로 NPL 채권을 산 투자자는 할인 전 채권금액으로 낙찰금을 배당받아 수익을 낸다. 또는 직접 경매에 참여하여 낙찰을 받아 NPL로 낙찰금액을 대신하기도 한다. 이를 어려운 말로 하면, 낙찰잔금을 채권금액으로 상계 처리한다고 한다.

NPL의 또 다른 장점은 세금이다. 예를 들어 감정가 5억원, 대출원금 3억원, 1순위 근저당권 4억원인 아파트가 있다고 치자. 이 아파트의 가치가 4억원으로 예상될 때 이 아파트의 NPL 채권을 3억 5000만원에 샀다면 어떻게 될까? 만약 이 집이 4억원 이상으로 낙찰될 것으로 예상된다면, 누군가 낙찰을 받았을 때 근저당금액 4억원을 배당받아 5000만원의 수익을 낼 수 있다. 반대로 이 아파트가 3억 5000만원 이하로 낙찰이 예상된다면? 이 집의 가치라고 여겨진 4억원으로 직접 이 집을 낙찰받아 양도차익을 내면 된다. 이때 취득금액은 4억원으로 인정되어 이 집을 4억원에 팔아도 양도차익이 없어 양도세를 한푼도 내지 않아도 된다.

NPL에서 제일 중요한 것은 집의 가치를 제대로 평가하는 것이다. 예전에는 NPL을 아는 사람이 별로 없어 경쟁이 덜했지만 지금은 NPL도 많이 대중화되어 파격적인 할인 채권은 쉽게 찾아보기 힘들다. 복잡한 권리관계가 얽힌 특수물건에 속한 NPL이어야 고수익이 가능해보인다.

5. 그 외 기타 특수물건

이외에 대항력 있는 임차인, 선순위 가등기, 선순위 가처분, 대지권 미등기, 토지별도등기, 분묘기지권 등이 있다. 어려운 분야인 만큼 높은 수익을 기대할 수 있지만 그만큼의 위험도 함께한다는 사실을 잊지 말자.

일반 주거용 외에 상가나 건물을 공략하는 방법도 있다. 다만, 상가와 건물은 임대가 잘 나가는 상가를 고르는 안목과 함께 건축법을 알아야 한다. 비슷한 방법으로는 낡은 주택을 낙찰받아서 건물을 짓기도 한다.

또 사람들이 꾸준하게 관심 있는 분야는 '토지'다. 토지는 부동산 중 가장 어려운 분야이기에 잘하면 대박, 잘못하면 영원히 돈이 묻히게 된다. 옛말에 땅은 진득하게 묻어놔야 한다고 했다. 가벼운 마음으로 투자하기에는 적합하지 않다.

지금은 이런 특수물건이 있다는 것을 알고만 있자. 관심이 생기면 그때 알아봐도 늦지 않다. 특수물건을 해보고 싶다면 한 분야만 고집하지 말고, 골고루 공부해보고 자신에게 어울리는 방법을 찾는 것이 바람직하다.

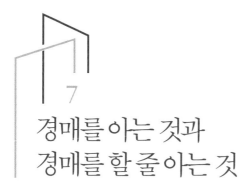

경매를 아는 것과
경매를 할 줄 아는 것

머리로 아는 지식은 위험하다

솔직히 나는 초보 시절 읽었던 경매 책들이 너무 어려웠다. 어렴풋
이는 알겠는데 무엇을 어떻게 해야 할지 감이 잡히지 않았다. 내가 쉬
운 경매 책을 쓰고 싶었던 이유이기도 하다. 그렇다면 당신이 이 책을
읽고 나면 경매를 잘할 수 있을까? 그건 모르겠다. 쉽게 알려주면 경매
를 이해하는 데는 도움이 될 것이다. 하지만 아는 것과 할 줄 아는 것은
차이가 있다.

밥도 직접 해봐야 물의 양을 조절할 수 있다. 이론적으로 잘 알고 있
어도 직접 해보면 또 다르다. 매일 밥을 할 때마다 밥 잘하는 엄마에게
물을 맞춰달라고 하는 것도 웃기다. 경매투자도 이와 크게 다르지 않다.

해봐야 안다

내가 만난 어떤 친구는 경매투자 모임에 누구보다 열심히 참가한다. 이 친구는 교대근무를 하는 직장에 다니는데 밤 근무를 하고 난 다음날도 어김없이 제일 먼저 모임에 온다. 모임에서 현장조사도 열심히 따라다니고, 인터넷 조사도 열심이다. 그런데 이상하게도 정작 입찰은 하지 않는다.

명도에 문제가 있어서, 집에서 멀어서, 돈이 모자라서…. 이유는 많다. 그런데 이 친구처럼 몇 년을 공부만 하는 사람이 수두룩하다. 이 사람들은 경매를 결코 할 수 없다. 머리로 알면 알수록 더 위험하고, 더 복잡하게 느껴질 뿐이다.

경매물건을 고를 때마다 물어보는 사람도 이상하다. 언제까지 엄마가 밥물을 대신 맞춰주어야 하는 걸까. 밥이 좀 설익으면 어떤가, 죽이 되면 어떤가. 정 어려우면 계량컵으로 딱 맞춰서 물을 넣으면 되지 않겠는가. 약밥이나 팥밥 같은 것은 밥을 잘하게 된 후에 해도 늦지 않다.

경매를 공부하는 사람이 100명이라면 이 중 20명만 실제로 낙찰을 시도하고, 그중 두 명만 낙찰을 받는다고 한다.

수익이 크지 않은 물건이면 어떤가. 영원히 초보자로 쉬운 물건만 다루면 어떤가. 당신이 경매를 업으로 할 것이 아니라면 1년에 하나씩만 낙찰을 받아도 좋을 것이다. 그러므로 더 이상 주저하지 말자. 마음에 드는 물건을 찾았다면 당장 법원에 가서 입찰이라도 한번 해보는 것이 경매 성공의 지름길이다.

경매는
실전이다

나는
돈이
없어도
경매를
한다

3장

경매 초보들의
좌충우돌
투자 성공
스토리

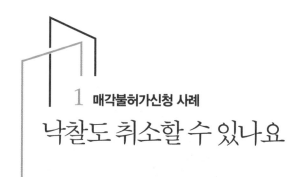

일산
21평
아파트

1 매각불허가신청 사례
낙찰도 취소할 수 있나요

우리가 20번이나 미끄러진 이유

나는 첫 낙찰을 받고 이사를 하느라 바빴다. 아이들 전학시키고, 셋째의 어린이집도 옮겨야 했다. 아이들 챙길 일이 많은데 강남에 있는 직장에서 멀어지니 출퇴근하기가 더 힘들어졌다. 아이들의 여름방학 때는 내내 경매 관련 일을 할 수가 없었다.

내가 바쁜 동안 동생은 일산을 열심히 다녔다. 나는 인터넷으로 물건 검색과 조사를 도와주고, 동생은 부지런히 입찰을 했다.

주말에는 함께 현장조사를 갔다. 덕양구, 일산동구, 일산서구의 25평 미만 아파트들을 열심히 알아보고 쫓아다니고 조사하고 입찰했지만 연달아 떨어졌다. 동생 혼자 고양법원에 간 것만도 스무 번은 될 것

일산의 신도시 아파트 전경

이다. 지금 와서 보니 그것은 당연한 일이었다. 일산은 실수요자가 많은 동네다. 서울과 가깝고 교통이 편리하기 때문에 젊은 신혼부부들이 선호하는 지역이다. 신혼부부가 많다 보니 소형 평형은 더욱 인기가 있다. 경매 컨설팅업체도 성황이다. 덕분에 항상 경쟁자가 많고, 낙찰가는 급매가에 가깝다.

모든 것은 조바심 때문이야

햇살이 따사롭던 10월 중순, 고양법원에서 동생과 만났다. 원래 입찰하려던 샘터마을 아파트가 며칠 전 취하되었다. 대신 후곡마을의 21평

2부. 경매는 실전이다

아파트를 입찰하기로 했다. (해당 아파트의 투자 당시 매매가는 약 1억 5000만 원이었다. 현재 시세는 약 4억원이다.)

후곡마을 아파트의 입찰가를 논의하던 중 동생이 걱정어린 얼굴로 말한다.

"어제 탄현동 것도 지난 회 가격을 넘었잖아. 자꾸 떨어지니까 지켜 워. 오늘 것은 어떡하지? 1억 3800만원이면 또 떨어질 것 같아. 조금만 높일까?"

"임대수익률은 괜찮은 편이긴 해. 월세 2천에 60만원이니까. 1억 3800만원이면 네가 가진 투자금 약 1300만원에 수익률이 9%이고, 500 만원 올려 쓰면 수익률이 6%가 돼. 올려야 하나 말아야 하나, 고민되 네…."

열띤 논의 끝에 우리는 결국 530만원을 올려서 1억 4330만원에 10 명을 물리치고 낙찰이 되었다.

"언니, 좋긴 한데 기분이 좀 묘하다. 너무 비싼 거 아닌가?"

바로 후곡마을의 부동산을 찾았다.

"저번에 왔던 분들이시네."

부동산에서 알아보고 반갑게 인사했다.

"네, 실은 여기 204호 낙찰받았어요. 매매나 월세 내놓으려고요."

"지난번에 집 알아보신다더니 경매 때문이었구나. 지금 급매가 1억 5000만원에 나왔는데 아직 매수가 없네요. 관심 있는 손님들은 종종 들러요. 얼마에 내놓으려고요?"

"네? 그땐 급매 1억 5500만원에 매매도 잘된다고 하셨잖아요?"

경매 입찰가 책정 시 주의해야 할 것

입찰가를 가치에 비해 높여 쓰는 것은 초보자가 하는 가장 흔한 실수 중 하나다. 만일 어떤 물건의 지난 회차 최저가가 2억원이었다면, 그때는 관심도 없다가 유찰되어 1억 6800만원이 되자 '어, 싸다!' 하며 입찰하는 것이다. 그런데 막상 입찰을 하려고 보니 경쟁률이 높아 보여 낙찰가를 2억 1000만원에 쓰는 일이 종종 있다. 지난 회차에 입찰했다면 단독으로 최저가인 2억원에 낙찰받을 수 있었을 텐데 말이다. 뒤늦게 낮은 최저가에 절대 욕심 부리지 마라.

"아유, 우리야 손님한테 다 그렇게 얘기하지. 경매 때문에 오셨다고 말씀하셨으면 내가 팔아줄 수 있는 가격을 얘기했을 거예요."

"그럼 월세는요?"

"월세는 2천에 60만원이에요. 월세로 내드릴까?"

"음. 고민하고 곧 연락드릴게요."

월세를 내면 6%의 임대수익은 나온다. 하지만 급매가격과 불과 700만원 차이로 낙찰받은 것이 너무 속상하다. 패찰이 되는 것도 속상하지만, 왠지 찝찝한 낙찰은 더 속상하다.

하지만 지금은 감정에 휘둘릴 때가 아니다. 우선 임차인을 만나야 한다.

'오늘 낙찰받은 낙찰자입니다. 상의드릴 것이 있으니 연락 주세요. 연락처는….'

우리는 집 현관에 연락처를 적은 쪽지를 남기고 털레털레 집으로 돌아왔다.

누락 정보의 발견

"언니, 어떡해. 큰일 났어….."

며칠 후 동생이 볼멘소리로 전화를 했다. 매각물건명세서상에는 임차인이 전액 배당받는 것으로 되어 있었는데, 나중에 올려준 전세보증금 250만원을 낙찰자인 동생에게 달라고 한 모양이다. 사실 임차인이 배당받지 못하는 일부 금액을 낙찰자가 부담할 필요는 없다. 그리고 임차인이 전세보증금을 돌려받기 위해서는 낙찰자에게 명도확인서를 받아야 하므로 명도에도 아무런 문제가 없다.

그렇지만 비싸게 낙찰받아 속상해 있던 터였기에 낙찰을 취소해 보기로 했다.

"매각불허가신청을 해야겠어. 되든 안 되든 한번 해보는 거지, 뭐."

낙찰된 날로부터 1주일 이내에 하라

법원에서는 매각물건명세서를 통해 물건 현황을 알려준다. 미리 알려주지 않은 사항으로 낙찰자에게 재산상의 손해가 있을 경우 낙찰자는 일주일 이내에 낙찰 자체를 취소해 달라고 신청할 수 있다. 일주일이 지나서 매각허가결정이 떨어지면 매각불허가신청은 받아들여지지 않는다. 그때는 매각허가결정취소라는 방법이 있지만 훨씬 까다롭고 받아들여지기도 매우 어렵다.

매각불허가신청서

사건번호 : 2010타경 ○○○○호 부동산임의(강제)경매

채 권 자 : 주식회사 ○○은행
채 무 자 : 김○○
낙 찰 인 : 이○○

위 당사자간 귀원 2010타경 ○○○○호 부동산임의(강제)경매 사건에 관하여 최고가매수신고인 이현○은 아래와 같은 이유로 매각불허가신청을 합니다.

신 청 취 지

2010타경 ○○○○호 부동산임의(강제)경매 사건에 관하여 최고가매수신고인 이현○에 대한 매각을 불허한다, 라는 결정을 구합니다.

신 청 이 유

대법원 매각물건명세서상 당 아파트의 점유자 박○○는 2006년 3월 18일 보증금 7000만원에 임대주거하고 있고, 전입, 확정, 배당을 다 신청하였으므로 본인은 박○○가 보증금 전액을 배당받을 것으로 예상하였습니다. 그러나 현황상 이 중 250만원은 차후 증액한 부분으로 후순위여서 배당받지 못할 것입니다. 임차인 박○○는 증액한 부분에 대해 낙찰자에게 보상해 달라고 강력히 주장하고 있는 바 본인에게 명도 관련하여 예상치 못한 추가 비용이 발생할 것으로 예상됩니다. 이에 불허가를 신청합니다. 부디 허락해주시길 바랍니다.

2010년 10월 00일

위 신청인(최고가매수신고인) 이○○ (인 또는 서명)

의정부지법 고양지원 귀중

이 집은 재매각되어 한 달 후 1억 3878만원에 낙찰되었다.

　이때 주의할 것이 있다. 매각허가취소결정이 나면 입찰보증금을 돌려받는데, 허가취소결정이 나지 않은 상태에서 잔금납부를 하지 않으면 보증금을 몰수당하게 된다.

　동생은 매각불허가신청을 해서 받아들여지면 보증금을 돌려받고 손을 털고, 받아들여지지 않으면 잔금납부를 하고 월세를 놓기로 했다.

　다행히 혹시나 했던 신청이 받아들여졌고, 보증금을 돌려받을 수 있었다.

낙찰자도 안전장치가 필요하다

　경매 낙찰을 받더라도 일주일이 지나 매각허가결정이 나기 전에는 여러 가지 이유로 매각불허가가 날 수 있다. 채권자가 다양한 이유로 불허가를 신청할 수도 있고, 경매 절차상의 서류 누락 등의 실수로 불허가가 날 수도 있다. 집주인이 빚을 갚아버리거나, 채무자인 집주인이 다른 사람 명의로 낙찰을 받은 것을 빚쟁이들이 알고 이의를 신청할 때도 불허가가 난다.

낙찰받은 사람 입장에서 보면 매각불허가는 매우 안전한 보조장치다. 법원에서 알려주지 않은 새로운 위험이 나타나면 낙찰 자체를 취소해주니 그야말로 든든한 우산 역할을 한다. 갑자기 나타난 뜻밖의 임차인이 있거나 집이 심하게 망가져 있어도 불허가신청이 가능하다. 감정가가 현실과 너무 다른 경우에도 가능하다.

등기부등본상 말소되지 않는 근저당

이번은 매각불허가신청을 할 수 있는 다른 사례다. 등기부등본상의 정보와 실제 건물의 정보가 일치하지 않는 대표적인 경우이다. 어느 날 한 수강생이 걱정 어린 얼굴로 나를 찾아왔다.

"선생님, 뭔가 잘못된 것 같아요."

김수강씨는 작은 도시형 생활주택을 전세가보다 저렴하게 낙찰받았다. 이 물건은 건물 전체가 경매에 나왔는데, 김수강씨는 그중 하나를 낙찰받았다. 현재 점유 중인 임차인은 대항력이 없어 자신의 보증금 중 일부만 배당받는 권리관계가 단순한 물건이었다.

그런데 임차인이 하는 이야기가 심상치 않았다. 김수강씨가 당황한 목소리로 내게 말했다.

"등기부등본에는 분명 근저당이 있거든요. 건물 전체에 다 근저당이 있는 상태예요. 그런데 임차인 말로는 이 집에는 근저당이 없대요."

사연은 이랬다. 이 집의 점유자인 임차인은 경매가 진행되었다는 것을 알고 나서 집주인을 끌고 은행에 갔다고 한다. 집주인은 어쩔 수 없이 해당 호수에 대한 근저당을 상환하였고, 등기부등본상에 말소는 하지 않은 상태로 경매가 진행된 것이다. 등기상 근저당이 있지만, 효력이 없는 상태이기에 말소기준권리는 경매개시결정이 되고, 임차인은 대항력이 있는 임차인이 되었다.

낙찰자는 임차인이 배당받지 못하는 보증금을 인수해야 할 지경에 이른 것이다.

"선생님, 저 어쩌죠?"

"괜찮아요. 바로 법원에 가서 매각불허가를 신청하세요."

다행히 매각허가결정 전이라 간단하게 해결할 수 있었다. 만약 매각허가결정이 나온 후라면 매각허가결정취소 신청을 하면 된다.

법에 명시된 다양한 매각불허가사유는 아래와 같다.

매각불허가사유(민사집행법 제121조)

(1호) 강제집행을 허가할 수 없거나 계속 진행할 수 없을 때

(2호) 최고가매수인이 부동산을 매수할 자격·능력이 없을 때

(3호) 매수할 자격이 없는 사람이 다른 자를 내세워서 낙찰자가 된 때

(4호) 낙찰자가 법 108조 각 호에 해당될 때

(5호) 매각물건 작성에 중대한 잘못이 있을 때

(6호) 천재지변, 기타 사유로 부동산이 훼손된 사실 또는 부동산에 중대한 권리관계가
경매진행 중에 밝혀진 때

(7호) 매각절차에서 그밖의 중대한 잘못이 있을 때

이런 사유 외에도 직권으로 경매계장이 불허가를 하는 경우가 있다. 그러니 어쩔 수 없이 잔금납부를 할 수 없는 상황이 생긴다면 그냥 보증금을 몰수당하지 말고, 불허가사유를 찾아보도록 하자. 불허가신청을 하지 않은 채 잔금을 내지 않으면 피 같은 보증금을 날릴 수밖에 없다. 단, 낙찰자의 실수로 인한 불허가는 절대 불가능하다는 것을 명심하자.

일산 21평 아파트

- 낙찰가 143,300,000원
- 당시 시세 150,000,000원
- 매각불허가신청으로 낙찰 취소함

투자 금액(예상)		초기 비용(예상)		수익(예상)	
대출(80%)	114,640,000원	취득세(2.2%)	3,200,000원	매도가	155,000,000원
내 돈(❶)	28,660,000원	등기 및 수수료	1,000,000원	대출금	−114,640,000원
		수리비	2,000,000원	실투자금	−35,360,000원
		명도비용	500,000원		
합계(낙찰가)	143,300,000원	합계(❷)	6,700,000원		
실투자금(❶+❷)			35,360,000원	차익	약 5,000,000원

투자포인트

일산역 도보 10분 거리의 아파트 단지. 신혼부부들에게 인기 있는 지역이다.

어려웠던 점

시세와 불과 700만원 차이로 낙찰받은 것이 마음에 걸렸다. 이 정도 차이라면 급매로 사는 것이 마음 편할 수도 있다. 수익(예상)을 보면 큰 매도차익은 기대하기 어려울 것으로 보인다.

해결방법

매각불허가신청을 해서 낙찰을 취소했다. 만약 불허가가 나지 않았다면 낙찰가의 80%를 대출받고, 보증금 2000만원에 월세 60만원으로 세를 줬을 것이다. 일산은 수요가 많은 도시니 꾸준한 월세 수입이 적은 매도 차익을 보완해줄 수 있었을 것이다.

부동산 환경이 많이 변한 이유로 현재의 시세, 대출 등이 당시와 많이 다를 수 있습니다. 하지만 경매 자체는 모든 시대를 관통해 유효하기 때문에 공부하는 차원에서 기록을 남겨뒀습니다.

2 수도권 아파트 경매 사례

서울 밖으로 눈을 돌리면
얻을 수 있는 것들

알짜 수도권 아파트를 찾아서

어디를 갈까, 어느 지역이 좋을까. 다들 좋다는 동네에서 우리도 낙찰받고 싶었다. 가락시영아파트의 이주가 시작되면 가격이 많이 오를 것으로 예상되는 강동구 빌라들, 전세가가 높은 일산 소형 아파트, 가격이 많이 떨어진 송파구 아파트들을 열심히 알아보고 다녔지만 한 건도 낙찰받지 못했다. 소문난 잔치에는 먹을 게 없다. 나보다 재빠른 사람들, 나보다 돈 많은 사람들이 하는 잔치에 나는 매일 왔다 갔다 하느라 시간만 죽이고 있었다.

그렇게 6개월을 헛물을 켠 뒤 드디어 두 번째 집을 낙찰받았다. 우리 집에서 가까운 곳에 있는 곤지암의 20평 아파트다. 광주는 인기 지역이 아니라서 일산처럼 많은 사람이 몰리지 않는다. 매매가격은 1억 4000만원, 낙찰가는 1억 430만원이다. 이곳은 월세가 잘 나가는 동네다.

그해 겨울, 용인 외곽에서 아파트가 공매로 나왔다. 공기업인 한국석유공사에서 사택으로 쓰던 곳이다. 총 4개에 입찰했는데 세 채가 낙찰되었다. 동네에서 인기 있는 아파트라 한 채는 3개월만에 1500만원의 시세차익을 보고 팔았다. 신난다. 이제 투자금이 좀더 생겼다.

그런데 좀 아깝다. 경매물건은 저렴하게 낙찰받아서 시세보다 저렴하게 파는 것이 일반적인 방법이지만, 몇 년만 임대를 주었다가 팔면 제가격을 받을 수 있을 터였다. 아쉬운 마음이 드는 차에 마침 경기가 안좋아져 매매가 뚝 끊겼다. 그러더니 갑자기 전세의 인기가 치솟고, 덕분에 좋은 가격에 나머지 집들의 전세 임차인을 쉽게 구할 수 있었다. 이렇게 몇 년 지나면 바로 파는 것보다 더 많은 차익이 생길 것이다.

위기는 곧 기회다. 방법을 알고 나니 경기도 수원에서도 연달아 낙찰이 되었다.

지방까지 가볼까

그러던 중 대전에 사는 친구가 지난해에 했던 말이 떠올랐다.
"대전은 전세가 미쳤나봐. 작년의 매매가격이 올해 전세가라니까."
'아, 정말? 지방은 전세와 매매가격이 비슷한 집도 있다고?'
나와 동생은 서울에서 나고 자랐다. 수도권을 벗어나본 적이 없다.

지방은 전혀 모른다.

"가까운 충청도부터 가볼까?"

동생이 툭 내던진 이 말을 시작으로 겨울 내내 충청도를 헤집고 다녔다. 대전, 천안, 조치원, 아산, 연기, 당진…. 천안, 아산, 연기는 국제과학비즈니스벨트 조성 사업으로 대전과 함께 꾸준히 발전할 곳이다. 인구도 꾸준하게 늘고 있고, 세종시의 후광 효과도 볼 수 있는 지역이다. 천안은 부지런히 다니면서 호두과자만 열심히 사먹었다. 이 지역은 이미 투자자들이 몰려 낙찰가가 너무 높아서 우리 기준으로는 도저히 낙찰받을 수가 없었다.

그리고 다음해 봄 지금은 세종시가 된 연기군에서 아파트 다섯 채를 낙찰받았다. 연기는 천안과 인접한 지역이고 여러 가지 제한으로 더 이상 아파트를 짓기에는 어려운 곳이다. 그래서 아파트 가격에 경쟁이 붙어 크게 하락할 가능성이 매우 낮다.

겨울부터 3개월간 열심히 다니며 공들인 결실을 본 것이다. 세종시에 있는 아파트라고는 하지만 4000만원짜리 저렴한 소형 아파트다. 이런 집은 월세보증금을 받고 나면 들어간 내 돈을 거의 회수하고도 월세수익이 난다.

투자
물건
대공개

경기도 광주
20평 아파트

- 낙찰가   104,300,000원
- 당시 시세   140,000,000원
- 투자 당시 월세 임대 처리
  (월 58만원)

투자 금액		초기 비용		수익(예상)	
대출(80%)	82,000,000원	취득세(2.2%)	2,300,000원	매도가	145,000,000원
월세보증금	10,000,000원	등기 및 수수료	700,000원	대출금	−82,000,000원
내 돈(❶)	12,300,000원			월세보증금	−10,000,000원
				실투자금	−15,300,000원
합계(낙찰가)	104,300,000원	합계(❷)	3,000,000원		
실투자금(❶+❷)			15,300,000원	차익	약 37,700,000원

| 투자포인트 |

2002년 임대아파트에서 분양전환한 아파트로 옆 단지까지 2600세대 대단지다. 임대수요가 풍부하고 교통이 편리하다.

| 어려웠던 점 |

임차인과의 재계약으로 보증금을 1000만원밖에 받지 못해 투자금을 마련하느라 힘들었다.

| 해결방법 |

재계약이 아니었다면 보증금을 높이고 월세를 낮춰 투자비용을 줄일 수 있었을 것이다. 그러나 기존 임차인(월세)과 재계약을 해서 수리비용, 중개비용이 들지 않았다.

부동산 환경이 많이 변한 이유로 현재의 시세, 대출 등이 당시와 많이 다를 수 있습니다. 하지만 경매 자체는 모든 시대를 관통해 유효하기 때문에 공부하는 차원에서 기록을 남겨뒀습니다.

3 부도임대아파트의 우선매수청구권 사례

경매법정에서
일어날 수 없는 일은 없다

은행에서부터 시작되는 눈치경쟁

강릉 찜질방에서 쪽잠을 자고 강릉법원을 향해 일찌감치 길을 나섰다. 잠을 못 잤는데도 머리는 맑다. 먼저 은행으로 가야 한다. 법원에도 은행이 있지만 우리의 주거래 은행은 국민은행이다. 출금수수료를 내느니 조금 일찍 움직이는 편이 낫다. 은행 문 열자마자 일등으로 와서 수표를 대량으로 끊어가면 은행 직원의 눈빛이 달라진다.

"입찰하시나 봐요. 잘되시면 대출문의도 주세요."

동생이 옆구리를 쿡쿡 쑤시며 속삭인다.

"언니, 옆사람 수표 20장 끊어갔어."

역시 눈썰미가 끝내준다. 눈동자가 뒤에도 있는 것 같다.

은행 직원이 꾸물거리는 통에 시간이 지체되어서 바쁘다. 부리나케 강릉법원으로 향한다.

물건 478개, 입찰 2500개

경매법정 앞이 아침부터 북새통이다. 바닥에 붙어 있는 커다란 종이가 눈에 띈다.

'105동 204호는 절대 입찰하지 마시오.'

'103동 1505호에는 세 아이가 살고 있습니다. 저희가 낙찰받게 도와주세요.'

오늘 경매물건은 부도난 임대아파트다. 다섯 개 동이 통째로 나왔다. 물건번호가 총 478개다. 빈집도 많고, 임대차보호를 받지 못하는 임차인들이 절반 이상이다. 서류상으로 다 불쌍한 사람들이다. 그러나 개중에는 완전 실속파도 있다는 것을 나는 안다. 영리하게도 그들은 불쌍한 사람들 속에 숨어 있다.

입찰개시를 하고 나서 보통 한 시간 반이면 마감을 하는데 오늘만큼은 예외다. 결국 오후 12시까지 마감시간을 연기했지만 시간이 더 필요했다. 사람들이 긴 줄을 서서 입찰함에 봉투를 넣어야 했기 때문이다. 이후 마감을 하고 정리하는 것만 해도 한참이 걸렸다.

입찰봉투는 모두 2500개. 결국 2시가 다 되어서야 개찰이 시작되었다.

"조용히 좀 하세요. 조용히 하라니까, 아 참 거기 나가요!"

집행관이 소리쳐도 그때뿐이다. 사람이 많으니 엄청 시끄럽다. 앞에서 개찰을 하는 집행관의 목소리가 들리지 않는다.

Case 1. 우선매수권은 순서가 중요하다

"에구, 저 순서 지났나봐요."

"아까 말씀하셨어야죠. 우선매수권은 순서 지나가면 끝이에요."

우선매수권은 우선매수청구권을 말한다. 낙찰자 A가 5000만원으로 낙찰을 받았다면, 우선매수청구권자인 임차인이 5000만원으로 말 그대로 낙찰자보다 우선하여 그 집을 살 수 있는 권리이다. 우선매수청구권이 행사되면 낙찰자는 보증금을 반환받고, 우선매수권자가 낙찰자가 된다. 부도임대아파트라 이곳 거주자들이 우선매수권을 행사할 수 있었다. 순서를 놓친 할아버지는 다시 기회를 받지 못하고 맥없이 돌아갈 수밖에 없었다.

Case 2. 부부도 위임장이 필요하다

"홍길동님, 우선매수권 신청하셨네요. 아주머니가 홍길동이에요?"

"남편이에요."

"위임장은 어딨어요?"

"예? 그게 뭐예요?"

임대차계약서의 계약자는 남편인데, 부인만 온 탓에 역시 우선매수가 성립되지 않았다. 위임장이 있으면 가능한데, 위임장에 인감도장을 찍고 인감증명서를 첨부해야 한다.

Case 3. 뒤늦게 후회해도 소용없다

"미쳤어? 누가 이 가격에 산대!"

우선매수 신청을 한 임차인이 길길이 뛰고 난리다. 제대로 우선매수를 하긴 했는데, 낙찰가격이 불만인 것이었다. 우선매수권자는 낙찰자가 낙찰받은 금액으로 우선매수를 할 수 있다. 그런데 그가 보기에는 낙찰가가 너무 높았던 모양이다. 도저히 그 가격엔 못 사겠다고 임차인은 우선매수를 포기했다. 이 집은 바로 내가 낙찰받은 물건이다. 임차인은 결국 내가 산 금액보다 500만원 싼 금액에 전세계약을 했다. 이분은 그냥 우선매수권을 써서 이 집을 샀어야 했다.

Case 4. 10만원이 부른 대형사고

"물건번호 300번 최고가매수인은 실수법인입니다. 어, 잠깐… 보증금이 10만원 모자라는군요. 물건번호 300번의 최고가매수인은 왕행운입니다."

이 법인은 스무 개 정도가 줄줄이 낙찰이 되었는데, 보증금 봉투에 10만원이 부족해서 모두 2위에게 낙찰을 넘겨주어야 했다. 담당 직원은 아마 사표를 내야 했을 것이다.

Case 5. 1등은 오직 한 명이다

"나일등씨, 나도일등씨 앞으로 나오세요. 두 분은 5천 얼마로 같은 금액을 기재했습니다. 두 분, 양쪽에서 다시 금액을 정확히 적어 제게 주세요."

끝자리까지 같은 금액을 쓰다니 경매 책에서나 나올 법한 일이다. 두 사람은 그 자리에서 다시 각자 금액을 써서 집행관에게 제출했고, 더 높은 금액을 쓴 한 사람이 낙찰을 받았다. 둘 중 떨어진 분은 무척이나 아쉽겠다. 아마 다음부터는 그 끝자리는 절대 안 쓰겠지.

그렇다면 두 명이 입찰을 다시 했는데 또 연달아 같은 입찰가를 쓰게 되면 어떻게 될까? 이때는 공주머니에서 공을 고르게 하여 입찰가를 가려낸다고 한다. 세상에는 별의별 일이 다 일어난다. 이쯤 되면 낙찰은 운의 영역으로 넘어간다.

Case 6. 입찰표는 절대 고칠 수 없다

"다른 건 고쳐 써도 금액은 안 된다고 몇 번이나 안내드렸잖아요." "고쳐 쓴 게 아니라니까요. 볼펜이 잘 안 나와서 두 번 쓴 거예요. 정말 억울합니다."

"고쳤구만, 무슨 소리예요."

입찰표를 쓰다가 틀리면 무조건 새 입찰표에 써야 한다. 주소 같은 것은 틀려도 되지만, 숫자란은 절대로 다시 쓰면 안 된다. 동생은 나의 숫자 2가 이상하다며 매번 똑바로 쓰라고 잔소리다.

이를 예방하기 위해 미리 기일입찰서를 작성해 프린트해오는 것을 추천한다. 현장에서 손으로 쓰는 입찰가는 언제나 사고의 여지가 있다. 미리 기일입찰서를 컴퓨터로 작성해 가져온다면 실수를 조금이라도 줄일 수 있다.

새벽 2시에 개찰이 끝나다

말로만 듣던 경매법정의 다양한 사건들이 한꺼번에 다 벌어진 하루다. 개찰이 너무 길고 지루하다. 개찰이 늦어지는 바람에, 점심을 직원식당에서 든든히 먹어두었는데도 해가 지자 또 배가 고프다. 다시 식당으로 향했다. 밥이 다 떨어졌단다. 배고픈 경매법정이다.

우린 총 9개에 입찰했고, 그중 3개가 단독입찰로 낙찰되었다. 물건이 한꺼번에 많이 나오다 보니 몰리는 물건에는 여러 명이 입찰한 반면 유찰되거나 단독입찰도 많았다. 최저가로 단독입찰! 쾌거다. 한 달 후에 유찰된 물건 중 2개를 추가로 다시 낙찰받았다.

낙찰받은 사람들과 떨어진 사람들, 임차인들, 관계자들로 북적이던 법정은 다음날 새벽 2시가 되어서야 개찰을 마쳤다.

삼척
25평 아파트

- 낙찰가   41,570,000원
- 당시 시세   65,000,000원
  (인근 아파트 기준)
- 투자 당시 전세임대 처리

투자 금액		초기 비용		수익(예상)	
전세보증금	55,000,000원	취득세(2.2%)	900,000원	매도가	65,000,000원
내 돈(❶)	-13,430,000원	등기 및 수수료	1,300,000원	전세보증금	-55,000,000원
		수리비	1,500,000원	실투자금	+9,730,000원
합계(낙찰가)	41,570,000원	합계(❷)	3,700,000원		
실투자금(❶+❷)			-9,730,000원	차익	약 20,000,000원

(3채 보유, 1채 기준)

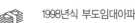

| 투자포인트 | 1998년식 부도임대아파트로 임대수요 풍부. 대출로 잔금납부를 했지만 재빠른 전세임대로 대출금을 전액 상환해 이자를 내지 않았고 여윳돈을 마련할 수 있었다.

| 어려웠던 점 | 478호의 아파트가 통째로 경매에 나온 곳으로 무상으로 무단점유를 하고 있던 사람들이 많아, 아파트의 관리상태가 엉망이었다. 또 부도임대아파트라 거래가 없어 시세파악이 어려웠다.

| 해결방법 | 경매 낙찰 후 무단점유자들은 명도되고, 새로 임차인을 들였다.

부동산 환경이 많이 변한 이유로 현재의 시세, 대출 등이 당시와 많이 다를 수 있습니다. 하지만 경매 자체는 모든 시대를 관통해 유효하기 때문에 공부하는 차원에서 기록을 남겨뒀습니다.

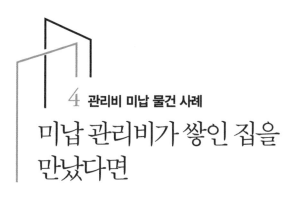

4 **관리비 미납 물건 사례**

미납 관리비가 쌓인 집을 만났다면

임차인의 야반도주

엊그제 명도 협상을 마치고 집수리 견적을 내기 위해 다시 찾아갔는데 낌새가 이상했다. 전 집주인이 온다 간다 말도 없이 집을 비워버린 것이다.

이 집은 관리비가 150만원가량 미납된 상태로 경매에 나왔다. 이곳 관리실은 관리비 미납이 있으면 이삿짐 차량이 들어올 수 없게 한다던데, 그 때문에 전 집주인이 새벽에 야반도주해 버린 것이다. 이사 기간을 여유 있게 주는 대신 밀린 관리비를 내기로 약속했는데 말이다.

이후 관리실과 여러 번 대화를 했지만 막무가내였다.

"관리소장님, 밀린 관리비를 다 내라고요? 공용부분만 저희가 책임지면 되는 거잖아요."

읍소해봤지만 말이 통하지 않았다. 원래 낙찰받은 사람은 밀린 관리비 중 전용부분을 제외한 공용부분만 인수하면 된다. 나는 법대로 공용부분만 납부하겠다고 했는데, 관리실에서는 전액 납부하란다.

대화는 계속 제자리걸음이고 관리실과 합의를 보지 못한 상태에서 전 집주인이 이사를 하고 나니 관리실에서 수도와 전기를 끊어버렸다. 전 주인이 몇 달째 관리비를 미납할 때는 가만있더니…. 낙찰이 되면 낙찰자에게 돈을 받아내려고 작정을 한 것 같았다. 단전단수는 엄연히 불법행위다.

억울한 마음에 소송을 해보려고도 했었다. 전자소송은 비용도 얼마 안 들고 시간도 몇 개월 안 든다. 하지만 몇 개월이 더 지체된다면….

우리의 아킬레스건은 시간이다. 자금이 들어갔으니 빨리 회수를 해야 한다. 시간을 끌면 끌수록 손해다. 명도가 끝났으니 빨리 임차인을 들이는 편이 이익이다. 결국 관리실과 우리는 반반씩 양보하기로 합의했다. 전용부분을 반씩 부담하기로 한 것이다. 약 30만원의 비용이 더 나갔다.

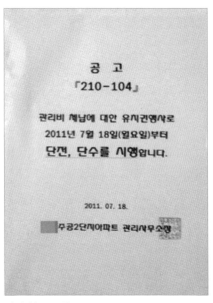

공 고

『210-104』

관리비 체납에 대한 유치권행사로
2011년 7월 18일(월요일)부터
단전, 단수를 시행합니다.

2011. 07. 18.

▅▅2단지아파트 관리사무소장

단전단수 공고문

미납 관리비 처리 방법

목포의 오피스텔을 낙찰받았을 때도 그랬다. 빈집이어서 바로 집 내부를 확인하고, 수리를 해서 부동산에 내놓았다.

"사모님, 거기 관리비 미납이 있나 봐요. 관리실에서 막 뭐라고 하던데요."

부동산에서 손님을 모시고 갔다가 관리인에게 한소리 들은 모양이다. 관리인과 연락을 취해 만났다.

"관리비 미납금액이 62만원이에요. 납부 안 하시면 전기 수도 공급 못합니다. 관리비도 안 내고 불법점거해서 확 문짝을 뜯어버리려다 말았소."

"왜 이러세요. 공용부분만 저희 부담인 거 아시잖아요."

"법적으로 하시든지 맘대로 하십쇼."

"그럼, 전용부분의 반은 부담할게요. 그 정도로 합의하시죠."

"절대 안 됩니다. 다 내세요."

이번엔 합의도 못했다. 결국 미납 관리비를 내가 전부 다 냈다. 억울하지만 소송을 하고 그동안 임대를 못하는 손해와 비교해보면 차라리 20만원을 내가 손해 보는 편이 나았다.

나는 비교적 적은 금액이라 관리실의 요구를 들어주었지만, 관리비가 많다면 과연 낙찰자는 미납 관리비의 어느 정도까지 부담해야 할까? 판례로 한번 알아보자.

1. 관리비의 승계범위

대법원 판례상 낙찰자는 전용부분을 제외한 공용부분만 승계한다. 집합건물의 특별승계인(낙찰자)은 전 입주자의 체납 관리비 중 공용부분에 관하여는 이를 승계하여야 한다고 봄이 타당하다(대법원 2001.9.20 선고 2001다 8677 전원합의체 판결).

공용부분이란 일반관리비, 장부기장료, 위탁수수료, 화재보험료, 청소비, 수선유지비 등으로 입주자 전체의 공동의 이익을 위해 필요한 비용을 말한다. 관리비를 전용부분과 공용부분으로 나누어 명세서를 달라고 하면 구분하여 받아볼 수 있다.

2. 관리비의 연체료

미납 관리비에는 연체료가 많이 부과되어 있다. 연체료도 내야 할까. 공용부분 관리비에 대한 연체료는 특별승계인(낙찰자)에게 승계되는 공용부분 관리비에 포함되지 않는다(대법원 2006.6.29 선고 2004다 3598, 3604 판결).

3. 관리비의 소멸시효

아파트는 3년이나 관리비 연체가 있는 경우는 보기 힘들지만, 상가의 경우는 종종 있다. 관리비용 중 3년이 넘은 장기금액은 납입할 의무가 없다(대법원 2007.2.22 선고 2005다 65821 판결).

4. 관리사무소의 단전, 단수

공용부분 관리비 등 전 구분소유자가 체납한 관리비의 징수를 위해 단전, 단수 등의 조취를 취한 사안에서 관리단의 위와 같은 사용 방해행위가 불법행위를 구성한다(대법원 2006.6.29 선고 2004다 3598, 3504 판결).

5. 전기, 수도, 가스요금 미납

각종 공과금의 미납금액은 전 주인에게 부과되며 낙찰자는 소유권 이전을 한 이후부터 납부한다. 한국전력, 가스회사, 수도공사에 전화를 하여 낙찰된 집임을 확인받고 필요한 서류를 보내주면 된다.

이렇듯 법적으로만 보면 낙찰자에게 유리하다. 다만 몇 개월씩 걸리는 소송을 해야 하는 것이 문제다. 관리사무소도 이것을 알고 있기 때문에 수시로 불법행위를 하는 것이다. 무엇보다 관리비는 점유자가 내도록 하는 것이 합리적이다. 소정의 이사비를 지급하기로 했다면, 반드시 관리비와 공과금 미납을 확인한 후 지급하고, 배당받는 임차인이라면 위 내역을 확인한 후 명도확인서를 건네어야 한다.

포항 25평 아파트

- 낙찰가   83,700,000원
- 당시 시세   100,000,000원
- 투자 당시 전세 임대 처리

투자 금액		초기 비용		수익(예상)	
전세보증금	92,000,000원	취득세(2.2%)	1,850,000원	매도가	110,000,000원
내 돈(❶)	-8,300,000원	등기 및 수수료	1,700,000원	전세보증금	-92,000,000원
		미납 관리비	1,500,000원	실투자금	+3,250,000원
합계(낙찰가)	83,700,000원	합계(❷)	5,050,000원		
실투자금(❶+❷)			-3,250,000원	차익	약 21,000,000원

| 투자포인트 | 2008년식 새 아파트. 수리가 필요 없을 정도로 깨끗하고 인테리어가 잘된 집이다. 욕심 없이 입찰하여 저렴하게 낙찰받았다. 전세를 들이면서 대출은 전액 상환하였다.

| 어려웠던 점 | 멀기도 하고 잘 모르는 지역이라 현장조사, 입찰, 대출, 명도 등으로 오가기가 쉽지 않았다.

| 해결방법 | 멀어서 고생스러웠지만, 저렴하게 낙찰받았기 때문에 임대수익률도 좋았고 그동안의 고생을 모두 보상받았다.

부동산 환경이 많이 변한 이유로 현재의 시세, 대출 등이 당시와 많이 다를 수 있습니다. 하지만 경매 자체는 모든 시대를 관통해 유효하기 때문에 공부하는 차원에서 기록을 남겨뒀습니다.

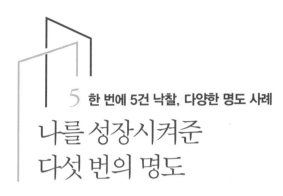

5 **한 번에 5건 낙찰, 다양한 명도 사례**

나를 성장시켜준
다섯 번의 명도

다섯 가지 사연, 다섯 가지 해결책

날씨 좋은 토요일이다. 오늘은 세종시가 된 충남 연기군에 가야 한다. 지난달 낙찰받은 아파트의 임차인을 만나기 위해서다. 남편을 채근해 함께 길을 나섰다.

황량한 아파트 앞에 도착했다. 이곳은 한국자산관리공사에서 분양 전환에 실패해 공매로 나온 곳이다. 관리가 안 돼서 상태가 지저분하다. 이곳 임차인들은 보증금을 돌려받기 때문에 명도에 큰 저항은 없을 것이다.

나는 이 아파트 다섯 채를 낙찰받았다. 오늘 임차인들을 전부 만나봐야 한다.

Case 1. 재계약을 원하는 임차인

"안녕하세요. 이번에 낙찰받은 집주인이에요. 안내드릴 일이 있어서 왔어요. 잠깐 뵐게요."

중년 남자가 나왔다. 남편이 등 뒤에 있으니 든든하다. 최대한 상냥하고 침착하게 말을 이어간다.

"김전세님 되시죠? 이후 일정을 알려드리려고 왔어요. 언제 보증금 반환이 되는지는 알고 계신가요?"

"아뇨, 이 집은 제가 잠시 살고 있어요. 김전세는 제 후배예요."

경매에서는 서류상 임차인과 실제 임차인이 다른 경우가 무척 많다. 이 경우 보증금을 받을 사람을 찾아서 그쪽을 압박해야 한다.

"그렇군요. 그럼 김전세님 전화번호 좀 알려주세요. 보증금 반환받으셔야 하니까요."

"010-1234-5678입니다."

"아, 그리고 이 집은 이제 제 소유라서… 저, 선생님 성함이…?"

"최무상입니다."

"네, 최무상 선생님이 계속 계시면 무단점유가 되시거든요. 죄송하지만 이사를 나가서야 해요."

"근데 혹시 이 집에 들어오시나요? 월세로 좀 싸게 주시면 안 될까요. 직장이 바로 옆이고 마땅히 갈 데도 없어요. 5개월만 월세로 살다가 나갈게요"

재계약을 원하는 임차인이다. 난 이런 거 좋아한다. 하지만 표정관리 해야지.

"그러시군요. 월세 1000만원에 25만원이에요. 게시던 분이 계속 사시면 조금 깎아드려야죠."

가진 돈이 500만원뿐이란다. 보증금 500만원에 월세 28만원으로 계약하기로 했다. 다음주에 계약서 작성하고 보증금 입금하기로 약속했다. 잔금을 납부하기도 전에 명도 하나, 계약 하나가 성사됐다.

명도를 진행하다 보면 재계약을 원하는 임차인이 생각보다 많다. 내가 들어갈 집이 아니라면 기존 임차인과 재계약을 하는 것도 좋다. 수리비도 들지 않고, 집에 애착이 있는 사람들이라 자기 집처럼 내 집도 깨끗하게 잘 써준다.

Case 2. 보증금을 전액 배당받는 집

다음 집은 초등학생 남자아이가 문을 연다. 아빠가 뒤따라 나온다.

"안녕하세요, 낙찰자예요. 이후 일정을 잘 모르실 것 같아서 알려드리려고 왔어요. (아이에게도 인사한다.) 잘생겼네, 안녕."

"마침 잘 오셨네요. 안 그래도 기다리고 있었어요. 우린 10월에 이사 가야 하는 데 어쩌나 하고 있었어요. 우리 애가 중학교를 천안으로 가야 하거든요."

"그래요? 잘생긴 아드님이 중학교 가시는구나. 그럼 10월까진 사셔야 하나요?"

"네, 어떡하죠?"

"어쩔 수 없죠. 그때까지만 월세로 게시게 해드릴게요."

"아이고, 봐주셔서 감사합니다. 복 받으실 거예요."

두 번째 집도 무난히 재계약을 성사시켰다.

이 집은 보증금을 전액 배당받는 집이다. 이런 집은 보증금은 배당받은 후에 받기로 하고 월세만 먼저 받으면 된다. 임차인 입장에서는 배당 전 굳이 계약할 필요가 없지만 그들은 현실적으로 불안한 상태보다는 제대로 계약하고 편하게 살기를 원한다.

Case 3. 임차인이 감감 무소식인 집

세 번째 집은 공실이어서 관리실에서 열쇠를 받아 내부만 확인했다. 상태가 좋다. 네 번째 집에는 아무도 없다. 현관에 연락처를 붙였다. 연락이 올 때까지 기다려야 한다.

Case 4. 임차인이 안하무인인 집

마지막 집이다. 벨을 눌렀는데도 대답이 없다. 아무도 없나? 살짝 문 손잡이를 돌려보았다. 어? 문이 열린다. 문틈으로 크게 소리친다.

"계세요? 계! 세! 요!"

"그래도 괜찮아?"

남편이 걱정스레 묻는다.

"누가 있는 것 같은데 안 나오네. 다음에 또 오려면 멀잖아."

그러는 순간 누군가 문을 벌컥 젖히고 나왔다.

집채만 한 남자가 문앞에 섰는데, 수염이 지저분하고 상의는 누드다. 팬티만 걸친 상태인 것이다.

나는 깜짝 놀라 남편 등 뒤로 몸을 숨겼다.

"어머나! 김누드씨세요?"

"아뇨, 저희 사장님인데요. 저는 밤 근무라 낮엔 자야 해요. 사장님하고 통화하세요."

남자는 몸을 가리지도 않고 한마디하더니 그대로 다시 들어가려고 한다. 다급히 붙잡아서 "사장님 전화번호 좀 알려주세요" 했다.

"010-1234-1234예요. 알았죠? 저 자야 한다고요."

그리고는 문을 쾅 닫고 들어가버린다. 이후로 점유자와 첫 만남을 할 때는 절대 혼자 가지 않고, 동생이나 남편과 함께 가서 만난다. 이 집은 나중에 점유자의 사장과 통화해서 이사 날짜를 잡았다. 약속한 이사 날짜에 이사를 나가지 않아 몇 번을 채근한 끝에 결국 내보냈다.

여러 우여곡절이 많았던 이 지역은 세종시로 승격되었다. 2024년 2월 현재, 이 집들 중 한 집은 10년째 월세로 살고 계시고, 한 집은 전세, 나머지 세 채 집들은 매도하였다.

세종시
18평 아파트

- · 낙찰가   43,073,000원
- · 당시 시세   45,000,000원
  (전 회차 낙찰가 기준)

투자 금액		초기 비용		수익(예상)	
대출(약 77%)	33,000,000원	취득세(2.2%)	960,000원	매도가	60,000,000원
월세보증금	10,000,000원	등기 및 수수료	760,000원	대출금	−33,000,000원
내 돈(❶)	73,000원	수리비	280,000원	월세보증금	−10,000,000원
				실투자금	−2,073,000원
합계(낙찰가)	43,073,000원	합계(❷)	2,000,000원		
실투자금(❶+❷)			2,073,000원	차익	약 15,000,000원

| 투자포인트 | 1997년식 부도임대아파트 공매. 충남 연기군에서 세종시로 편입되었다. 근처 공단에 임대수요가 많다.

| 어려웠던 점 | 한 번에 다섯 집을 명도하기가 쉽지 않았고, 한꺼번에 많은 집이 임대매물로 나와서 임차인을 구하기 힘들었다. 오래된 아파트라 거래가 없어 시세를 알기 힘들었다.

| 해결방법 | 모두 쉬는 토요일 오후에 방문하여 점유자들과 만날 수 있었고, 실제 점유자와 서류상의 점유자를 상대로 동시에 대화를 진행했다. 일부는 재계약을 하고, 일부는 관리실, 정보지, 인터넷, 중개업소 등의 다양한 방법을 통해 임대를 완료했다. 시세는 인근의 유사한 평수의 아파트를 참고했고, 해당 아파트의 과거 낙찰가를 기준으로 입찰가를 선정해 좋은 결과를 얻었다.

부동산 환경이 많이 변한 이유로 현재의 시세, 대출 등이 당시와 많이 다를 수 있습니다. 하지만 경매 자체는 모든 시대를 관통해 유효하기 때문에 공부하는 차원에서 기록을 남겨뒀습니다.

6 공매 아파트 낙찰 사례

부지런한 발품에 배신은 없다

친구 따라 임장 간다

"동네에서 커피전문점을 내볼까 해. 시장조사 같이 가줄래?"

친구의 제안에 시장조사를 따라나섰다.

미리 봐둔 프랜차이즈 점포에 가서 커피도 먹어보고, 점장과 대화도 해보았다. 본사가 괜찮은 것 같다. 초기 비용도 저렴한 편이고, 여러 가지 지원도 있다. 이제 장소를 물색해야지. 친구는 용인 처인구 둔전리에 산다. 아파트와 빌라 밀집지역이다. 몇 군데 상가를 둘러보는데, 생각보다 점포 가격이 세다.

친구는 적당한 곳에 점포를 계약했고, 커피전문점을 오픈했다. 친구의 커피전문점은 3년째 성업 중이다.

이후 익숙하게 된 이 지역을 손품으로 많이 검색하게 되었다. 그러다가 눈에 띄는 상가 매물이 보여 바로 동생에게 전화를 걸었다.

"선영이네 동네에 상가가 나왔는데 한번 가보자. 지난번에 보니 월세가 꽤 괜찮더라고."

동생과 친구네 동네로 현장조사를 갔다. 친구 가게에서 멀지 않은 곳에 상가 하나가 통째로 나왔다. 서류상으로 보기에 1층은 점포로, 2~3층은 학원으로 임대가 가능할 것 같았다. 임차인들의 재계약도 가능해 보였다.

하지만 웬걸. 현장에 나가보니 상황이 달랐다. 그곳은 항아리 상권(아파트 단지처럼 특정 지역에 항아리 모양으로 상권이 형성된 것)이어서 중심상권 안은 유동인구도 많고 임대가도 비싸지만 한 블록만 벗어나도 빈 점포들이 많다. 내가 본 상가는 중심상권에서 약간 떨어진 곳이라 임대가 쉽지 않은 곳이다.

때는 반드시 온다

"이곳은 안 되겠다. 이왕 온 김에 근처 아파트나 조사하자."

부동산에 들러 근처 아파트의 시세를 물어보았다. 아파트도 중심상권 내 아파트는 매매와 임대가 잘되고, 중심상권에서 멀수록 가격이 떨어졌다. 중심상권 안 아파트에는 젊은 부부와 아이들이 많아 전월세도 안정적이었다. 이곳 역시 25평 아파트가 인기다. 이곳은 용인 경전철역 구간이기도 하다.

얼마 뒤 동생에게서 전화가 왔다.

"언니, 선영 언니네 동네에 있는 아파트 말이야. 그거 떴어!"

찍어두었던 아파트가 경매물건으로 나왔다. 동생과 나는 다시 현장조사를 한 후 경매에 입찰했다. 현재 매매가가 1억 5000만원인데 낙찰가가 1억 5000만원이다. 우린 당연히 떨어졌다.

왜 이렇게 비싸게 받은 거야? 아마도 실수요자인 모양이다. 여길 몇 번이나 왔는데 한 건도 하지 못했다. 진이 빠진다.

공매로 얻은 엄청난 기회

한 달 정도 지났을까. 온비드 사이트(한국자산관리공사에서 운영하는 공매 사이트. 공기업, 공사, 은행 등의 자산을 공개적으로 매각하는 곳이다.)를 뒤지던 나는 우리가 찍어두었던 그 아파트가 매각공고된 것을 발견했다. 한국석유공사의 사택으로 쓰던 것을 본사 정책에 따라 매각하기로 한 것이다. 이번 물건은 공고기간이 짧아서인지 조회수도 얼마 되지 않는다. 층도 로열층이다. 망설일 필요가 없다. 33평과 25평이 나왔는데 우린 25평에 입찰하기로 했다.

공매 입찰은 인터넷으로 한다. 결과는 일주일 후에 나온다.

발표일에 우린 아침부터 만나서 가슴 졸이며 결과 발표를 기다렸다. 발표시간이 10시라고 했는데 공고가 안 올라온다. 점심시간이 지나고 기다리다 지쳐갈 때쯤 문자가 왔다.

'물건번호 ○○○-○○○ 낙찰되셨습니다.'

세상에. 4건 입찰했는데 3건이 낙찰되었다. (내 것이 두 채, 동생 것이 한 채다.) 최저가에서 37만원을 올려 쓴 금액이다. 이 집들은 좋은 가격에 매매를 했다. 이 아파트는 첫 수익을 안겨주고, 많은 가르침을 얻게 해 준 집이다.

조사를 해야 확신이 생긴다

만약 공매 공고를 보기 전에 미리미리 지역조사를 하지 않았다면 그렇게 과감하게 입찰하지 못했을 것이다. 나는 번번이 그 지역에서 떨어진 덕분에 그 지역을 잘 알게 되었고, 공고를 보자마자 가격이 매우 저렴하다는 것을 알 수 있었다. 또 공고기간이 조금만 더 길어서 다른 경쟁자들이 조사할 시간을 확보할 수 있었다면 낙찰받지 못했을 것이다.

신문이나 TV에 나오는 정보는 늦다. 기회가 될 때마다 부동산에 들러 놀다 오자. 다른 지역을 잘 모른다면 우리 동네부터 조사해본다. 부동산에 들러서 요새 매매가 잘되는지, 가격은 오름세인지 아닌지, 전세가는 얼마나 올랐는지 물어보자. 부동산 문을 여는 것도 처음엔 어색하지만 몇 번 해보면 곧 익숙해진다. 우리 동네가 익숙해지면 옆 동네, 친구네 동네, 직장 근처, 친척집 동네로 범위를 넓힌다.

자꾸 보고, 자주 접해 봐야 눈이 트이고, 방법이 보인다. 부지런한 발품은 결코 배신하지 않는다.

2부. 경매는 실전이다

투자
물건
대공개

용인
25평 아파트

- 낙찰가   133,730,000원
- 당시 시세   150,000,000원
- 낙찰 후 바로 매도하여 차익 실현

투자 금액		초기 비용		수익	
대출(80%)	106,000,000원	취득세(2.2%)	3,000,000원	매도가	150,000,000원
내 돈(❶)	27,730,000원	등기 및 수수료	1,600,000원	대출금	−106,000,000원
		수리비	750,000원	실투자금	−33,080,000원
				양도세	−3,150,000원
합계(낙찰가)	133,730,000원	합계(❷)	5,350,000원		
실투자금(❶+❷)			33,080,000원	차익	7,770,000원

(2채 차익 실현, 1채 기준)

| 투자포인트 | 1998년식 1000세대 아파트. 지방 소도시에서 인기 있는 아파트 로열층으로 공기관 사원 아파트로 쓰던 곳이다. 이런 공매물건은 명도가 없어 좋다.

| 어려웠던 점 | 낙찰 후 바로 매매해서 양도세가 높다.

| 해결방법 | 최소 2년간 보유한 후 매매하면 양도세 중과를 피할 수 있고, 그동안 임대수익을 내면서 집값 리스크를 보완할 수 있다는 점을 배웠다.

부동산 환경이 많이 변한 이유로 현재의 시세, 대출 등이 당시와 많이 다를 수 있습니다. 하지만 경매 자체는 모든 시대를 관통해 유효하기 때문에 공부하는 차원에서 기록을 남겨뒀습니다.

7 **점유이전금지가처분 사례**

말이 안 통하는 임차인은
이렇게 대처하세요

점유이전금지가처분 신청이 필요할 때

"이 집은 안 되겠다. 점유이전금지가처분부터 넣어야겠어."

다섯 채 낙찰받은 목포 오피스텔 중 한 점유자와 대화가 잘 안 된다. 배당을 받지 못 하는 전세 임차인이다. 계약은 어머니 이름으로 하고 살기는 아들이 살고 있는데, 계약자인 어머니가 전입이 되어 있지 않아 배당을 받지 못하는 집이다. 배당요구일 이후에 어머니가 전입을 했지만, 이미 늦었다. 억울한 사정은 알겠는데 낙찰자인 내게 과도한 이사 비용을 요구해 압박이 필요한 상태다.

인도명령이 나온 후에 점유자가 바뀌면 바뀐 사람을 상대로 다시 인도명령을 해야 한다. 점유이전금지가처분은 점유자가 바뀔 수 없도록 법적 조치를 하는 것이다. 신청은 관할법원의 담당 경매계에서 한다.

전입세대 열람을 하니 이번에는 어머니만 전입이 되어 있다. 현재 점유인인 아들은 전입이 되어 있지 않은 상태. 이런 경우 실질점유자 (아들)의 주민번호를 알면 주민센터에서 주민등록초본을 발급해주는데 이것을 첨부하면 된다. 실질점유자(아들)의 주민번호는 서류상의 점유자인 어머니가 법원에 제출한 주민등록등본에서 찾아냈다. 탐정이 따로 없다.

속전속결로 이뤄진 집행

가처분 신청서류를 무사히 접수하고 나서 다른 임차인들을 만나 명도확인서도 받고 바쁘게 업무를 봤다. 터미널에 늦지 않게 도착하려면 언제나 바쁘다. 막 버스에 올라 자리에 앉자마자 동생의 전화벨이 울렸다.

"여보세요? 네? 잠깐만요. 언니, 집행 내일 한대. 어쩌지?"

3분 후면 서울행 버스는 출발한다. 또다시 내려오느니 한번에 일을 마치는 편이 낫다. 버스에서 내려야겠다.

신청 다음날 바로 점유이전금지가처분의 집행이 되었다. 점유이전금지가처분은 강제집행과 같이 집행관이 열쇠수리공을 대동해서 문을 따고 들어가서 점유이전금지가처분이 되었음을 알리는 통지서를 잘 보이는 곳에 붙인다. 따라서 당하는 입장에서는 당황스러울 수밖에 없다. 강제집행의 예고를 당하는 것 같은 기분일 게다. 실제로 그런 효과도 있다.

열쇠수리공 부르는 비용은 지역마다 차이가 있는데 5만원에서 10만원 사이다. 법원에서 소개해주는 전화번호로 전화하면 시간에 맞춰 온다. 본인 이외의 증인이 두 명 더 필요한데 부탁하면 열쇠수리공이 증인으로 서주기도 한다. (비용을 지불하기도 한다는데 우린 그냥 서주었다.)

본인이 살고 있는 집에 누가 열쇠로 문을 따고 들어와서 현관문에 떡하니 종이를 붙이고 가면 반응은 세 가지다. 얼른 이사할 곳을 알아보거나, 아니면 기분이 나빠서 길길이 뛰면서 협박성 전화를 한다.

"남의 집에 문을 열고 들어왔어? 당신 가만 안 둬!"

그나마 이렇게 반응이 있으면 좋은 것이다. 가장 곤란한 것은 나 몰라라 케이스다. 자기 집의 문을 따고 들어갔는데도 아무 반응이 없으면 정말 대책이 없다. 이 집은 화가 나서 길길이 뛰는 케이스였다. 나는 곧 강제집행도 이루어질 것임을 정중히 말씀드렸고, 점유자는 결국 얼마 후 이사를 나가기로 하였다. 쓰던 냉장고와 세탁기를 이사비 명목으로 후한 가격에 사드렸다.

목포
18평 오피스텔

- 낙찰가   31,730,000원
- 당시 시세   40,000,000원

투자 금액		초기 비용		수익(예상)	
대출(80%)	24,400,000원	취득세	1,500,000원	매도가	40,000,000원
임대보증금	10,000,000원	등기 및 수수료	700,000원	대출금	−24,400,000원
내 돈(❶)	−2,670,000원	수리비	300,000원	임대보증금	−10,000,000원
				실투자금	+170,000원
합계(낙찰가)	31,730,000원	합계(❷)	2,500,000원		
실투자금(❶+❷)			−170,000원	차익	5,770,000원

(5채 보유, 1채 기준)

| 투자포인트 |
2004년식 오피스텔. 오피스텔은 매매차익을 보기보다는 임대수익을 기대할 수 있다. 오피스텔은 보유 시 세금부담이 있어서 임대사업자로 등록하여 재산세와 종부세를 감면받았다.

| 어려웠던 점 |
한꺼번에 여러 집 경매가 진행되어 동시에 임대로 나온 탓에 한동안 공실로 남아 애를 태웠다. 이후로도 오피스텔은 임차인의 이동이 잦아 관리에 어려움이 있었다.

| 해결방법 |
기존 임차인들과 재계약도 하고, 일부는 전세로 임대하였다. 전세가는 낙찰가보다 높았다. 관리인 및 부동산 사장님과 좋은 관계를 유지하여 필요 시 도움을 요청했다.

부동산 환경이 많이 변한 이유로 현재의 시세, 대출 등이 당시와 많이 다를 수 있습니다. 하지만 경매 자체는 모든 시대를 관통해 유효하기 때문에 공부하는 차원에서 기록을 남겨뒀습니다.

8 강제집행 사례
끝까지 가야 한다면

제발 연락 좀 받아주세요

목포 오피스텔 다섯 채 가운데 다른 집들은 명도가 모두 끝났는데 마지막 한 집이 남아 있었다. 점유자를 도대체 만날 수가 없다. 점유이전금지가처분 집행을 하면서 집 안에 짐이 있는 것을 확인했고, 관리비도 가끔 밀리기는 하지만 내고 있는 집이다. 전화해도 받지 않고, 찾아가도 집에 없다. 답답할 따름이다.

인도명령 결정문을 미리 받아놓고, 점유자와 대화를 하다하다 안 되면 그때는 하는 수 없이 강제집행을 해야 한다. 법원은 강제집행 신청 후 일주일 이내에 예고를 하게 되어 있다. 법원에서 강제집행을 할 것이라는 마지막 최후통첩이다. 보통 법원의 집행관 두 명과 낙찰자 본인, 그리고 증인 두 명이 함께 집을 방문해서 열쇠수리공을 불러 열쇠를 따고 들어가 잘 보이는 곳에 예고장을 붙인다. 이때 집에 사람이 있으면 더 유리하다. 법원 사람까지 대동한 낙찰자를 보면 협상이 잘될 가능성이 매우 높기 때문이다.

목포 오피스텔에 예고장까지 붙였는데도 점유자한테서 아무 연락이 없다. 예고 차 들어가본 집 안에는 짐이 그대로 있었다. 관리실에 문의해보니 3개월째 관리비가 밀려 있고, 가스사용은 겨울인데도 3만원이다. 이 정도면 점유자가 짐만 놓고 어딘가로 가버렸을지도 모르겠다. 강제집행을 피할 수가 없어 보인다.

생생한 강제집행 현장

아침 9시 반에 강제집행을 하자고 법원에서 연락이 왔다. 9시 반까지 도착하려고 새벽길을 달렸다. 명도가 수월했으면 안 해도 될 걸음을 몇 번이나 하는 것인지, 얼굴을 본 적도 없는 임차인이 원망스럽다.

약속한 시간이 되자 법원 집행관 두 명과 여섯 명의 인부들이 도착했다. 본격적인 강제집행이 이루어진다. 열쇠수리공이 열쇠를 따자 집행관이 집 안으로 들어가서 사진을 먼저 찍었다. 뒤따라 들어간 인부들은 방별로 나누어서 순식간에 짐을 싸기 시작했다. 인부들이 들어가니 좁은 집이 꽉 찬다. 짐들은 차곡차곡 박스에 담겨서 하나하나 밖으로 들려나왔다. 일하는 사람이 많다 보니 두 시간도 못 되어서 짐이 거의

다 빠졌다.

"에어컨은 원래 옵션이에요. 이건 안 가져가서도 돼요."

"죄송하지만, 이 집에 달린 모든 것은 다 실어가야 해요. 이 집의 옵션인지 아닌지의 판단은 저희가 할 수 없어요."

에어컨도 떼어가려는 걸 말렸더니 집행관이 한 말이다. 에어컨 떼어간 것도 아까운데 나중에 집행비용 영수증을 보니 에어컨 제거비용도 따로 청구되어 있었다.

점유자와 낙찰자 모두 손해

9시 반에 시작한 집행이 12시도 안 되어서 끝이 났다. 열쇠를 바꿔 달고 나서 집행관이 현관 앞에 이 집이 강제집행되었음을 알리는 안내장을 붙여두었다. 짐은 법원이 보관하고 있으니 짐주인은 와서 찾아가라는 내용이다. 집주인인 동생의 전화번호도 남겨두었다. 짐 보관비용은 집행을 하는 사람이 미리 부담을 하기 때문에 짐을 빨리 찾아가주면 비용이 조금이라도 덜 든다. 이왕 이렇게 된 것 짐이라도 빨리 찾아가주길 바란다.

집행 후에도 임차인은 감감무소식이다. 참 이상한 사람이다.

나중에 법원 집행관에게 들어보니 그 임차인은 법원 집행관에게 난리를 쳤다고 한다. 정말로 집행을 하지는 않을 거라고 생각했을까. 점유자와 낙찰자 모두에게 강제집행은 손해다. 임차인을 만날 수만 있었으면 대화를 했을 텐데…. 안타까운 일이다. 강제집행은 점유자뿐 아니라 낙찰자에게도 심적으로나 금전적으로나 손해만 남는다. 가능한 대화로 마무리할 수 있는 명도를 권한다.

4장

경매 고수들의
똑똑한
투자 성공
스토리

1 전세사기 사건에 연루된 빌라 사례

전세사기 물건도
누군가는 해결해줘야 한다

이 높은 언덕, 올라갈 사람 있을까

내 수업을 누구보다 열정적으로 참여하는 멤버, 나열정씨는 서울 신림동 빌라를 낙찰받기로 결심했다. 그녀는 처음 신림동 빌라 임장을 가본 뒤, 너무 높은 언덕에 깜짝 놀라 머뭇거렸지만 이내 생각을 바꿨다. 다음날 경기도 고양시 빌라에 임장을 다녀오고 나서 마음이 변했던 것이다.

고양시 빌라는 시내 중심에 있기는 했지만 아무래도 투자 가치 측면에서는 서울 신림동 언덕 빌라보다 훨씬 떨어진다고 생각했다. 같은 가격이라면 높은 언덕을 감수하더라도 누구나 서울에 살고 싶어 할 거라는 판단 때문이었다.

"신림동 빌라에 처음 임장 갔을 때는 '서울인데 이런 언덕 지역이 있었나' 하는 생각만 했어요. 다음날 고양시를 다녀오고 나서 마음이 변했어요. 수도권 외곽을 하느니 서울 안에 있는 언덕이 낫겠더라고요."

나열정씨는 그때부터 서울의 빌라들을 샅샅이 뒤졌다. 그러다 눈에 띄는 물건을 발견했는데 다시 확인해보니 인테리어 비용이 3000만원 이상 든다는 것이 아니겠나. 낡고 오래된 빌라의 인테리어 비용에 화들짝 놀란 그녀는 다시 물건을 찾기 시작했다. 또다시 열정적으로 물건 찾기에 나선 그녀는 얼마 지나지 않아, 인테리어 비용도 최소화하면서 저평가 입지에 있는 빌라를 발견하게 된다.

"근처에 빌라 물건이 또 하나 있었어요. 꼼꼼히 따져본 뒤 비용을 최소화할 수 있는 이 물건으로 입찰하게 되었습니다."

나열정씨처럼 여러 현장을 다니다 보면 자기만의 기준을 가지게 된다. 같은 조건, 같은 가격이라면 지방보다 수도권, 수도권보다 서울이 낫다. 남들이 아직 발견하지 못한 저평가 지역을 찾고 다른 지역의 물건과 비교해보면, 내게 딱 맞는 적정 물건을 고를 수 있다.

그렇다면 그녀가 고르고 고른 빌라는 어떤 특징을 가지고 있었을까.

전세사기에 연루된 물건이었다

하늘 아래 쉬운 물건은 없다고 했던가. 이 빌라는 최근 세간에 문제가 됐던 전세사기에 연루된 물건이었다. 그렇더라도 크게 걱정할 필요

**[단독] 신림동서 또 전세사기…불법 증축까지
자행해 사회초년생 '눈물'**

김정석 기자 jski@mk.co.kr · 박나은 기자 nasilver@imk.co.kr

입력: 2023-06-30 10:34:38 수정: 2023-06-30 11:10:34   가 🖨 ⌣⟨ 🔖

경찰, 관련 사건 6건 수사 중
보증금 피해 규모 10억 달해

서울 관악경찰서 (출처·연합뉴스)

전국 각지에서 전세 사기 피해가 이어지고 있는 가운데, 이번에는 서울 관악구 일대에 또 다른 전세사기 사건이 드러났다. 이번 피해는 신림동 등 대학생과 사회초년생이 주로 거주하는 지역에서 발생해 청년들이 '피 같은' 보증금을 잃을 위기에 처했다.

30일 경찰에 따르면 서울 관악경찰서는 최근 임대인 H씨와 관련 법인이 연루된 전세사기 사건 6건을 수사하고 있다. H씨는 신림동 등 관악구에서 전세 사기를 벌인 혐의를 받고 있다. 경찰 관계자는 "바로 엊그제 접수한 2건의 사건을 합쳐 현재까지 6건을 수사하는 중"이며 "보증금 피해 규모는 10억원가량"이라고 밝혔다.

신림동 전세사기 사건 기사

는 없었다. 명도나 소유권이전에는 문제가 없어 차근차근 풀어나간다면 충분히 해결 가능한 물건이다.

이 빌라는 한 동 전체가 한 번에 나왔다. 집주인의 물건이 동시에 여러 건 경매진행이 되면, 물건번호가 생긴다. 물건번호 열네 개가 동시에 진행되어 여간 복잡한 게 아니었다. 이 건물 전체 임차인이 집주인에게 속아 사기를 당한 셈이었다. 전형적인 전세사기 물건이다.

나는 나열정씨에게 확인해야 할 것들을 조언하면서 이렇게 입찰해보자고 말했다.

"이 물건의 전세가는 약 1억 5000만원 정도예요. 못해도 1억 4000만원은 되네요. 그런데 입찰경쟁은 덜할 거예요. 더 낮은 가격으로 입찰가를 써봐도 괜찮을 것 같아요."

아니나 다를까, 이 물건에는 명도상 치명적인 문제가 있었다. 한 집에 점유신고한 임차인이 둘이나 있는 것이다. 한 명은 주택임대차보호법상 보호를 받는 임차인이다. 첫 번째 임차인은 임차권등기를 한 후 집을 비우고 이사를 나갔다. 현재 점유 중인 두 번째 임차인은 소액임차인이지만, 배당을 받지 못하는 불법점유자였다.

결국에는 해결된다

나는 그녀에게 이렇게 조언해주었다.

"권리상 문제는 없지만, 복잡한 상황이라 경매초보자는 쉽게 접근하기 힘들 거예요. 함께 나온 물건도 많아서 한 물건에만 몰릴 수도 있어요. 그래서 의외로 경쟁이 치열하지 않을 것 같아요. 단독이어도, 2등이 없어도 후회하지 않을 가격을 정해보세요."

나열정씨는 고민 끝에 최저가의 앞자리는 변동하지 않고 뒷자리만 제일 높은 숫자로 적었고, 좋은 가격에 낙찰받을 수 있었다. 해당 물건의 대출은 낙찰가의 80%, 금리 4.1%로 진행됐고, 매도가는 1억 9000만~2억원으로 예상하고 있으며, 현재 1억 4000만원으로 전세임대 중이다.

순위	성립일자	권리자	권리종류(점유부분)	보증금금액	신고	대항	참조용 예상배당여부 (최저가 기준)
1	전입 2020-11-13 확정 2020-10-15 배당 2021-08-11	임차인강███의승계인주택도시보증공사	주택임차권자 202호	【보】 195,000,000원	○	없음	미배당금 소멸예상
2	전입 2021-04-22 확정 없음 배당 2021-08-09	류██	주거임차인 202호	【보】 30,000,000원	○	없음	미배당금 소멸예상

임차인현황 ▶ 건물소멸기준 : 2017-04-26 | 배당종기일 : 2021-08-18

● 채무자(소유자)점유 임차인(별지)점유

- 보증금합계 :225,000,000원

- 강███ :주택임차권자로서 등기일은 2021.01.26.임, 강███ :임차보증금반환채권을 주택도시보증공사에게 양도함, 류██ :주민등록은 산림동 ██-██, ████로 되어 있으나 해당 임대차계약서는 산림동 251-211, 102호임

임차인 현황

나중에 알고 보니 두 번째 임차인에게도 사연이 있었다.

"원래 아랫집에 임대를 들어갔어요. 그런데, 그 집에 문제가 생겨서 도저히 살 수가 없는 거예요. 집주인에게 이야기했더니 202호로 이사를 하라고 하더라고요. 이런 일이 생길 줄 상상도 못했어요. 너무 억울해요."

두 명의 임차인 모두 대항력 없는 임차인이다. 첫 번째 임차인 강씨는 이사를 나가면서 보증금을 반환받지 못해 보증보험에 채권양도를 하고 2021년 1월 26일 임차권등기를 했다. 임차인으로 인정받는 임차인이다. 두 번째 임차인 류씨는 2021년 4월 22일 102호에 계약했다가 202호로 이사하고 전입신고를 했다. 현재 점유 중인 임차인이다. 전세사기로 인한 경매 진행으로 치명적인 피해를 보는 임차인이 많아지자, 법원에서는 이들의 구제를 고민하고 있다. 이 물건의 두 번째 임차인에게도 배당의 기회를 줄지 고려하느라 한동안 배당이 늦어지기도 했다.

이 모든 과정을 진행하며 그녀는 이렇게 말한다.

"복잡한 물건이어서 처음에는 겁이 났지만, 물건에 대한 확신이 드

니 세부적인 진행 자체는 어렵지 않았어요. 확신을 갖기까지가 가장 힘들었던 것 같아요. 수많은 고민이 들거든요. 명도를 진행하면서도 저를 나쁜 사람으로 여기는 임차인 때문에 마음이 힘들었어요. 그들의 입장을 이해하지만, 제 마음을 안 알아주니 속상해요."

쉽지 않은 여정을 도전하고 끝까지 해낸 그녀는 비로소 투자자로서 한 걸음 더 성장한 것처럼 보였다.

2 동산압류된 빌라의 점유자 사례

선의는 행운을 부릅니다

강제집행 계고에는 증인이 필요하다

"강제집행 계고(예고)를 하게 되는데, 증인으로 같이 가주실 분 있을까요?"

강제집행을 예고하는 계고를 할 때 증인 두 명을 필요로 한다. 열쇠수리공에게 증인을 부탁한다 해도 한 명은 더 필요한 것이다. 강제집행 계고일정은 늘 갑자기 잡히기 마련이고, 계고일은 평일 낮 시간인지라 갑작스레 증인 서줄 사람을 찾기가 쉽지 않다.

이럴 때 평소 활동하던 커뮤니티에 도움을 청하면 일이 쉽게 풀린다. 즐거운경매에서 멤버들은 경쟁자가 아닌 동지이다. 같은 길을 가는 동지들은 큰 도움이 된다. 마치 나와 동생처럼….

동료의 어려운 청에 한도움씨가 손을 들었다. 그는 이렇게 말했다.

"강제집행이 무엇인지 궁금해서 경험 차 증인으로 서보려고요."

한도움씨는 기왕 먼 걸음 한 김에 인근 임장을 하기로 하였다. 평소 관심 가지 않던 지역을 조사하게 된 계기가 된 것이다. 인근에 진행하는 물건에 대한 사전조사를 해보더니, 때마침 맘에 드는 물건을 발견했다. 이후에 그는 빠르게 입찰을 해서 낙찰까지 완료했는데 엄청난 실행력이 아닐 수 없다. 행동하는 사람에게 기회가 생긴 것이다.

숨 가쁜 임장과 낙찰 후에 그는 한숨을 돌리면서 이렇게 말했다.

"덕분에 안산을 둘러볼 기회가 된 거지요. 최근 열 번 정도 계속 패찰을 거듭하던 중이었는데 좋은 가격에 낙찰을 받을 수 있었어요."

빨간 딱지가 붙은 집

기쁨도 잠시, 안산 부동산을 낙찰받은 한도움씨는 명도 과정에서 예상치 못한 일을 만나게 된다.

"선생님, 낙찰받은 집에 빨간 딱지(압류)가 다 붙어 있대요. 점유자가 이사를 나가더라도 짐은 놓고 가야 한대요. 어쩌죠?"

곤란한 상황이다. 명도를 할 수 없으면 강제집행까지 가야 한다. 강제집행을 하면 집행비용이며, 동산의 짐들을 보관하는 보관비용이 들 것이다. 강제집행을 하는 대신 압류된 물건을 이전신고하고, 압류물건에 대한 매각허가신청을 하는 방법도 있다. 어찌하든 이 역시 추가 비용이 든다.

동산압류에 대한 채권자를 확인해보니 OO화재보험이었다. 사정은 이랬다. 점유자의 아들이 오토바이 사고를 냈는데, 그에 대한 구상권청구로 경매가 진행되었고, 동산압류도 동시에 진행되었다. 그래서 우리는 압류권자인 보험사와 타협을 보기로 했다.

"OO화재이죠? 이번에 낙찰된 OO물건 낙찰자예요. 압류하신 동산에 대한 해제를 하고 싶은데요, 어떤 방법이 있을까요?"

"압류채권은 200만원이에요. 입금해주시면 바로 해제 가능합니다."

낙찰자는 압류채권을 점유자 대신 채권자인 OO보험사에 지불하고 압류를 해제시켰다. 그런데 압류물품 딱지가 사라졌는데도 점유자는 물건들을 가지고 이사 갈 수 없었다. 이사 갈 거처를 겨우 마련한 상태라 짐을 가지고 갈 수 없단다. 결국 점유자는 짐을 놓고 이사를 나갔고, 낙찰자는 점유자의 짐을 폐기물 처리했다.

압류채권을 대납해줬을 뿐만 아니라 폐기물 처리까지 해주는 것은 낙찰자에게도 부담스러운 결정이었지만 점유자의 부담을 덜어주기 위해 실행한 일이었다.

"점유자가 심적으로 안 좋은 상황으로 나가야 되는 거라 편한 마음에 나갈 수 있게 도와드렸습니다. 조금이라도 도움이 된 듯해서 뿌듯한 맘이 듭니다."

까다로운 명도 상황이었음에도 인내력 하나로 투자 성공을 이끌어 낸 한도움씨의 노력이 돋보였다.

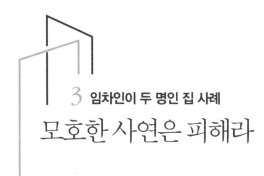

3 임차인이 두 명인 집 사례

모호한 사연은 피해라

임차인이 두 명인 이유

감정가 1억 3200만원의 경기도에 있는 빌라이다. 이 집에는 임차인
이 두 명이 있다. 두 명의 임차인이 있을 경우 가족인 경우가 많지만,
이 물건은 그렇지 않아 보인다.

먼저 말소기준권리를 찾자. 2010년 5월 4일 최씨의 가압류가 말소
기준권리이다.

1. 첫 번째 임차인 김씨는 2007년 전입을 했고, 확정일자를 받고 배
   당신고도 하였다. 대항력을 가진 선순위 임차인이면서, 우선변제
   권도 가졌다.

임차인현황	건물소멸기준 : 2010-05-04	배당종기일 : 2015-03-09					매각물건명세서	예상배당표
순위	성립일자	권리자	권리종류(점유부분)	권리금액	신고	대항	참조용 예상배당여부 (최저가 기준)
1	전입 2007-09-16 확정 2007-09-10 배당 ○	김■■	주택임차권자 전부	【보】 70,000,000원	×	있음	배당금 : 70,000,000원 전액배당으로 소멸예상
2	전입 2010-04-09 확정 2010-04-09 배당 2015-01-19	박■■	주택임차인 전부	【보】 70,000,000원	○	있음	배당금 : 20,462,400원 안수금 : 49,537,600원 일부배당미배당금 인수예상
				- 보증금합계 : 140,000,000원			

건물 등기부현황	건물열람일 : 2015-01-21					등기부등본열람
구분	성립일자	권리종류	권리자	권리금액	상태	비고
을3	2007-09-16	주택임차권	김■■	70,000,000원	있음	전입 : 2007-09-05 확정 : 2007-09-10
갑15	2008-02-21	소유권	안■■	(거래가) 132,000,000원	이전	매매
갑16	2008-06-09	소유권	우■■	(거래가) 140,000,000원	이전	매매
갑19	2010-05-04	가압류	최■■	70,000,000원	소멸기준	
갑24	2014-12-24	강제경매	박■■	청구: 70,000,000원	소멸	2014타경27670

임차인 현황과 건물 등기부 현황(등기권리분석)

2. 두 번째 임차인 박씨는 2010년 4월에 전입하고 확정일자를 받았다. 대항력과 우선변제권을 가진 임차인이다.

등기부등본을 보니 김씨의 임차권이 등기되어 있다. 임차권등기의 대위권자는 최씨, 가압류를 한 사람이다. 강제경매는 두 번째 임차인인 박씨가 청구했다. 이들에게 무슨 사연이 있었던 것일까. 물건의 경매 정보지를 읽고 내 마음대로 소설을 써본다.

경매 정보지의 사연을 읽다

2010. 4. 9

전셋집을 찾는 박씨는 방금 본 집이 맘에 들었다. 시내에서 약간 외곽에 있지만 버스정류장이 멀지 않고, 아이들 학교도 가깝다. 1층이라 그런지 가격도 저렴하다. 방 세 개에 7000만원이면 인근 빌라보다

1000만원은 더 싼 셈이다. 집 상태는 그리 깨끗하진 않지만 살면서 꾸미면 되리라.

부동산 사장님이 이것저것 설명을 해준다. 이 집에는 아무 대출도 없이 권리관계도 깨끗하단다. 이렇게 좋은 집을 저렴하게 구할 수 있어서 다행이다. 박씨는 이사를 하자마자 전입신고를 하였고, 확정일자까지 받아두었다.

2010. 4. 12

박씨가 전입신고를 한 이틀 후, 집에 임차권등기가 설정되었다. 박씨가 이 집에 들어오기 전에 살았던 김씨가 설정한 것이다. 정작 임차권등기설정은 임차권자인 김씨가 아닌 대위자 최씨이다. 대위자는 권리를 대신하는 사람을 말한다. 최씨는 '임차권보증반환청구권의 양도양수계약'으로 김씨의 보증금을 받을 사람이다. 서류만 보고는 방배동에 사는 대위자 최씨와 이전 임차인 김씨의 관계는 알 수 없다. 김씨가 최씨에게 줄 돈이 있다는 것만 유추할 뿐이다.

| 3 | 주택임차권 | 2010년6월10일
제30113호 | 2010년4월12일
수원지방법원성남지원장
주식법원의
임차권등기명령(2010카
기57) | 임차보증금 금70,000,000원
범 위 전유부분전부
임대차계약일자 2007년 9월 2일
주민등록일자 2007년 9월 5일
점유개시일자 2007년 9월 16일
확정일자 2007년 9월 10일
임차권자 김■■ 730605-*******
경기도 광주시 역동 175-7 대성빌라 102-101

대위자 최■■■
서울특별시 서초구 방배동 797-30 방배3차이편한세상
105-002
대위원인 임차금보증반환청구권의 양도양수계약 |
| 3-1 | | | | 3번 등기는 건물만에 관한 것임
2010년6월10일 부기 |

등기부등본

2010. 5. 4

이전 임차권자의 대위자인 최씨가 가압류를 설정한다. 보증금을 반환받지 못한 것을 이유로 가압류를 넣은 것이다. 최씨의 가압류는 말소기준권리가 된다.

2014

세월이 흘러 2014년이 되었다. 그동안 특별이 드러나는 문제는 없었다. 문제는 이 집에서 살던 박씨가 이사를 하려니 생겨났다. 집을 내놓으려 집주인에게 말하니 알아서 하란다. 부동산에 가서 집을 내놓으니 사장님이 이상한 말을 한다. 이 집 뭔가 문제가 있다는 것이다. 그제서야 등기부등본을 살펴본 박씨는 깜짝 놀라고 만다. 이 집은 빚으로 가득한 집이기에 아무도 이사 들어올 수 없게 되었다. 박씨는 이사를 할 수 없게 된 것이다. 박씨는 어쩔 수 없이 강제경매를 넣었지만, 박씨는 보증금을 전액 돌려받지 못할 가능성이 많다.

입찰자 입장

그렇다면 이러한 물건을 대하는 입찰자의 자세는 어떠해야 할까? 꽤 고민스러운 부분이다. 주택임대차보호법 제3조 3, 6항에 의하면 임차권등기가 끝난 주택을 그 이후에 임차한 임차인은 소액보증금의 우선변제를 받을 수 없다. 하지만, 두 번째 임차인의 대항력의 인정 여부는 명확하지 않다. 일반적으로 한 물건에 두 명의 임차인을 인정하지 않는 것이 원칙이지만, 이번 사례와 같이 임차권등기가 완료되기 전에 전입한 임차인에게 주어지는 권리는 더욱 모호하다. 따라서 두 번째 임차인 박씨의 보증금에 대한 대항력 판단 및 배당여부는 법원의 판단에 따르게 된다.

자칫 박씨의 대항력이 인정되면 대항력 있는 선순위 임차인의 보증금은 낙찰자의 인수대상이 된다. 권리관계가 모호한 물건, 절대 조심해야 한다.

경매 고수의 노하우

우선매수권 더 자세히 알아보기

최근 전세사기 사건으로 인해 피해를 본 임차인에게 우선매수권이(2023년 6월부터) 부여되었다. 임차인 우선매수권은 피해 임차인이 거주 중인 주택이 경·공매될 경우, 피해 임차인에게 우선매수할 수 있는 권한 부여하는 권리이다.

예를 들어, 어떤 사람이 2억원에 낙찰을 받았다고 치자. 이곳에 우선매수권이 있는 임차인이 "저 우선매수권 행사하겠습니다"라고 하면 그 임차인이 대신 2억원에 낙찰받는 것이다. 그런데 정작 임차인은 우선매수권을 그리 반기지 않은 눈치이다. 우선해서 매수할 수 있는 권리가 있을 뿐 잃어버린 임대보증금을 되찾는 방법은 아니기 때문이다.

부도임대아파트의 임차인도 우선매수권을 가진다. 과거 건설회사에서 분양한 임대아파트가 부도가 나는 경우가 많았다. 임대아파트에 거주하던 임차인들이 사는 집이 경매에 대량 쏟아졌고, 그들을 위한 방안으로 부도임대아파트 임차인을 위한 우선매수권이 부여되었다. (2005년 6월)

사건이 생기면 관련법이 생기기 마련이다. 그런데 임대아파트는 기본적으로 소유자가 사는 게 아니라 임차인들이 있다 보니까 건물 상태가 그렇게 썩 좋은 편은 아니다. 다만 임대를 들어갈 수 있는 사람들이 많이 있으니 임대아파트를 거기에 지었을 터이다. 임대는 잘 나가지만 소유하는 사람은 많지 않았다. 특히 임대로 살던 임차인은 집을 소유하는 것에 큰 부담을 느꼈다. 부도임대아파트의 임차인들도 우선매수권을 행사하는 사람은 별로 없었다. 그들은 집을 사고 싶은 것이 아니라 보증금을 돌려받고 싶은 것뿐이다. 결국, 투자자들이 낙찰을 받아 기존 임차인에게 임대를 하게 되었다.

우선매수권은 다른 지분권자에게도 있다. 두 명 이상의 공유자가 한 물건을 공동소유하는 경우, 지분권자 중 한 명의 지분이 경매에 나오면 다른 공유자가 우선매수권을 갖는다.

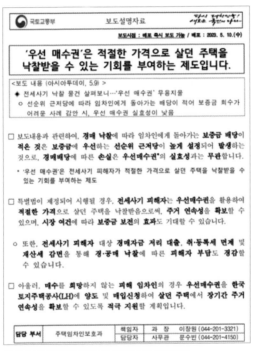

우선매수권에 관한 국토교통부의 보도설명자료

4 빌라 단기 매매 사례

일흔에 시작한
빌라 단기 매매

글로벌 나이로 두 살이 줄어 올해 67세이신 이소장님. 30년 전에 주택관리사, 공인중개사를 취득하고 아파트 관리소장을 7년 한 이소장님은 아파트에 관리소장을 파견하는 위탁관리회사와 아파트 하자를 진단하는 업체를 운영하고 있다. 평생 부동산 관련 일을 한 그는 일흔 이후 부동산 경매를 본격적으로 하기 위해 경매를 시작했다.

첫 번째 낙찰

이소장님은 경매를 통해 제2의 인생을 살겠다는 의지가 강한 분이었다. 그래서 그런지 강의를 수강하자마자 적극적으로 입찰에 도전하기 시작했다. 매회 열정적으로 경매수업에 임하면서, 일주일에 1회 이상 입찰에 참여하였다. 그의 노력은 얼마 뒤 결실을 맺었다. 강의를 듣기 시작한 지 4주 만에 첫 낙찰을 받은 것이다. 11번째 입찰이었다. 그 물건은 은평구의 37평형 아파트였다.

"3명이 입찰에 도전한 물건이었고, 기대를 많이 안 해서 그런지 무척 기뻤어요. 낙찰받자 마자 현장을 방문했어요. 점유자인 집주인을 만나 '나 낙찰받은 사람인데, 지금 당장 나가셔야 됩니다'라고 말했죠. 그랬더니 집주인이 갑자기 낙찰을 취하시켜 버렸어요."

정확하게는 취소가 아니라 강제집행정지 결정문을 법원에 제출하여 불허가가 난 사례다. 모든 경우에 집행정지가 나는 것은 아니다. 불복이유가 정당하고, 사실을 서류로 충분히 소명할 수 있어야 한다. 이때 법원 담보 제공을 명령하기도 한다. (민사소송법 제501조 및 제500조. 가집행의 선고를 받은 판결로 인한 상소가 있을 때 해당 판결로 인한 강제집행을 일시 정지할 수 있다.)

그렇게 첫 낙찰한 물건은 물거품처럼 사라졌다. 그래도 단단한 경험으로 무장한 그는 쉽게 꺾이지 않았다.

두 번째 낙찰

아쉬운 마음도 잠깐, 이소장님은 바로 다음 입찰에 도전했다. 평소처럼 부지런하게 입찰을 한 덕분에 오래지 않아 두 번째 낙찰을 받았다. 이번에는 빌라이다. 흔히 '연트럴파크'라고 하는 연남동에 위치한 분양면적 37평 물건이다.

이 빌라는 1회 유찰되어 최저가 3억 5000만원이었는데, 낙찰가 4억 1000만원에 받았다. 시세에 비해 낙찰가는 적당하다고 여겼는데, 아쉽게도 이소장님의 단독입찰이었다. 혼자 6000만원을 넘게 올려 쓴 셈이다. 보통 이런 경우, 일반인은 낙찰의 기쁨보다 더 쓴 6000만원에 집중하곤 한다. 하지만, 이소장님은 달랐다. 역시 경력이 오래된 사람이라 이를 받아들이는 자세가 특별했다.

"2등이 없어서 서운하죠. 그렇지만 낙찰가격은 괜찮은 거예요."

이번에는 신중하게 명도 접근을 했다. 처음에는 명도가 수월해보였지만 점유자는 자꾸 약속을 어기고 이사 날짜를 차일피일 미루기만 했다. 여러 번 명도 약속을 어기는 점유자에게 이소장님은 속는 느낌이 들었다.

"점유자가 매일 나간다고 하면서 안 나가는 거예요. 몇 번 봐주다가 도저히 안 되겠어서 강제집행이 들어갔어요. 집주인은 소리 지르고 막 난리를 치더라고요. 경찰도 부르고요. 주위 이웃들도 무슨 일인가 죄다 나와서 골목이 난리가 났어요. 한 20~30명이 골목으로 나와 한 번에 떠드는 모습을 상상해보세요. 집주인이 평소에도 주위에 인심이 없던 모양이에요. 그 난리를 치고 집행을 하루만 미뤄주기로 했어요. 이번에는 약속을 지켰어요. 결국 제발로 나갔어요."

명도 후 들여다 본 집은 상태가 좋지 않았다. 집도 넓어서 괜히 인테리어를 했다가 일이 커지겠다 싶어 청소만 하고 중개사에 내놓았다.

이소장님이 최저가에서 1억원을 높게 낙찰받은 빌라는 또 1억원을 높여 매도했다. 낙찰가 4억 1000만원, 매도가 5억 3000원. 낙찰 후 기간은 총 3개월이 걸렸다. 그런데 매도 차익이 자그마치 1억 원이었다. 하지만 부동산은 세후 수익이 중요하다. 단기매도 중과세라 양도세를 70% 내었고, 세후 수익은 3000만원이다.

"그래도 그게 어디예요. 3개월에 3000만원 벌었습니다. 그 돈은 아내에게 선물했어요. 덕분에 아내가 엄청 응원해주고 있어요."

세 번째 낙찰

이번에는 서울 중랑구의 아파트이다. 이번 경쟁자는 8명, 2등과는 200만원 정도 차이로 낙찰을 받았다. 이전에 비하면 특별히 어려움 없는 명도였지만, 점유자는 남은 짐을 아무렇게나 놓고 나갔다. 이소장님은 눈도 까딱하지 않은 채 남은 짐을 처분하고, 인테리어를 하여 임대 중이다.

"이 집은 반전세로 임차인을 들이고 2년 후에 매도하려고 해요. 세금이 너무 아깝잖아요. 지금은 당분간 경매 입찰은 쉬고 있어요. 일도 바쁘고, 투자금이 묶여서 이 물건 매도 후 다시 움직일 계획이에요. 입찰할 때는 일주일에 한 번씩 법원에 반드시 가고, 쉴 때는 화끈하게 쉬기를 추천 드려요. 여전히 물건은 꾸준히 보고 있습니다. 경매를 배우면서 세상에 이렇게 좋은 게 있구나 싶어요."

점유자가 버리고 간 짐

늦은 나이에 시작한 경매이지만, 이소장님은 누구보다 경매를 즐기고 있었다. 수십 차례의 입찰과 수차례의 낙찰 끝에 경매의 전체 과정도 아주 잘 알게 됐다. 경매와 함께하는 이소장님의 활력 있는 은퇴 생활이 기대된다.

2부. 경매는 실전이다

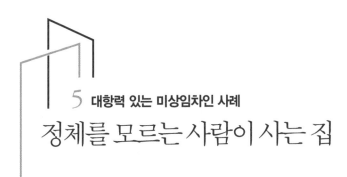

5 대항력 있는 미상임차인 사례

정체를 모르는 사람이 사는 집

절치부심의 마음으로

조학군씨는 경매가 진행된 집의 임차인으로 경매를 처음 접했다. 어느 날, 법원 송달을 받고 나서 지금 사는 전셋집이 경매로 넘어간 것을 알게 되었다. 급한 마음에 변호사를 수소문해 확인해보았더니, 다행히 자신이 전액 배당받는 선순위 임차인이라는 걸 알게 되었다.

"처음에는 깜짝 놀랐어요. 무슨 일이 나는 줄 알았죠. 곧바로 제가 선순위 임차인이라는 걸 알고 나서 한시름은 놓았어요. 그렇더라도 뭐가 어떻게 돌아가는지 알려면 경매를 좀 배워야겠더라고요. 경매진행이 이제 막 시작을 했으니 낙찰이 되려면 좀 시간이 걸리잖아요. 바로 선생님 책을 읽고, 경매 공부를 시작했죠."

자신의 처지를 비관하며 자포자기하기보다는 적극적으로 위기를 벗어나고, 이를 기회 삼아 한 차원 더 도약하려는 조학군씨의 태도가 인상적이었다. 나도 그 어느 때보다 그에게 도움이 되고 싶었다.

조학군씨가 수업을 시작한 지 얼마 지나지 않아 법원에서 배당 요구를 하라고 송달이 왔다. 그는 배당신청을 하는 것이 좋을지, 안 하는 것이 좋을지 고민이 돼 나에게 물어왔다.

"선생님, 전 배당요구를 해야 할까요? 하지 말아야 할까요?"

"이 집에 더 머물고 싶으신가요, 빨리 이사하고 싶으신가요?"

"할 수 있다면 오래 살고 싶어요. 아시다시피 이곳이 목동에서도 가장 좋은 학군의 단지예요. 아직 아이가 학교를 마치려면 4년은 더 있어야 하거든요. 이사를 하더라도 멀리 갈 수 없어요. 그동안 전세금도 많이 올랐고요."

조학군씨는 처음부터 이 집에 오래 살 마음으로 이사를 왔다. 한창 전세가 상승이 이루어지던 시기라 그새 전세가가 엄청 올랐다. 다행인지 불행인지 조학군씨는 살던 집의 경매진행으로 다른 집과는 달리 전세가를 올려줄 필요가 없었다. 그는 가능하면 경매가 계속 지연되어 이곳에 더 머물며 살고 싶다는 마음과 직접 입찰에 참여하여 낙찰을 받고 싶은 마음이 공존했다.

조학군씨는 결국 배당요구를 하지 않기로 결정했다. 법원은 임차인에게 배당요구를 하라고 송달을 보내지만 강제하지는 않는다. 그는 의도적으로 대항력 있는 미상임차인이 된 것이다. 미상임차인은 경매 정보지의 임차인 현황에서 다음과 같은 모양새이다.

임차인현황	▶ 건물소멸기준 : 2022-04-06	배당종기일 : 2022-06-07					🔍 매각물건명세서	🔍 예상배당표
순위	성립일자	권리자	권리종류(점유부분)	보증금금액	신고	대항	참조용 예상배당여부 (최저가 기준)	
1	전입 2021-08-23 확정 없음 배당 없음	조■■	주거임차인	[보] 미상	X	있음	현황조사 권리내역	
● 임차인(별지)점유								

임차인 현황

대항력 있는 미상임차인

대항력 있는 미상임차인의 물건인 경우, 진정한 임차인인지 아닌지를 확인하기 전까지는 섣불리 입찰하면 안 된다. 진정한 임차인이 있는 물건이라면 임차인의 보증금을 인수해야 한다. 인수해야 할 보증금액을 미리 알 수 있다면 인수금만큼 저렴하게 낙찰받으면 되지만, 미상 선순위 임차인은 그 금액을 알 수 없기에 입찰가를 정할 수가 없다.

이를 이용해서 우리는 조학군씨가 직접 저렴한 가격에 입찰할 수 있게 유찰을 유도하기로 전략을 세웠다. 그러나 일은 쉽사리 풀리지 않았다. 어느 날 그가 다급한 목소리로 전화를 해왔다.

"어떡해요? 선생님! 어제 입찰 기일이었는데, 누가 낙찰을 받았어요. 제가 대항력 있는 임차인이 아니라고 생각했나 봐요."

어떤 무모한 낙찰자가 나타난 것이다. 며칠 후, 낙찰자가 명도를 위해 집을 방문했다. 가족이 아니고 임차인이 맞다고 하니 낙찰자는 그때서야 낭패를 본 것을 알았다.

"제가 '임차인 맞다'라고 했더니, 그러면 보증금이 얼마인지라도 알려달라네요. 어쩌죠. 선생님. 보증금을 알려줄까요, 알려주지 말까요?"

입장을 바꿔서 생각해보자. 우리가 낙찰자의 입장이 되어보는 것이다. 진정한 미상임차인이 자신이 직접 낙찰을 받기 위해 유찰을 기다리고 있는데, 이 물건을 낙찰받았다. 우리는 점유자를 가장임차인인 줄 알았지만, 사실은 아니라는 것을 알게 되었다. 점유자는 진정한 임차인이었다.

이때 우리는 두 가지 중 선택해야 한다.

- 입찰 보증금을 포기 할 것인가.
- 선순위 임차인의 보증금을 인수할 것인가.

결정을 내리기 위해서 낙찰자는 반드시 보증금이 얼마인지 확인해야 한다. 임차인이 법원에 신고하지 않았으니 법원에는 자료가 없다. 점유자에게 직접 물어보는 수밖에 방법이 없다. 인수 금액의 크기에 따라 잔금납부를 포기하고 입찰보증금을 몰수당할 것이 나을지, 점유자의 전세보증금을 인수하는 편이 나을지 선택하게 된다. 임차인의 전세보증금을 알 수 없다면 낙찰자는 잔금납부 포기를 선택할 수밖에 없을 것이다.

결국 조학군씨는 전세보증금을 알려주지 않았다. 아무런 정보를 얻을 수 없던 낙찰자는 당연히 미납을 하게 되었다. 미상임차인인 물건은 언제나 신중하게 접근해야 한다. 법을 제대로 이해하는 현명한 임차인도 많이 있다. 기억하라. 이 판에서 우리만 머리를 쓰는 게 아니라는 것을.

대항력 없는 미상임차인

미상임차인이 사는 집은 모두 어려울까. 대항력이 있느냐 없느냐에 달렸다. 대항력이 없다면 어렵지 않다.

임차인 현황에 전입한 사람은 있는데, 권리금액이나 내역이 미상으로 나온다면 이 사람은 권리신고를 하지 않았다는 뜻이다. 법원에서는 집에 사는 사람(점유자)에게 정당한 권리를 신고하라는 안내를 송달한다.

이 신고는 배당요구종기일 내에 해야 하며, 임차인이라면 집주인과 작성한 계약서를 첨부하도록 한다. 집주인 외에 누군가 전입이 되어 있는데 아무 신고를 하지 않으면 법원은 이를 '미상'이라고 표시한다.

아래 경매 정보지의 조씨는 2011년 9월에 전입한 사람으로 말소기준권리 아래 있는 후순위이다. 전주인과 이름이 비슷한 것으로 미루어 짐작컨대, 전주인과 가족일 가능성이 높다. 이때는 정말 조씨가 전주인과 가족인지를 확실하게 확인해야 한다. 직접 임장을 가 조씨를 직접

임차인 현황과 건물 등기부현황

만나거나 관리실에 물어보는 등 적극적으로 그들의 관계를 확인해야
한다. 그래야 잘못된 물건을 낙찰받는 불상사를 면할 수 있다.

입찰자 입장에서 확인해야 할 것

조씨의 사례처럼 전입일자가 후순위인 미상임차인 물건은 인수하지 않는다. 배당금
이 없으니 명도가 힘들 수 있다. 그럼에도 이 물건을 낙찰받고자 한다면 명도의 난
이도를 파악하기 위해 현장에서 조씨가 누군지 알아보기를 권한다. 조씨가 전주인
과 가족일 수도 있고, 전입만 되어 있는 사람일 수도 있다. 조씨가 실제로 살고 있다
면 관리실에서 그를 알고 있을 가능성이 높으니 관리실에 물어보자.

6 빌라, 오피스텔 무피 투자 사례
새로운 일자리가
모이는 곳을 찾아라

삼성 임직원을 타깃으로 한 물건들

수도권 대부분이 규제지역이던 시절, 가장 뜨거운 곳 중 하나가 평택이었다. 특히 삼성의 반도체 산업이 활황이면서 근로자들이 모여들고 월세가 계속 올랐다. 우리 즐거운경매 멤버들도 이런 분위기에 합세해 평택에서 낙찰을 꽤 받았다.

8대 1의 경쟁률, 평택 오피스텔

이삼성씨는 엔지니어로 삼성 협력업체의 직원이다. 현장에 자주 머무르기에 평택에 월세 수요가 폭발할 것을 일찌감치 알고 있었다. 몇 번 입찰에 도전했지만 계속해서 패찰을 했던 그는 사실 아파트를 낙찰받고 싶었는데, 인기가 많아 좀처럼 쉽지 않았다.

결국 그는 오피스텔 또는 빌라 물건을 살펴보기로 마음먹었다. 그러던 어느 날, 한 오피스텔을 발견했는데, 이 물건은 평택의 중심지가 아니고, 외곽에 위치해 있었다.

위치 때문에 살짝 망설였지만 이 오피스텔 앞에는 삼성 셔틀이 다니고 있었다. 평택에서 가장 중요한 것은 삼성 혹은 삼성 관련 협력업체와 가까운지이고, 두 번째는 삼성 셔틀이 다니는지이다. 다행히 이 오피스텔에서 삼성까지 출퇴근이 가능했고, 그에 비해 비교적 시세가 저렴했다.

낙찰은 짜릿했다. 8명의 경쟁자를 물리치고 낙찰을 받았다. 낙찰 후 대출은 금리가 낮은 상품보다 중도상환수수료가 없는 대출상품을 선택했다. 어차피 전세를 맞춰서 갚을 생각이었기 때문이다. 이처럼 대출을 바로 상환하는 경우에는 금리보다 중도상환수수료가 더 중요하다.

명도는 생각보다 수월했는데, 임차가 문제였다. 막 전세포비아가 시작하던 타이밍이라 임차를 맞추기 힘들었다.

"임대까지 2개월 반 정도 걸렸는데, 그때 좀 힘들었어요. 임차인분들이 집 보러 오셨을 때 깨끗한 인상을 주려고 입주청소를 시켰는데, 그게 진짜 잘한 겁니다. 아이보리 몰딩이 하얗게 변했거든요. 아이보리가 담배 찌든 때였다는 놀라운 사실을 알게 되었습니다. 그 몰딩 상태로는 절대 임대가 나가지 않았을 거예요."

힘든 과정이 있었지만 이 물건은 1억 4000만원에 낙찰받았고, 현재 성공적으로 전세가 1억 5000만원에 임대를 주었다.

비교적 순조로운 명도, 평택 빌라

한 빌라에서 세 개의 물건을 한 번에 진행하는 사건이었다. 평택에서는 빌라라도 임대가 잘 나갈 것을 확인한 이긍정씨는 자신 있게 낙찰을 받았다. 그런데 해당 물건에는 서류상 존재하지 않던 임차인이 있었던 것이다. 처음에는 당황했지만 임차인과 이야기를 해보니 새로운 집주인과 정식으로 월세 계약을 하고 싶어 했다. 번거로운 명도 없이 기존 임차인과 재계약을 하게 되었다.

"이렇게 순조로울 수 있을까 했죠. 그런데 갑자기 임차인에게서 연락이 왔어요. 자꾸 관리인이 이용료를 내라 한다고 말이에요."

해당 빌라에는 건물관리인이 있었는데, 건물주와 친인척간이라고 했다. 그의 주장은 건물 모든 호실에 가전제품 일체를 구비했고, 해당 가전제품은 경매 낙찰에 해당되지 않는다는 것이었다. 수시로 임차인을 찾아 이용료를 내라고 호통을 치니 이긍정씨는 참으로 난감했다. 하지만 상황은 이긍정씨에게 유리하게 풀렸다. 모든 임대인이 이 건물관리인에게 불만을 가지고 있었고, 이를 계기로 비상대책위원회가 생긴 것이다.

"결국 임대인들이 다 모였어요. 새로운 관리인을 섭외했고, 몇 달간 방치되었던 빌라를 다시 제대로 관리하고 있어요. 이전 관리인은 이 건물의 다른 경매물건에 살고 있었는데 명도되어 이번에 이사했어요. 이제 평화가 찾아온 거죠."

경매과정에서는 별별 사람들이 숟가락을 들이민다. 선을 넘으면 단호하게 거부하자.

공장지대의 임대수요 높은 빌라

월세받기 좋은 곤지암 빌라

정공장씨가 낙찰받은 물건은 경기도 곤지암에 있는 오래된 빌라였다. 이곳은 도심 한복판은 아니지만, 깊은 시골도 아니었다. 이런 애매한 지역은 의외로 투자하기가 좋다. 투자가치가 높지 않더라도 인근에 작은 공장이 많아 꾸준히 임대수요가 있기 때문이다. 그래서 공장에 근무하는 사람들을 대상으로 하는 신축 빌라들은 임대가가 꽤 높다.

이에 비해 정공장씨가 낙찰받은 물건은 상대적으로 저렴했다. 경쟁률도 낮아서 일정 수준 이상의 임대수익률도 확보할 수 있었다. 다른 집보다 조금 낡더라도 저렴한 월세를 찾는 사람들에게 제격인 집이었다.

낙찰가는 5400만원. 20평 물건으로 마음에 드는 금액에 낙찰을 받았다. 대출은 낙찰 금액의 80%인 4300만원을 받았고, 세금 등 인테리어까지 총 비용은 1500만원이 들어갔다. 만약 임대를 보증금 1000만원에 월세 50만원으로 받으면 투자금 약 500만원이 되고, 이자를 제외한 임대 수익은 약 30만원 정도가 된다. 보증금 2000만원에 월세 40만원으로 임대를 내면 500만원을 오히려 받을 수 있고, 임대수익은 20만원이 된다. 꽤나 성공적인 투자다.

명도와 인테리어를 성공적으로 마치고 새로운 임차인의 입주를 앞둔 시점, 그제서야 그는 내게 웃으며 말했다.

"인테리어 비용을 아끼려고 퇴근 후 와서 페인트칠하고, 주말마다 현장에서 살았어요. 수익에는 제 인건비가 많이 들어있을 거예요. 뿌

듯합니다."

　그의 말이 맞다. 경매에는 투자자의 땀과 피가 고스란히 녹아 있다. 가만히 앉아서는 경매에서 절대 이익을 남길 수 없다. 발로 뛰는 투자, 그것이 바로 경매다.

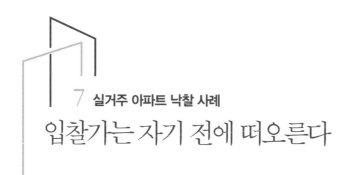

7 실거주 아파트 낙찰 사례
입찰가는 자기 전에 떠오른다

이 아파트 참 나도 살고 싶다

처음에 김거주씨는 경매 소액투자를 목표로 했다. 그런데 수업을 듣다 보니 직접 집을 낙찰받아 이사를 하고 싶어졌다. 그래서 전보다 더 공격적으로 입찰을 했지만 번번이 패찰을 했다. 지금 사는 집이 팔리기 전이라 입찰가를 자신 있게 쓰지 못했던 것이 그 원인이었다.

"물건을 계속 보다 보니까 제가 이사 가고 싶어지는 거예요. 다섯 번 정도 입찰했는데 전부 패찰이 됐어요. 이번에는 꼭 낙찰받고 싶었어요. 최근에 저희 집이 팔렸었거든요. 집이 팔리기 전과 후는 마음가짐이 다르더라고요."

입찰에 여러 번 도전하다 보면 자연스럽게 적정 입찰가를 파악하게 된다. 경험으로 알게 되는 것이다. 그래도 계속 패찰하는 이유는 어딘가 확신이 없고 불안하기 때문이다. 그것이 입찰가로 드러난다.

불안은 두 가지 종류가 있다. 첫 번째는 경험이 부족해서 자신 있게 입찰가를 적지 못할 때다. 이러한 두려움에는 공부가 필요하다. 권리분석과 가치판단에 대한 것은 공부로 극복할 수 있다. 특히 다양한 경매 사례를 간접 경험해보는 것이 이 경우에 도움이 된다.

두 번째는 낙찰 후 행보를 확신하지 못해서다. 해당 매물이 이사를 할 만한 집인지, 투자할 만한 집인지에 대한 확신이 없는 등 낙찰 후의 행보가 모호한 경우다. 김거주씨는 살던 집이 팔리고 나자 드디어 자신 있게 입찰가를 쓸 수 있었다. 마음에 불안이 있다면 불안을 먼저 잠재우고 경매를 시작하자.

"이 아파트는 제가 잘 알았어요. 집 내놓고 나서 이사 갈 집을 찾으려고 많이 다닌 곳 중 하나거든요. 여긴 지금 하락장이라 실거래가가 들쑥날쑥해요. 매가가 낮을 때는 4억원 후반까지도 거래가 됐었지만 보통 5억 5000만원 정도 하거든요. 이러한 상황을 잘 알아서 입찰가 선정에 고민이 많았어요. 그런데 문득 선생님께서 '입찰가는 잠자리에서 생각하면 두둥실 떠오른다'고 하셨던 게 기억 나지 뭐예요. 그래서 전날 밤에 떠오른 금액으로 했어요. 좀 더 저렴하면 좋겠지만 실거주라 놓치기 싫었고 이 정도도 충분하다고 생각이 들었죠."

김거주씨는 자신감이 낙찰이라는 좋은 결과로 이어진 경우다. 만약 당신이 번번이 낙찰을 한다면 지금 내게 부족한 것이 무엇인지 곰곰이 생각해보자.

실수요자가 원하는 집

만약 당신이 김거주씨같이 자신이 살 집을 경매로 얻으려는 실수요자라면 어떻게 해야 할까? 실수요자들이 원하는 집들은 주로 대규모 아파트 단지다. 초품아(초등학교를 품은 아파트)에 중등 학군까지 있으면 더할나위없다. 이런 매물들은 지금도 경쟁이 치열하고, 대부분 실수요자들이 낙찰을 받는다.

보통 실수요자라면 일반 매매가 대비 10% 정도 저렴하게 낙찰받으면 된다. 그보다 더 좋은 가격에 낙찰을 받으려면 엄청난 행운이 주어져야 한다. 그런 일은 거의 없다. 그래서 투자자는 실수요자가 대기 중인 물건들을 낙찰받기 어려운 것이다.

실거주 아파트 경매에서 한 가지 더 주의할 점은 아파트는 동, 향, 층마다 가치가 다양하다는 점이다. 1층과 로열층의 가격이 다르고, 서향집이지 남향집인지에 따라 가격이 다르다. 그래서 최저 실거래가만을 기준으로 저렴한 여부를 판단하기 쉽지 않다. 항상 비슷한 물건의 매매 가격을 확인하는 습관을 가지자.

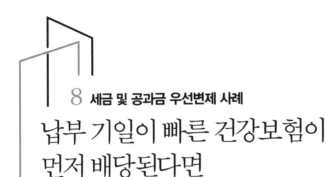

8 세금 및 공과금 우선변제 사례
납부 기일이 빠른 건강보험이
먼저 배당된다면

항상 의외의 일이 생긴다

"선생님, 저는 낙찰을 받고 전세를 제대로 놓을 수 있다는 자신이 있었어요. 그런데….."

즐거운경매 멤버인 이회원씨는 어떻게 이토록 자신 있을 수 있었을까? 바로 앞선 몇 차례의 성공적인 경매 경험과 평소 이 지역에 대해 조사를 무척 많이 한 덕분이었다. 이 지역의 물건들을 자신보다 많이 아는 사람은 없을 거라고 말할 정도였다.

이회원씨가 받은 물건의 낙찰가는 1억 3600만원이었고, 전세는 1억 4500만원에 나갔다. 원래 천안은 매매가와 전세가의 차이가 그리 크지 않다. 보통 3000~4000만원 정도 차이가 나는 편인데, 이 물건은 저렴하게 낙찰받았고 다행히 인테리어비도 안 들었기에 무피 투자가 가능했다.

그런데 명도 진행 중 예상치 못한 문제가 발견됐다. 임차권등기가 된 물건이었던 것이다. 임차인은 이미 이사를 나가 임차인의 보증금에 관한 권리는 보증보험에서 인수한 상태였다. 곧바로 낙찰자는 명도를 위해 보증보험에 연락을 했다. 이런저런 사정을 설명하자 보증보험에서는 간단하게 말을 하고 수화기를 뚝 끊었다.

"잔금납부가 확인되면 바로 비밀번호를 알려드리겠습니다."

이 이야기는 바로 명도랄 게 없이 끝이 났다는 말이다. 이제 좀 수월하게 잘 진행이 되는가 하는데, 또다시 법원의 잔금배당에서 문제가 생겼다.

서류 열람은 필수

이회원씨는 잔금배당 과정에서 나에게 이렇게 질문을 해왔다.

"선생님, 건강보험도 먼저 배당되는 건가요?"

나는 이 말을 듣자마자 아차 싶었다. 건강보험의 배당은 명도가 쉬운 것처럼 느껴졌던 이 물건의 숨은 복병이었던 것이다. 이 물건에는 법정기일이 빠른 건강보험료 미납이 있었다. 4순위 우선변제권은 순서대로 배당을 받는데, 세금과 공과금은 법정기일순서로 배당이 된다. 법정기일은 입찰 전 고지되지 않기에 낙찰되기 전까지 확인할 수 없다.

이회원씨는 몹시 당황했지만, 자세히 알아보니 건강보험의 배당금은 약 200만원으로 소액이었다. 천만다행이었다. 금액이 조금만 더 많았어도 크게 손해를 볼 수 있었다.

그래서 선순위 임차인이 있는 물건을 낙찰받으면 서류 열람을 바로 하는 것이 중요하다. 내가 미처 인지하지 못했던 서류상의 문제를 빠르게 발견할 수 있기 때문이다.

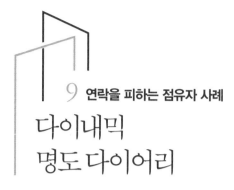

다이내믹
명도 다이어리

영화보다 더 영화 같은 이야기

첫 경매 입찰에 시세보다 8000만원가량 저렴하게 물건을 낙찰받은 주성공씨, 그의 파란만장한 낙찰 이후의 명도 과정을 공개한다. 이제 이 책을 읽고 있는 당신은 타임라인만 봐도 명도에서 어떤 일이 일어나는지 짐작이 가능할 것이다.

주성공씨는 낙찰받은 후에 여러 차례 물건지를 방문했지만 점유자는 쉽사리 만나주지 않았다. 주성공씨가 이 건물을 낙찰받은 4월 24일부터 점유자를 처음 만나게 되는 6월 22일까지, 약 두 달간 점유자는 낙찰자를 피해다닌 것이다.

이렇게 명도 기간이 예상보다 늘어지면 감정소모도 상당할뿐더러

금전적 손해도 이만저만이 아니다. 이런 경우 명도를 어떻게 풀어나가
야 하는지 타임라인을 살펴보도록 하자.

점유자 대면까지의 타임라인

4월 24일 낙찰 후 물건지 방문(점유자 만나지 못하고 메모 남김)

4월 28일 내용증명 인터넷 발송(1차)

5월 19일 물건지 방문(두 번째 메모 남김) 관리사무소에 연락 요청했지만 거절됨

6월 7일 잔금납부 및 소유권이전
인도명령 신청(신청 이유서 첨부-매각물건명세서상 대항력 임차인이 있
는 것으로 가정되어 증빙서류와 이유 작성) 내용증명 인터넷 발송(2차)

6월 9일 인도명령 접수완료

6월 12일 인도명령 인용, 점유이전금지가처분 전자소송

6월 14일 물건지 방문(세 번째 메모 남김)

6월 15일 인도명령 결정문 채무자에게 도달, 물건지 방문(네 번째 메모)

6월 16일 담보제공명령등본 도달 및 담보제공, 물건지 방문(다섯 번째 방문)

6월 17일 오전 8시 물건지 방문(여섯 번째 방문), 오전 10시 물건지 방문(일곱 번째
방문-저녁 재방문 메모), 점유자 첫 연락(제발 찾아오지 말라며 6월 22
일 집에서 만나기로 함)

6월 19일 점유이전금지가처분 결정문 송달 및 도달, 내용증명 발송(3차)

6월 22일 점유자 첫 대면

드디어 그를 만났다

명도를 거부하는 점유자를 만나기까지 2개월이 걸렸다. 지난한 시
간이었다. 애초에 집에서 만나기로 하였으나 사정이 있다면서 밖에서

보자고 연락이 왔다. 점유자는 변호사 사무실 부장이라는 사람을 대동하고 나타났다. 그가 기세등등하게 뭐라도 아는 양 쏟아내며 말한다.

가만히 지켜보던 주성공씨는 듣다 못해 한마디했다.

"당사자끼리 얘기할 테니 그만 돌아가시던지, 있으려면 조용히 계시죠."

주성공씨의 카리스마가 폭발했다. 부장이라는 자가 조용해졌다.

"아~, 그게 이래서 저렇고."

점유자의 히스토리가 30분 넘게 이어졌다.

"이런 이유로 이사비 1000만원을 주면 나가겠어요. 그 전에는 절대 못 나가요."

주성공씨는 그만 웃음을 터트리고 말았다. 본인도 무안했는지 점유자도 같이 웃어버렸다. 웃음이 잦아들자 주성공씨가 단호하게 말했다.

"6월 말까지 이사하시면 100만원 드리겠습니다. 그 이후에는 단돈 10원도 못 드립니다. 그리고 제 할 말은 전했으니 더 이상 연락을 하지 않겠습니다. 다음에 저를 본다면 법원 직원과 함께 방문할 때일 것입니다. 궁금한 게 있거나 도움이 필요하시면 점유자님 쪽에서 직접 연락 주십시오."

너무나 단호한 주성공씨의 태도에 점유자는 당황한 기색이 역력했다.

태도는 단호하게, 메시지는 명료하게

이야기가 진행되는 동안 부장이라는 사람은 아무 소리 못하고 팔짱을 끼고 근엄하게 서 있었다. 주성공씨는 명도 대화를 계속 이어갔다.

"어디서 어떤 조언을 받으시는지 모르겠습니다만 지금부터 선생님을 도와드릴 수 있는 사람은 저밖에 없다는 것을 명심하십시오. 못 믿으시겠다면 제가 상담료를 지불해드릴 테니 변호사, 법무사 사무소에서 제대로 된 상담을 받아보십시오."

이 정도 되니 부장은 더 이상 얘기할 필요가 없다며 점유자의 팔을 당기며 가자고 성화다.

"변호사가 아니라 판사 할아버지가 와도 집행권으로 공권력을 행사하면 못 막습니다. 그 피해와 마음의 고통은 가족이 다 짊어져야 합니다. 현명한 판단하세요."

"아. 제발 강제집행은 하지 말아 주세요."

그제야 점유자가 상황을 판단한 듯하다.

"그 결정은 제가 하는 것이 아닙니다. 점유자님이 현명하게 판단하셔야죠."

상황을 이해한 점유자는 바로 이사 준비를 시작했고, 6월 30일 명도를 완료할 수 있었다. 좀처럼 점유자와 대화가 안 통할 때는 명확하게 메시지를 전달하는 것이 좋다. 어차피 칼자루는 낙찰자가 쥐고 있기에 결국 이기는 게임이다.

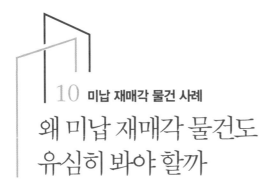

왜 미납 재매각 물건도
유심히 봐야 할까

낙찰자들이 잔금납부를 못하는 이유

낙찰자가 잔금납부를 하지 못하고, 미납을 하면 입찰할 때 제출했던 입찰보증금을 돌려받지 못한다. 법원에서 보증금을 전부 몰수해버리는 것이다. 보증금을 잃는 것은 낙찰자에게 치명적인 일일 테다. 그런데도 낙찰자가 미납을 하는 이유는 크게 세 가지이다.

물건의 하자가 있거나 권리상에 하자가 있을 때

물건의 하자는 천정에 물이 심하게 샌다거나, 생각보다 너무 낡아서 수리비용이 과도하게 드는 경우이다. 이러한 하자는 입찰 전 현장답사를 충분히 하면 미납을 방지할 수 있다. 만약 입찰 후에 심각한 하자를 발견한다면 합리적인 경우 매각불허가를 신청할 수도 있다. 매각물건명세서에 나오지 않은 물건의 심각한 하자는 불허가를 해주기도 한다. 단 이때 불허가 여부는 판사의 재량이다.

권리상 하자는 권리분석의 실수를 말한다. 인수해야 할 선순위 임차인이 있는 물건을 모르고 낙찰받는 경우이다. 의외로 이런 이유로 보증금을 잃는 입찰자가 많다. 이 경우 다른 방법이 없다. 권리분석 공부는 필수이다.

낙찰을 너무 비싸게 받았을 때

경매 입찰은 시세보다 저렴하게 낙찰받기 위함이다. 그런데 자칫하여 시세보다 더 높은 가격으로 낙찰받으면 잔금납부 여부를 고민하게 된다. 지나치게 높은 가격에 낙찰받았다면, 보증금을 잃는 것이 손실을 줄이는 방법이기도 하다. 이러한 안타까운 실수는 충분한 현장답사로 막을 수 있다. 시세 조사만 제대로 했다면 이런 실수는 없을 것이다.

0을 하나 더 쓰는 오기입 낙찰도 있다. 1억원을 쓰려고 했는데, 10억원을 쓰는 경우이다. 이를 방지하기 위해 기일입찰표를 법원현장에서 작성하지 않고 집에서 작성하는 편이 좋다. 기일입찰표 양식은 미리 다운받을 수 있고, 자필이 아닌 컴퓨터 입력 후 프린트한다. 안정된 상태에서 작성하면 어이없는 실수는 하지 않을 것이다.

대출이 안 될 때

대출이 안 돼서 잔금납부를 하지 못하는 경우가 가장 많다. 신용의 문제일 수도 있고, 기존 대출이 많아 DSR에 걸려 대출이 안 나오기도 한다. 자신의 신용등급을 확인해서 대출 범위를 알아보는 것이 경매투자에 앞서 반드시 해야 할 일이다.

재매각 물건은 원인 파악이 중요

잔금미납을 하여 재경매가 나오면 이때 입찰보증금은 최저가의 20~30%가 된다. 입찰자들에게 신중하게 입찰하라는 법원의 메시지이다. 법원은 보통 경매가 빨리 진행되기를 바란다. 그렇다면 몰수한 보증금은 어디로 갈까. 법원이 가지는 것이 아니라, 다음번 재매각 후 배당할 때 다른 채권자들에게 더해서 배당이 된다.

미납이 된 후 재매각으로 나오는 물건은 새로운 기회가 된다. 정확한 미납의 원인이 공개되지 않기에 경쟁률이 뚝 떨어지기 마련이다. 입찰자는 미납 원인을 찾아내야 한다. 초보자는 이 과정이 어렵고 부담스럽지만 충분히 할 수 있다. 그렇다면 입찰자 미납 원인은 어떻게 찾을까?

먼저 문건접수내역을 열람하여 낙찰자가 특별한 행적을 보였는지 확인한다. 다음의 문건접수내역을 보면 매각기일인 4월 17일 낙찰자가 서류 열람(최고가매수신고인 열람및복사신청 제출)을 한 외에는 특별한 행적이 보이지 않는다. 물건에 심각한 하자가 있었다면 불허가를 시도했을 것이다.

두 번째로 낙찰가가 높은지 여부를 확인한다. 매우 높지는 않지만

문건접수내역	
접수일	접수내역
2022-09-26	채권자 주〇〇〇 〇〇〇〇〇〇〇 보정서 제출
2022-09-28	등기소 광〇〇〇〇〇 〇〇〇〇 〇〇〇 등기필증 제출
2022-10-12	집행관 김〇〇 현황조사보고서 제출
2022-10-13	채권자 주〇〇〇 〇〇〇〇〇〇〇 주소보정서(주〇〇) 제출
2022-10-14	감정인 (주)〇〇〇〇〇〇〇〇 감정서 제출
2022-10-31	기타 김〇〇 감정평가서 제출
2022-11-23	채권자 주〇〇〇 〇〇〇〇〇〇〇 법무사기록열람신청서 제출
2023-02-27	집행관 김〇〇 기일입찰조서 제출
2023-04-10	집행관 김〇〇 기일입찰조서 제출
2023-04-17	최고가매수신고인 열람및복사신청 제출
2023-08-07	집행관 김〇〇 기일입찰조서 제출
2023-08-09	최고가매수신고인 열람및복사신청 제출
2023-09-11	최고가매수인 매각허가결정등본
2023-09-19	최고가매수신고인 등기촉탁공동신청 및 지정서 제출
2023-09-19	최고가매수신고인 부동산소유권이전등기촉탁신청서 제출
2023-10-05	채권자 주〇〇〇 〇〇〇〇〇〇〇 채권계산서 제출

문건접수내역

저렴하진 않은 낙찰가라면 미납 원인이 될 수 있다. 세 번째 대출여부
는 우리가 알 수 없는 부분이다. 이러한 부분을 잘 검토한 뒤 입찰에 임
한다면 크게 실수하는 일은 없을 것이다.

경매
고수로 가는
가장 쉽고
빠른 길

나는
돈이
없어도
경매를
한다

5장

이것만
알면 된다!
경매
7단계

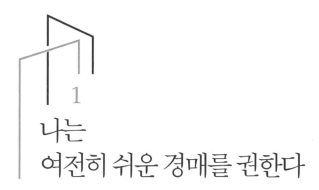

1
나는
여전히 쉬운 경매를 권한다

대부분은 쉬운 물건이다

일상에서는 법이 없어도 살아가는 데 아무런 문제가 없다. 나쁜 짓을 해서 경찰에 잡혀가거나, 소송에 휩싸이지 않는다면 법원에 갈 일이 뭐가 있을까. 일반인에게 법원은 별로 가고 싶지 않은 장소다. 평생 살면서 법원 근처에 가볼 일이 없는 사람이 대부분일 것이다.

그런데 경매는 법원에서 관할하는 부동산 거래다. 경매를 하려면 법원을 내 집처럼 드나들어야 한다. 법원에 가기 전에는, 입찰을 할 집에 어떤 법률적인 문제가 있는지 확인도 해야 한다. 당연히 알아야 할 법률과 판례들이 너무 많다. 법을 잘 몰라서 하는 실수의 대가는 무시무시하다. 입찰보증금을 몰수당할 수도 있고, 잔금을 납부한 후라면 투자

한 돈을 몽땅 날릴 수도 있다. 이런 돈이 10~20만원이 아니라 1~2억이라면…. 아차 하는 순간에 가지고 있던 모든 재산을 부동산에 확 묶어버리게 되는 것이다. 그래서 경매가 어렵다.

경매를 시작할 때 나는 법을 거의 몰랐다. 그런데 어떻게 경매를 할 수 있었을까. 간단하다. 법률관계가 간단한 물건에만 입찰을 하는 것이다. 법률적인 권리관계가 간단한 물건은 해결도 간단하다. 이런 물건을 일반물건이라고 한다. 반대로 권리관계가 복잡하고 법률적으로 해결할 일이 많은 물건을 특수물건이라고 한다.

초보자는 일반물건을 보면 된다

일반물건은 법률관계가 명확한 물건이다. 입찰보증금을 몰수당할 일이 없고, 채권자들은 정해진 순서대로 배당을 받아가고, 점유자는 낙찰자에게 대항하지 않고 이사를 나갈 집이다. 감사하게도 이런 심플한 권리관계를 가진 일반물건이 어려운 특수물건보다 수적으로도 월등히 많다. 반대로 특수물건은 권리관계가 애매하거나 복잡한 점을 역이용해 다른 방법으로 수익을 내는 물건이다.

권리관계가 애매한 물건의 예를 하나 들어보자.

말소기준권리보다 먼저 전입신고를 하고 배당을 신청하지 않은 임차인을 '미상 선순위 임차인'이라고 한다. 미상 선순위 임차인은 보증금을 돌려받을 권리가 있지만, 배당신청을 하지 않아 법원에서 보증금을 배당받지 않으므로 낙찰자가 보증금을 따로 내주어야 한다. 따라서 낙찰자는 임차인의 보증금을 반환할 금액만큼 싸게 낙찰을 받아야 한다.

그런데 만약 이 선순위 임차인이 집주인의 가족이거나 이해관계인이라면 위장임차인이므로 보증금을 반환할 필요가 없다. 따라서 낙찰자가 임차인의 보증금만큼 싸게 낙찰을 받았고, 임차인이 위장임차인임을 밝혀내어 보증금 반환을 하지 않아도 된다면 그 금액만큼 돈을 벌게 되는 셈이다.

다시 말해 위장임차인을 색출해 낼 자신이 있다면 이런 물건을 낙찰받아 수익을 낼 수 있다. 하지만 예상과 달리 임차인이 진짜 임차인이라면 일이 잘못될 수도 있을 것이다.

권리가 쉽고 명도가 간편한 집

쉬운 일반물건을 낙찰받다 보면 특수물건에 도전하고 싶은 욕심이 생긴다. 그래서 나도 법정지상권, 부실채권(NPL), 상가나 토지 관련 강의를 열심히 들으러 다녔다. 물건조사도 하고, 입찰도 하고, 낙찰을 받기도 했다.

열심히 공부를 했고 몇 차례 도전도 해봤지만 당시의 나는 특수물건에 큰 흥미를 느끼지 못했다. 특수물건의 세계에서는 아직 햇병아리여서 그런지 모르지만, 특수물건 하나를 할 노력과 시간과 비용으로 일반물건 두 개 하는 게 더 낫다는 게 과거 나의 생각이었다. 하지만 경매 경험이 쌓인 지금은 생각이 달라졌다. 요즘은 유치권 있는 물건, 짓다가 만 건물 등 특수물건의 재미에 푹 빠져 있다. 막내가 다 크면 복잡한 권리의 특수물건을 주로 해볼 생각이다. (아이들 키울 때는 에너지를 모두 일에 쏟기 힘들다.)

이 책에서는 기본적으로 일반물건에 대한 기본 지식과 나의 경험을 주로 다뤘다. 처음 시작할 때는 권리가 쉽고 간편한 집을 고르는 것에 집중해야 하기 때문이다. 그러나 경매를 하다 보면 특수물건을 마주할 때가 온다. 이를 위해 특수물건에 대한 상식과 사례들도 쉽게 풀어놓았으니 참고만 하자.

지금부터 경매 7단계에 대해 상세히 알아보도록 하겠다. 그동안 헷갈렸던 것들이 한 번에 이해되는 느낌을 받을 것이다. 그럼 본격적으로 경매 공부를 시작하자.

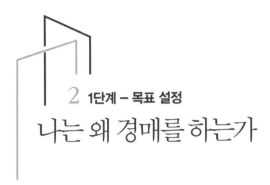

나는 왜 경매를 하는가

왜를 고민하라

부동산 경매를 시작하기 전에 목표를 확실히 설정하는 게 중요하다. 실제 거주하려고 하는 집을 경매로 구매하려고 하는지, 아니면 부수입을 위한 투자로서 경매를 하려고 하는지에 따라 고려할 것이 달라진다.

내 집 마련을 경매로 할 때는 '내가 어떤 집에 살고 싶은지'에 초점을 맞춰 물건을 찾아야 하고, 투자로 접근할 때는 '얼마나 수익이 남는지'를 기준으로 경매에 임해야 한다.

이제 자신의 목표를 정했다면, 경매를 시작할 때 드는 최소한의 비용에 대해 살펴보자.

나는 얼마나 감당할 수 있을까

집을 살 때 온전히 내 돈으로만 사려면 매우 긴 시간이 필요하다. 빚에는 좋은 빚과 나쁜 빚이 있다. 월세나 생활비와 같이 써서 사라지는 용도의 빚은 나쁜 빚이다. 나쁜 빚은 두려워해야 한다. 그러나 월세를 사는 당신이 빚을 내서 집을 산다면 이 빚은 좋은 빚으로 바뀐다.

대체로 주택담보대출은 5~6%, 마이너스 통장 대출은 6~9%, 저축은행과 제2금융권은 14~15%의 이자를 받는다. 주택담보로 1억원을 연 5%로 대출받으면 월 상환금액은 40만원이다. 만약 월세로 40만원을 내고 있다면 차라리 내 집을 갖고 이자를 내는 것이 낫지 않을까? 다만 원금상환도 해야 하니 감당할 수 있는 이자금액을 최대로 잡으면 곤란하다.

당신 마음에 드는 1억원짜리 집이 경매에 나왔다고 해보자. 입찰하는 날 필요한 돈은 10%의 보증금 1000만원이다. 집값의 60%를 대출받는다고 치자. 이미 낸 1000만원과 대출로 마련한 6000만원을 제외하면 한 달 뒤 내야 할 잔금은 3000만 원이다. 결과적으로 내가 준비해야 할 총 자금은 입찰가 1억원에서 대출금액을 뺀 4000만원이다.

2억짜리라면 처음에 보증금으로 2000만원, 대출로 1억 2000만원, 한 달 후 6000만원이 필요하다. 순전히 내가 준비해야 할 자금은 총 8000만원이 된다. (계산을 단순하게 하기 위해 각종 비용은 넣지 않았고, 저렴하게 낙찰받았을 경우 낙찰가의 80%까지 대출이 가능하다.)

단순 계산으로 따졌을 때 전세보증금이나 묶인 돈을 제외하고 당장 쓸 수 있는 돈이 집값의 40% 이상 있어야 경매 레이스에 뛰어들 수 있다는 얘기다.

게다가 당신은 아직 명도를 마치지 못해서 새 집에 들어갈 수 없다. 그러니 전세금을 빼기도 어려워 잔금 낼 돈이 없다. 이럴 때 2~3개월만 쓰고 바로 갚을 수 있는 돈을 융통할 수 있어야 한다. 지인에게 빌리거나 다른 대출을 이용하는 등 여러 가지 방법이 있다. 잔금을 마련할 길이 없다면 전셋집을 먼저 비워주는 것도 방법이다. 짐은 이삿짐센터에 보관하고, 다른 곳에서 몇 달 기거하는 불편을 감수하면 된다.

나는 내가 가입한 보험회사에서 약관대출을 받는다. 가입한 지 오래된 연금과 종신보험에서 대출을 받아 3개월만 쓰고 바로 상환한다. 보험대출은 신용도에 영향이 없으면서 언제라도 꺼내서 쓸 수 있는 나의 보쌈 주머니다.

절대 서두르지 마라

경매를 투자로만 접근하면 상관없지만 내가 살 집을 직접 경매로 구매하려고 하면 고려해야 할 것이 많다. 먼저 지금 전세를 살고 있다면 집을 낙찰받고 나서 명도가 어느 정도 확실해진 후에 집을 내놓아야 한다. 전셋집은 빨리 나가고, 명도는 시간이 걸리기 때문이다.

현재 내 집에 살고 있다면 부동산 시장 상황에 따라 집을 먼저 내놓을 것인가 아닌가를 판단해야 한다. 부동산 침체기에는 집이 잘 안 팔리기 때문에 집이 팔리고 나서 낙찰을 받아야 한다. 반대로 호황기에는 파는 사람이 우위에 있으므로 이사 갈 집을 낙찰받고 나서 살던 집을 팔아도 된다.

당신이 원하는 집은 누구나 원하는 집이고, 그런 집을 싸게 사려면 시간과 노력이 필요하다. 결혼 예정일이나 전세만기일이 정해져 있다면 적어도 6개월 전부터 부지런히 움직여야 한다.

2~3개월은 지역을 탐색하고 원하는 물건을 찾는 시간이다. 끈기 있게 입찰해서 당신이 원하는 집을 낙찰받아야 하고, 명도하는 시간도 필요하다. 이 모든 과정에 내 시간이 든다.

집을 보기 위해 어딘가로 다녀와야 하고, 법원에 가야 하며, 낯선 사람을 만나야 한다. 당신과 같이 이 일을 할 누군가를 찾아보라. 부부, 연인, 가족과 함께하면 더 좋다. 가족 중에 함께할 사람이 없다면 투자 커뮤니티 사이트에서 만난 동료와 함께하는 것도 방법이다. 혼자 하면 두렵지만 같이 하면 훨씬 수월하다.

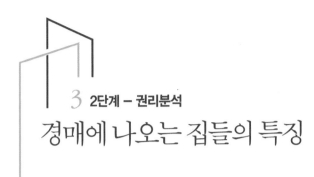

경매에 나오는 집들의 특징

모두 사연이 있다

내가 살고 싶은 집을 정했다면, 그다음은 경매 사이트에서 집을 골라야 한다. 경매에 나오는 집들은 어딘가에 문제가 있는 집들이다. 물건을 잘 고르는 사람은 약간의 흠으로 인해 할인매장으로 넘겨진 정품을 골라 사는 사람이다.

제대로 된 물건을 고르기 위해 경매에 나오는 집들은 도대체 어떤 문제로 할인매장에 나오게 되는지 알아보자.

1. 돈 문제

가장 흔하게 만나는 것은 돈 문제다. 집을 살 때 대출받은 돈(근저당권), 다른 이유로 집을 담보로 대출받은 돈(저당권), 빌려 쓰고 갚지 못한 돈(압류, 가압류) 등이다.

집주인이 빌린 돈이 집값보다 많으면 집을 팔아도 빚을 갚지 못하니 일반매매를 할 수 없다. 집주인이 빌린 돈이 집값보다 적은 금액이라면 일반매매가 가능하지만, 등기부등본이 복잡한 경우 집을 사려는 사람이 꺼리기 때문에 거래가 잘 안 되어서 경매에 나오기도 한다.

근저당권

집을 살 때 받은 대출이 있다는 표시다. 소유권이전과 동시에 이루어지는 경우가 많다.

저당권

집을 담보로 빌린 대출의 표시다. 근저당권은 장래 이자까지 포함한 금액을 등기하고, 저당권은 담보금액만 등기한다는 차이가 있다.

(가)압류

빚쟁이가 돈을 받아낼 수 있도록 법원에서 강제로 집주인의 재산을 처분하지 못하게 하는 절차다.

2. 권리 문제

권리는 돈으로 해결할 수 있으니 이것도 엄밀히 따지면 돈에 관련된 문제이지만 편의상 권리 문제라고 하자. 전월세 임차인이 계속 살 수 있는 권리(대항력, 전세권), 인테리어 업자가 돈을 받을 때까지 점유할 권리(유치권), 애초부터 이 집을 사기로 예정된 사람의 권리(예고등기, 가처분등기) 등이 그것이다.

법에서 말하는 권리들은 특히나 용어가 생소하다. 하지만 일반적으로 자주 쓰는 용어는 많지 않으니 걱정 마시라.

대항력
전월세를 사는 사람이 그 집에 계속 살 수 있는 권리.

전세권
전세금을 돌려받을 수 있는 권리. 전입과 확정일자가 안 된 전세권은 보증금을 지킬 수 없는 경우도 있다.

예고등기
부동산 소유권에 문제가 있어서 소송 중임을 알리는 것(2011년 10월 이후에는 폐지).

가처분등기
집을 판 사람이 다시 팔지 못하게 금지한다는 등기.

임차권
임대차계약에 의해 집을 사용할 수 있는 권리. 전입일자와 확정일자로 발생한다. 임차권은 최우선변제권을 가질 수 있지만 전세권은 안 된다.

물건을 알고 나를 아는 것

권리분석은 간단히 말하면 이렇게 정리할 수 있다.

첫째, 부동산의 권리 상태를 확인한다. 부동산 경매가 진행됐다는 건 여기에 딸린 권리들이 존재한다는 뜻이다. 채권자가 어떤 이유로 경매를 넣었고, 그 과정에 집주인이 어떻게 했는지, 이 집에 임차인이 있다면 그들의 대항력 유무를 판단하는 것이다. 이 집에 딸려 있는 권리를 해석하는 것이 첫 번째이다.

둘째, 권리분석은 이 물건의 권리가 나와 상관있는지를 판단한다. 먼저 이런 질문을 떠올려야 한다.

'이 권리, 과연 내가 해결 가능한가?'

대항력이 있는 임차인이라도 '내가 이거 해결할 수 있어. 나 이거 해결할 자신 있어'라면 대항력이 있는 선순위 임차인의 물건을 낙찰받기도 한다. 알 수 없는 임차인이라도 '이 사람이 누군지 난 알아, 어떤 상황인지 이해가 다 돼' 하면 도전할 수 있고, '난 도대체 이 상황이 이해가 안 돼'라면 안 하면 된다.

물건에 대한 해석을 먼저 하고, 스스로 이 물건을 해결할 수 있는 능력이 있는지를 판단하기까지가 권리분석이다. 공부를 제대로 한 사람은 할 수 있는 물건이 더 많을 것이다. 물건의 권리가 이해가 안 된다면 확실한 것만 골라서 하면 된다.

그렇다. 권리분석은 선택의 문제이다. 판단의 기초자료는 서류를 통해 법원에서 다 알려준다. 우리는 그 서류를 보고 해석할 수 있으면 된다. 지금부터 직접 해보자.

4 **2단계 – 권리분석**
등기부등본 보는 법

등기부등본을 파헤쳐보자

보통은 등기부등본이라고 말을 하는데, 등기사항전부증명서가 원래 이름이다. 집을 사고 파는 거래를 할 때 공인중개사가 보여주면서 자세히 설명해주는 서류이다.

그런데 등기부등본을 어떻게 해석하는지 누구도 학교에서 배운 적이 없을 것이다. 내가 관심 있는 집에 권리상 문제가 없는지 공식적으로 확인하는 중요한 문서인데, 이를 해석할 줄 모르면 사기를 당할 수도 있고 제대로 된 투자를 하지 못할 수도 있다. 사는 데 필요한 지식이므로 이번에 제대로 짚어보자.

등기부등본은 세 가지 파트로 이루어져 있다. 바로 표제부, 갑구, 그리고 을구다.

표제부

표제부는 사람으로 치면 인적사항이다. 이 집이 언제 태어났고, 면적은 얼마나 되고, 무엇으로 지었고, 몇 층으로 되어 있는가 하는 것들이다.

집합건물(아파트, 빌라 등의 건물)은 표제부가 두 파트로 나누어져 있다. 표제부 상단에는 1개동 전부에 대한 정보가 있고, 하단에는 해당 물건 전유부분에 대한 내용이 있다. 보통 전유부분에 대한 내용을 중심으로 본다.

해당 물건에 대한 전유부분의 대지권은 일반적으로 1000/10000 등

등기부등본 표제부 중 일부

으로 쓰여 있다. 1층, 2층, 3층 등 전유부분이 층층이 올라가 있기 때문에 이 땅을 온전히 내가 가졌다고 할 수는 없다. 그래서 집합건물은 토지지분을 고려한 대지권으로 표현한다.

대지권(대지권 없음, 토지별도등기)

집합건물인데도 간혹 대지권 표시가 안 된 경우들이 있다. 특수한 이유로 등기부등본이 다 정리가 안 되면 대지권이 표시되지 않는다. 그 이유는 몇 가지가 있다.

첫째, 새 아파트인 경우다. 일단 등기부등본은 나왔는데 아직 대지권 설정이 안 나온 것이다. 이는 괜찮다. 새 아파트의 서류가 미처 정리가 안 된 것뿐이다. 시간이 지나면 해결된다.

둘째, 오래된 건물들 중 가끔 대지권 설정이 누락된 것이 있다. 과거 등기부등본이 시스템상의 이유로 대지권이 누락되어 몇십년씩 흐른 것이다. 이때도 대지권 없음으로 나오는데, 실제 토지에 대한 권리가 있다면 괜찮다. 해당 단지가 모두 대지권이 없는 상태로 거래되고 있는지 확인하면 된다.

셋째, 때로는 물건의 토지 등기가 아직 살아있는 경우도 있다. 기존 토지 등기가 없어지고 집합건물 등기부등본으로 들어가야 되는데, 토지 등기가 아직 살아있는 경우를 '토지별도등기'라고 한다. 또한 건물 밑에 지하철이 지나가면, 토지 밑에 지상권이 설정돼서 토지별도등기가 된다. 역세권이라는 뜻이다. 역시 괜찮다.

넷째, 문제가 되는 건 집에 대한 분양대금을 완납하지 않은 경우다.

다른 집들은 전부 대지권이 있는데 이 집만 대지권이 없는 경우가 간혹 있다. 이때는 분양대금이 제대로 완납되었는지 확인한다.

투자를 하다 보면 '대지권 없음'이라는 단어를 종종 볼 수 있기 때문에 대처해야 하는 방법을 알아봤다. 이 단어를 발견했을 때는 정황상 문제가 없는지 잘 살펴보아야 한다. 대지권은 집합건물에만 있다는 것을 다시 한 번 알아두자.

갑구

갑구는 집주인이 주인공이다. 건물을 지으면 보존등기를 하고, 매매를 하면 매매금액이 기재된다. A가 매매로 샀고, 자식인 B에게 증여를 했고, C가 경매로 낙찰받은 어떤 집에 대한 히스토리가 갑구에 쓰여 있다. 이처럼 갑구를 보면 최초의 소유자로부터 현재 소유자까지의 변동 사항을 모두 알 수 있으며 가압류, 압류, 가처분, 가등기, 경매개시결정 등기 등의 여부도 확인할 수 있다. 소유자 이름과 주민등록번호 앞자리까지 파악할 수 있어 필요할 때 도움이 된다. 예전에는 주민등록번호의 뒷자리로 남녀를 알 수 있었지만 현재는 주민번호 앞부분만 공개되어 있다.

을구

을구는 집이 주인공이다. 근저당 설정이 되면 해당 사항이 을구에 들어간다. 이외에도 소유권 이외의 권리인 전세권, 임차권, 지역권, 지상권 등의 설정과 이들 권리들의 이전, 변경, 정정, 말소 등을 알 수 있다. 대표적으로 예를 들면 B가 소유자일 때 하나은행에서 대출을 받았는데, C가 이 물건을 낙찰을 받으면서 다시 새마을금고로 대출을 받았다고 해보자. 그렇게 되면 이전 하나은행은 빨간 줄이 그어지며 말소가 되고, 다시 새로운 근저당이 기재된다. 이런 식으로 집의 역사가 차례로 기재된다.

갑구 — 소유 내용의 변천사

갑구에는 소유권과 관련된 내용이 기재된다. 이 집은 1995년도에 매매되어 60년생 남자인 장○○가 소유주다(❶). 2007년 3월 가압류가 있다(❷). 집주인이 빚을 갚지 않아 빚쟁이가 압류를 한 것이다. 건강보험공단에서 압류한 것으로 보아 의료보험도 연체되었다(❸).

등기부등본 갑구

을구 — 소유권 이외의 권리

을구는 소유권 이외의 권리를 기재하는 곳이다. 집을 담보로 한 근저당이 주택은행 (현 국민은행)에 의해 1995년도에 설정되었다(❶). 순위번호 2번을 보면 1998년에 집을 담보로 추가로 돈을 빌렸다(❷). 빨간 줄이 그어진 것은 빚을 상환해서 말소한 것이므로 현재는 없는 것이다(❸).

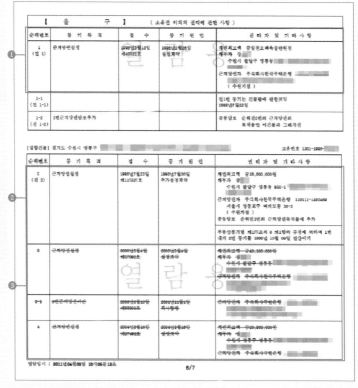

등기부등본 을구

미등기 부동산의 경우

아예 등기부등본이 없는 부동산도 있다. 아파트 매매나 전셋집을 찾다 보면 새 아파트인데도 주변 시세보다 상당히 저렴한 경우가 있다. 여러 가지 사정으로 아직 등기가 안 된 미등기 아파트다.

미등기 아파트는 입주를 시작한 지 1년 미만인 곳이 대부분이다. 서울 강남구 디에이치퍼스티어아이파크, 서초구 래미안원베일리, 동대문구 청량리역 롯데캐슬 등 입주 1년이 안 된 아파트는 일반적으로 아직 등기가 되어 있지 않다.

하지만 공덕자이처럼 수년이 지났는데도 미등기인 곳도 있다. 공덕자이는 2015년 준공됐지만 8년째 등기가 나지 않고 있다. 그래서 부동산거래 내역을 국토교통부 실거래가시스템과 서울시 통계에서 찾기가 어렵다. 아직 등기되지 않아 입주권이나 분양권 거래로 분류되고 있기 때문이다. 재개발·재건축 단지는 분담금 산정 등으로 길게는 수년 동안 등기가 지연되기도 한다.

이렇듯 미등기 부동산은 물건 자체에 문제가 있는 것은 아니지만 주택자금대출, 전세대출 등 주거 관련 대출이 쉽지 않다. 매입 시 자금 계획을 세울 때 이를 반드시 염두에 둬야 한다.

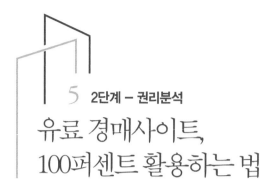

5 2단계 – 권리분석
유료 경매사이트,
100퍼센트 활용하는 법

권리분석에 자신이 없다면

대한민국 법원경매정보 사이트에서도 무료로 경매물건에 대한 내용을 확인할 수 있지만 투자자들은 대부분 유료 경매사이트를 이용한다. 경매물건에 대한 기본 정보는 물론, 권리 및 입지 분석을 각 사이트에서 편리하게 제공하기 때문이다. 신뢰할 만한 유료 경매사이트를 이용한다면 어려운 권리분석도 쉽게 할 수 있다.

나는 주로 '리치고(m.richgo.ai)'라는 유료 경매사이트를 이용한다. 이 사이트는 지도를 통해 경매물건을 쉽게 찾을 수 있고, 투자에 대한 각종 정보를 제공하여 누구나 경매에 도전할 수 있게 한다.

지금부터 리치고를 활용하여 물건검색, 등기부등본 확인, 권리분석

등을 하는 방법을 간단하게 알아보겠다. 다른 유료 경매사이트도 원리
는 비슷하므로 한 번 알아두면 도움이 될 것이다.

리치고로 경매물건 검색하기

리치고 홈페이지에서 좌측 상단의 경매를 클릭한다(❶). 전국의 경
매물건 리스트가 나타난다(❷). 다양한 필터를 선택한다. 지역을 설정
하고, 1회 유찰된 물건만 별도로 선택할 수 있다. 내가 주로 설정하는
필터는 다음과 같다.

- 원하는 지역을 설정한다.
- 유찰 회수는 2회 내로 지정한다.
- 원하는 부동산의 종류를 결정한다.

리치고의 경매 물건 리스트

이제부터 마음에 드는 물건의 상세페이지를 클릭해보자. 2022타경 8770 사건번호를 예를 들어 설명하겠다. 상세페이지의 첫 화면에는 경매물건의 기본 정보부터 나타난다. 물건의 정확한 소재지, 입찰일, 감정가, 법원에서 찍은 물건의 사진 등을 볼 수 있다.

이 물건은 경기도 광교에 있는 오피스텔로 감정가는 4억 2600만원, 현재 1회 유찰이 되어 최저가가 2억 9820만원이다. 관공서 및 오피스가 많은 광교에 위치해 오피스텔의 수요가 많은 지역으로 예측된다.

리치고의 물건 상세페이지

리치고로 권리분석하기

기본 정보를 확인하고 권리분석을 하기 위해 매각물건명세서의 임차인 권리와 등기부등본을 살펴보자. 매각물건명세서의 내용은 '매각물건명세서 PDF' 버튼을 클릭하면 법원에서 등록한 원본 내용이 나온다(❶).

또한 화면에서는 '매각명세서상 1명의 점유자가 있고 대항력 있는 점유자는 0명이에요'라며 친절하게 매각물건명세서를 요약해준다(❷). 점유자의 이름과 전입, 배당, 확정 일자도 확인하면 된다(❸). 다만, 유료사이트의 권리분석은 완벽할 수 없다. 스스로 권리분석을 할 줄 알아야 한다. 참고만 하자.

프리미엄 분석에서는 등기권리분석을 확인할 수 있다. 이는 갑구,

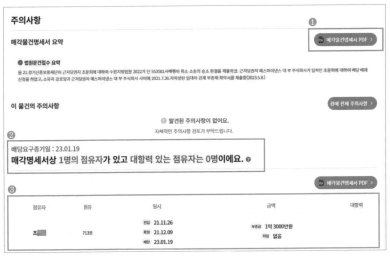

리치고의 매각물건명세서 요약

전체 임차인 배당표

순위	임차인	낙찰자인수금	보증금	대항력	배당사유	배당금	미배당금	배당신청
1	조■■	0원	1.3억	-	소액임차인	4.3천	8.7천	23.01.19
2	조■■	0원	1.3억	-	대항력 없는 임차인	0원	8.7천	23.01.19

👑 등기 권리 분석

집합건물

채권액합계 : 12억 3576만 7142원 〔PDF 등기부등본 PDF 〕

No	일시	권리종류	권리자	금액	권리
1(갑2)	21.07.02	소유권	강■■ (공유자)외 1	.	
2(을1)	21.07.02	근저당권	국민은행	2억 9760만원	소멸기준
3(을2)	21.07.26	근저당권	예스파이낸스대부	9750만원	소멸
4(갑4)	21.11.17	가압류	중소벤처기업진흥공단	7988만 6276원	소멸
5(을3)	21.12.09	근저당권	조■■	1억 9000만원	소멸

리치고의 등기권리분석

을구 상관없이 접수순으로 요약되어 있는데, 이때 접수 날짜는 매우 중요하다. 말소기준권리를 찾으려면 모든 권리를 열거했을 때 맨 먼저 등재된 권리를 찾아야 하기 때문이다. 또한 상단의 '등기부등본 PDF'를 클릭하면 실제 등기부등본 전체 내용을 확인할 수 있다.

이 물건은 2021년 7월 2일에 채무자가 국민은행에서 2억 9760만원을 빌렸다. 이때를 말소기준권리로 보면 된다. 그런데 임차인 조씨는 2021년 11월 26일자로 전입해 대항력이 없다. 근저당보다 늦게 전입했으니 대항력 없는 후순위 임차인이다.

사이트에서는 해당 물건이 위치한 지역의 대략적인 상황을 체크할 수 있다. 이 물건의 가격수준은 어떠한지, 시세추이는 어떠한지 데이터로 확인 가능하다. 이 물건의 최근 실거래가는 3억 5000만원, 최근 호

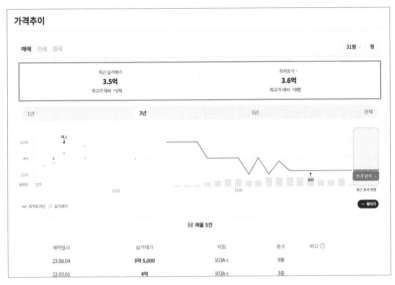

가격추이

매매 전세 월세   31평 ∨ 평

최근 실거래가	최저호가 ·
3.5억	**3.6억**
최고가 대비 -1억	최고가 대비 -9천

1년   3년   5년   전체

호가 분석 〉

∿ 최저호가선 ╴실거래가

□ 매물 5건

계약일시	실거래가	타입	층수	비고 ⓘ
23.08.04	**3억 5,000**	103A-c	9층	
22.03.01	**4억**	103A-c	3층	

리치고의 가격추이

가는 3억 6000만원이다. 최초 감정가가 4억원보다 호가가 훨씬 낮다. 그래서 1회 유찰된 것이다. 그런데 최근 부동산 경기가 좋지 않아 1회 유찰된 가격도 아주 저렴한 것은 아니기에 철저한 가격과 입지 분석을 하고 입찰을 해야 한다.

지금까지 내가 주로 사용하는 리치고 유료 경매사이트를 알아보았다. 이 정도만 알고 있어도 경매가 훨씬 쉬워진다. 물건에 대한 자세한 권리분석 방법은 계속해서 다루도록 하겠다.

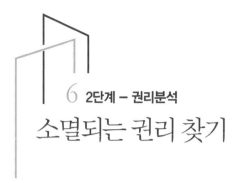

소멸되는 권리 찾기

말소기준권리란

다시 말하지만 경매에 나오는 집들은 문제가 있는 집들이다. 집에 딸린 돈 문제와 권리 문제가 그것이다. 매매를 하면 이 복잡한 문제들도 따라오기 때문에 아무도 이런 집을 사려고 하지 않는다.

하지만 회개하면 모든 죄를 사하여주듯, 법원 경매를 통하면 모든 문제가 없어진다. 각종 문제의 소멸 기준이 되는 것이 바로 말소기준등기이다. 그래서 말소기준등기를 찾는 것이 권리분석의 첫걸음이다.

제시된 건물의 등기권리분석을 보자. 등기부등본에 가장 먼저 기재된 권리가 말소기준권리가 된다. 여기에서 말소기준권리는 가장 처음에 등기된 근저당권이다. 말소기준권리 아래로는 모두 '소멸'되는 권리다.

👑 등기 권리 분석

집합건물

채권액합계 : 54억 5246만 9191원

🔲 등기부등본 PDF 〉

No	일시	권리종류	권리자	금액	권리
1(갑2)	15.05.26	소유권	임■ (소유자)	-	
2(을2)	15.05.26	근저당권	와우에셋대부	5억 3460만원	소멸기준
3(을4)	15.09.21	근저당권	와우에셋대부	1억 8000만원	소멸
4(을7)	19.06.25	근저당권	와이더블유	10억원	소멸
5(갑5)	20.06.12	가압류	한국전력공사	1억 8826만 6660원	소멸

리치고의 등기권리분석

경매에서는 소멸이 좋은 말이다. 반대로 '인수'는 낙찰자가 떠안고 돈을 내야 한다는 말이니 가장 안 좋은 말이다.

경매물건 중 난이도가 낮은 물건은 소유권이 집주인인 집이다. 그런 집은 말소기준권리만 확인하면 권리분석은 끝이다. 다시 한 번 강조하면 권리분석은 말소기준권리를 찾는 것부터 시작을 하고, 말소기준권리를 찾으면 그 밑으로는 전부 소멸이다. 말소기준권리 위에 있는 권리는 인수해야 하니, '인수'라는 글자가 없는 물건을 찾아야 한다.

위 물건의 건물 등기권리분석을 다시 보면 가장 먼저 기재된 권리는 '와우에셋대부'의 근저당권이다. 이것이 말소기준권리이고 나머지 것은 모두 소멸된다. 근저당권인 말소기준권리 위에 어떤 권리도 없으니 이 물건은 안전해보인다.

다섯 가지 말소기준권리

등기부등본상 가장 앞선 권리가 모두 말소기준권리가 되는 것은 아니다. 말소기준권리가 되는 것은 아래 다섯 가지다.

1. (근)저당권

(근)저당권은 집을 살 때 받은 대출이거나 집을 담보로 빌린 대출이다. '저당'은 그냥 해당 빌린 돈에 대한 딱 그 금액을 기재하지만, '근저당'은 미래에 못 받을 연체이자까지 더해 채권최고액을 기재한다. 1억을 빌리면 제1금융권은 120%로 1억 2000만원으로 근저당을 설정한다. 말소기준권리가 근저당이면 근저당부터 시작하여 그 밑으로 모두 소멸되는 것이다.

2. (가)압류

법원에서 빚쟁이, 즉 채권자가 돈을 받아낼 수 있도록 채무자인 집주인이 자신의 재산을 마음대로 처분하지 못하게 하는 절차를 압류라고 한다. 세금체납이나, 카드체납이 있어도 압류가 설정된다. 가압류는 절차는 다르지만, 역시 빚쟁이가 집주인이 집을 마음대로 처분하지 못하게 하는 것이다.

3. 경매개시결정

경매가 시작된 사실이 등기된 것이다. 사전에 아무 빚이 없었다면,

경매가 시작하는 경매개시결정 그 자체가 말소기준권리가 된다.

4. 담보가등기

담보가등기는 빚 대신 집주인이 집을 주기로 한 것이다. 지금은 담보가등기를 하지 않지만, 과거 설정된 집이 경매에 나오면 가끔 만날 수 있다. 소유권이 이전되면 등기를 이전해서 자신의 소유로 가져와야 하는데 등기를 안 하고, 가등기로 기재하는 것이다. 이 집은 "다른 사람에게 못 팔아, 내가 살 거야"라고 표시하는 것과 같다.

담보가등기는 원래 세금이나 건강 문제로 인해서 가등기를 하는 경우가 많다. 그런데 한동안 대부업체에서 대출을 해주면서 가등기를 많이 사용했다. 예를 들어보자. 어떤 사람이 5억짜리 집을 담보로 맡기고 대부업체에서 2억을 빌린다. 이때 대부업체들은 번거로우니 근저당보다는 가등기로 하자고 한다. 차주는 찬밥 더운밥 가릴 데가 아니 대부업체가 하라는 대로 한다. 문제는 돈을 갚지 못했을 때 발생한다. 차주가 돈을 갚지 못하면 대부업체는 5억짜리 집을 그냥 바로 본등기를 해버린다. 2억을 빌려주고 5억 집을 꿀꺽 먹는 것이다.

이런 일들이 많이 생겨 '담보가등기 특별법'이 생겼다. 나머지 3억원을 줘야 본등기를 할 수 있다고 법이 바뀐 것이다. 바로 '청산'이라는 과정을 거쳐야 실제 소유가 될 수 있다. 담보가등기가 희귀해진 이유다.

담보가등기는 근저당과 유사하다고 보면 된다. 등기부상에는 그냥 가등기라고 기재되어 있다. '가등기'가 담보가등기인지 소유권에 관련된 '가등기'인지 우리는 알 수 없다. 법원에서 경매가 진행될 때서야 알 수 있는 것이다.

법원이 경매가 진행될 때 가등기 권리자한테 물어본다.

"가등기가 담보가등기입니까?"

"네. 담보입니다"라고 하면 법원에서 담보가등기라고 기재해준다.

5. 선순위 전세권

전세권 중에서 다른 권리보다 앞선 전세권이다. 가장 먼저 설정되어야 하고, 전세권이 건물 전체에 설정되어 있어야 하며, 전세권자가 배당요구를 했거나 경매신청을 했을 때 수립된다. 임차인의 권리 먼저 개념을 확실히 하고 전세권은 이후에 자세히 알아보겠다.

이런 집은 거르자

말소기준권리 앞에 있는 권리들은 '인수', 말소기준권리 뒤로는 '소멸'이 원칙이다. 하지만 예외가 없으면 심심하다. 말소기준권리 이후에 설정된 것이라도 낙찰자에게 인수되는 것이 있다.

1. 예고등기

등기 자체에 문제가 있다는 법원의 경고다. 이 집에 관련된 어떤 소송이 진행 중이니 이런 집에는 관심 끄자. 예고등기는 정치적인 바람이 불 때 가끔 보인다. 대기업 회장의 집을 경매 매각하는 등 '이 집 소유자에 관해서 큰 규모의 소송이 진행 중'일 때 예고등기가 나온다. 원래 등기는 집주인이 해야 하는 것인데, 사람들이 꼭 알아야 되는 내용이라서 법원이 직권으로 등기한다. 지금은 예고등기 제도가 폐지되어 예전에 등기된 것만 가끔 볼 수 있다.

2. 가처분등기

이미 판 집을 또 팔지 못하게 하는 것이다. 같은 집을 두 번 팔면 당연히 안 된다. 이런 집을 사면 소유권을 뺏길 수도 있다. 소유권에 관련된 가처분등기는 소멸되지 않을 수 있다. 예를 들어, 형이 해외로 일하러 가면서 부동산 관리를 부탁하며 동생에게 인감을 맡기고 갔다. 그런데 동생이 형에게 말도 없이 물건을 팔아버린 것이다. 형이 이것을 알고 나서 '소유권 이전청구 가처분'을 하게 되면 소송이 진행될 것이다. 후에 형의 소유가 맞다는 판결이 나면, 낙찰자는 잔금납부를 마치고도 소유권을 뺏길 수도 있다. 흔한 일은 아니지만, 반드시 알아둬야 하는 것이 가처분이다.

그런데 근저당에 가처분이 연동돼 있는 경우, 본등기인 근저당이 사라지면 딸린 부기등기 가처분은 사라진다.

3. 유치권

공사업체나 인테리어업체가 시설을 한 대금을 받기 위해 이 집을 점유하는 권리다. 사실 주거용 집에 대한 유치권은 성립이 안 되는 경우가 많지만, 명도에는 어려움이 있을 수 있다.

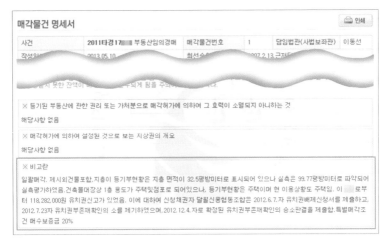

매각물건명세서에 나온 유치권 현황

유치권은 유치권을 주장하는 사람이 접수를 하고, 입찰자가 개별적으로 유치권이 성립이 되는지 여부를 따로 따져봐야 한다. 경매법정에서는 유치권이 성립이 되는지 안 되는지를 판단하지 않는다.

유치권은 공사업자들이 주장하는 것이기에 주거용 물건들은 유치권 성립이 안 되는 물건들이 대부분이다. 인테리어 정도로 유치권을 주장할 수는 없기 때문이다. 하지만, '유치권자들은 어느 정도 명도 저항을 할 거다'라는 것을 나타내는 경고다. 별것은 아니지만 완전 초보자는 안 하길 권한다.

4. 법정지상권

지상권은 집 따로, 땅 따로인 경우에 생기는 권리다. 즉, 건물과 땅의 주인이 달라서 분쟁의 소지가 있다는 말이다. 지상권은 법정지상권일 때 문제가 될 수 있다. 지하철로 인한 지상권은 괜찮지만 다른 지상권은 해결이 어렵다.

이 중 예고등기나 가처분등기는 등기부등본에 기재가 되므로 쉽게 피해 갈 수 있다. 그리고 유치권과 지상권은 등기부등본에는 나와 있지 않지만, 매각물건명세서에 빨간 글씨로 보여주니 못 보고 실수할 가능성은 없다. 그러니 의미를 제대로 알아두자.

이 권리들 중 가장 중요한 것은 말소기준권리이다. 앞에서도 언급했지만 권리관계가 집주인만 있는 집은 말소기준권리만 확인하면 된다. 정말 쉬워서 3초면 할 수 있다.

0초, 점유자가 집주인인 것을 확인한다.

1초, 말소기준권리를 찾는다.

2초, 말소되지 않는 특별한 권리가 있는지 확인한다.

3초, 끝!

어떤가, 권리분석 정말 쉽지 않은가? 다음으로는 임차인의 권리에 대해 자세히 알아보겠다.

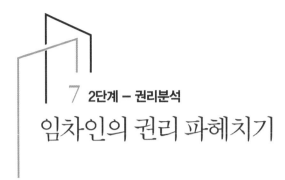

임차인의 권리 파헤치기

집에 임차인이 산다면

등기부등본의 모든 권리를 접수 날짜순으로 분류하면 어렵지 않게 말소기준권리를 찾을 수 있다. 몇 가지 예외를 제외하고 말소기준권리보다 앞선 것은 '인수'하고, 말소기준권리 뒤의 것은 '소멸'한다. 현재 살고 있는 사람이 집주인이라면 여기서 끝이다. 하지만 임차인이 산다면 다른 숙제가 생긴다.

세입자, 즉 임차인은 매우 중요하다. 이 임차인이 대항력이 있느냐 없느냐, 배당을 받느냐 못 받느냐를 판단하는 게 권리분석의 대부분이다. 임차인에 대한 권리분석을 잘못하면 낙찰을 받고 잔금납부를 못하는 상황이 생길 수도 있다. 왜냐하면 권리 있는 임차인의 보증금을 낙찰자가 떠안아야 되기 때문이다.

임차인 관련 분석은 연습이 많이 필요한 영역이다. 집주인은 돈 못 받아도 된다. 채권자도 돈 못 받아도 된다. 근데 임차인은 돈을 꼭 받아야 되는 사람들이 있다. 바로 대항력이 있는 임차인이다. 임차인이 있는 집의 권리분석은 두 가지를 구분해서 생각해야 된다.

임차인이 대항력이 있는가. vs. 대항력이 없는가.

임차인이 보증금을 받는가. vs. 보증금을 못 받는가.

대항력이 있어도 보증금을 못 받는 사람이 있고, 대항력이 없어도 보증금을 받는 사람이 있다. 대항력과 배당, 두 가지를 분리해서 생각해야 된다.

대항력 있는 임차인

대항력은 임차인이 제3자에게 자신의 임대차관계를 주장할 수 있는 권리를 말한다. 즉, 보증금을 돌려받지 못하면 낙찰자에 대항해 그 집에서 버티고 안 나갈 수 있는 힘이다.

대항력은 어떻게 만들어질까. 간단하다. 임차인이 이사를 하고 주민센터에 전입신고를 하면 된다. 전입신고를 한 다음날 0시부터 임차인은 대항력이 생긴다. 전입신고로 가지게 된 권리, 대항력만으로 모든 일을 해결할 수 있을까?

그렇지 않다. 경매에서 말소기준권리 뒤의 대항력은 힘이 없어 법적으로 보증금을 완전히 보장받지 못한다. 경매 실무에서는 말소기준권리 앞의 선순위 임차인만을 '대항력 있는 임차인'이라고 한다. 같은 대항력이라도 말소기준권리보다 앞서야만 한다.

일반매매에서는 계약기간이 남은 임차인이 사는 집은 시세보다 저렴하게 팔기도 한다. 임차인이 계약 기간까지 그 집에서 살 수 있는 권리, 대항력이 있기 때문이다. 그러나 경매에서는 다르다. 경매에서는 말소기준권리 아래로 모두 소멸한다. 대항력도 마찬가지다. 일반매매에서는 전입한 대항력 있는 임차인에게 나가라고 못하지만, 경매에서는 전입일자가 말소기준권리보다 늦다면 소멸이 된다. 대항력 없는 임차인이 된다.

요약하자면 말소기준권리보다 먼저 전입을 했느냐, 늦게 전입을 했느냐에 따라서 대항력 있는 임차인과 대항력 없는 임차인으로 나뉜다. 임차인의 전입이 말소기준권리보다 빠르면 인수, 대항력 있는 임차인이 된다. 대항력 있는 임차인이 법원에서 배당을 못 받게 되면 낙찰자가 인수해야 한다. 낙찰자가 잔금납부를 하고 나서 또 임차인의 보증금을 따로 내줘야 하는 것이다.

말소기준권리보다 먼저 전입한 임차인, 대항력 있는 임차인은 반드시 법원에서 배당받아야 된다. 그렇지 않으면 낙찰자가 떠안아야 한다. 이 권리는 사라지지도 않는다. 대항력 있는 임차인은 우리 입찰자가 제일 두려워하는 사람들이다.

권리분석을 할 때 '임차인의 대항력이 있는가, 없는가'를 판단하는
게 제일 중요하다. 절대 잊지 마라.

배당받을 수 있는 임차인

임차인이 법원에서 자신의 임대보증금을 배당받는 방법은 세 가지
가 있다.

1. 최우선변제권

최우선변제권은 주택임대차보호법에 의해 임차주택의 경매나 공매
시에 소액 임차인이 자신의 보증금 중 일정액을 다른 담보물권자보다
우선하여 변제받는 권리를 말한다. 다시 말해 우선변제권자 중에 보증
금이 소액인 임차인들이 다른 권리들을 제치고 최우선순위로 보증금
을 배당받게 된다.

최우선변제권은 기준금액 이하의 소액 보증금을 가진 임차인에게
주어지는 권리이다. 기준금액은 시기별로, 지역별로 차이가 다르니 반
드시 현재 금액을 확인하도록 하자(233쪽 참고).

최우선변제권에는 최선순위담보권 설정일자라는 것이 있다. 이는
임차인이 이사를 들어온 날짜가 아니라 담보물권(저당권, 근저당권, 가등
기담보권 등) 설정일자 기준이다. (가)압류는 기준 날짜가 되지 못한다.

또한 최우선변제권은 아무리 빚이 많아도 먼저 배당해준다. 단, 세

가지 요건을 충족을 해야 한다.

- 전입신고를 해야 한다. 신고가 늦어도 괜찮지만 경매가 시작되기 전까지는 해야 한다.
- 배당요구종기일까지 배당요구를 해야 한다.
- 보증금이 소액이어야 한다. 소액이라는 기준은 시기와 지역마다 다르다.

2000년의 소액과 2023년도의 소액은 다르다. 그렇기 때문에 소액의 기준 시점은 임차인이 전입한 날짜가 아니라 담보물건 설정일자다. 대부분 근저당 설정일자다.

최우선변제권은 전체 낙찰가의 절반을 넘을 수는 없다. 예를 들어보자. 다가구 주택의 1층에 두 채가 있고, 2층에 두 채가 있고, 3층에 두 채가 있다고 치자. 다가구는 주인이 한 명이니, 여섯 채가 모두 한 주인이다. 이 물건이 경매가 진행되었고, 임차인은 모두 전세 5000만 원으로 최우선변제권을 가졌다고 해보자. 이 물건의 낙찰가가 3억이라면 임차인들에게 다 배당하고 나면 채권자는 받을 돈이 없을 것이다.

이 모든 경매 절차가 채권자한테 배당하기 위해서, 채권자의 요청으로 진행한 건데 최우선변제권자들이 다 가져가면 안 될 일이다. 그래서 전체 낙찰가의 절반만 최우선변제권으로 배당하는 것이다. 그러면 임차인들은 5000만원이 아니라 2500만원씩 받아갈 수 있다.

2. 우선변제권

우선변제권은 주택임대차보호법상 임차인이 보증금을 우선적으로

변제(배당)받을 수 있는 권리다. 우선변제권이 있는 임차인은 정해진 배당신청일까지 법원에 배당신청을 하면 배당일에 자신의 보증금을 배당받는다.

우선변제권은 어떻게 생길까. 이것도 간단하다. 대항력을 갖추고, 확정일자를 받으면 된다. 전세 들어갈 때 이사하자마자 계약서를 들고 주민센터에 가서 전입신고를 하면서 확정일자 도장을 받는 것이다. 전세를 산다면 아무리 바빠도 꼭 해야 할 것이 전입신고와 확정일자 받기다.

접수 순서대로 받아가는 게 우선변제권이다. 등기부등본에 채권자들이 차례로 줄을 선다. 임차인도 줄을 선다. 우선변제권을 가지려면 아래와 같은 조건을 만족해야 한다.

- 전입을 해야 한다.
- 확정일자를 받아야 한다.
- 배당요구를 해야 한다.

세 가지 요건이 다 있어야 우선변제권을 가진다. 우선변제권에는 최우선변제권에는 필요없던 '확정일자'가 등장했다. 확정일자는 왜 생겼을까. 예전에는 확정일자가 없었다. 그랬더니 경매가 진행되고 나서 계약서를 위조하는 일이 발생했다. 6000만원을 8000만원으로 살짝 바꿔 위조해서 8000만원으로 배당을 받아갈 수 있었다. 집주인과 담합해서 배당금을 나눠 갖는 경우도 있었다.

그래서 '확정일자'라는 개념이 생겼다. 확정일자는 계약서의 금액을 확정하는 것이다. 주민센터에 신고한 뒤로는 금액에 대한 변경이 불가능하다. 배당금을 올려 신고하는 일은 자연스레 사라졌다.

최우선변제권은 어차피 정해진 금액만 배당을 해주기에 확정일자는 필요없다. 우선변제권은 전입, 확정, 배당이라는 세 가지 요건이 다 있어야 하는데, 배당받는 순서는 전입과 확정 일자 중 늦은 날짜 기준이다. 대항력이 있는데 우선변제권이 늦을 수 있다. 앞에서 다른 채권자들이 다 배당을 받아가고 대항력 있는 임차인이 배당을 못 받아가면 낙찰자가 그것을 인수해야 한다. 대항력이 있으면서 우선변제권이 늦은 임차인을 매우 조심해야 한다.

3. 주택임차권등기

마지막으로 주택임차권등기가 있다. 임차인이 계약기간 만료가 되어 이사를 가려고 하는데 집주인이 보증금을 돌려주지 않는 것이다.

임차인: 돈 주세요.

집주인: 나 돈 없어. 몰라! 마음대로 해.

임차인은 당장 이사해서 회사에 취업을 해야 하거나 학교 기숙사로 들어가야 하는 상황인데, 전입을 옮기는 순간 대항력을 잃게 된다. 주택임차권등기는 다른 곳으로 전입을 이전해도 대항력을 유지하는 게 주목적이다.

그런데 최근에는 임차인 본인이 자기 집을 경매 넣기 위해서 임차권을 설정하는 사람들이 많아졌다. 역전세가 발생하고 보증금 반환을 받지 못하는 임차인이 스스로 내 집을 경매로 넣는 것이다. 이때 주택임차권을 설정하는 게 경매신청하는 쉬운 방법 중에 하나이다. 이에 따라 최근에는 임차권이 설정되어 있는 집에 임차인이 살고 있는 경우를 종종 볼 수 있다.

주택임차권이 설정되면 배당요구가 없어도 당연히 배당을 받게 되는데, 간혹 경매가 시작하고 난 후 임차권이 늦게 등기되는 경우들도 있다. 경매개시결정보다 늦은 임차권등기는 반드시 배당요구를 해야만 된다.

임차권등기의 시기에 따른 임차인의 배당요구

- 경매개시결정 전에 임차권등기를 마친 임차인은 배당요구 없이도 당연히 배당을 받게 된다. (「민사집행법」 제148조제3호).
- 경매개시결정 후에 임차권등기를 마친 임차인은 배당요구의 종기까지 배당요구를 한 경우에만 배당에 참가할 수 있다. (「민사집행법」 제148조제2호 및 「민사집행규칙」 제91조제1항 참조).

매각물건명세서란

집에 관련된 모든 내용이 다 등기부등본에 기재되는 것은 아니다. 전세권은 등기부등본에 기재가 되지만, 임대하여 사는 사람의 임차권이나 기타 권리들은 등기부등본에 기재되지 않는다. 그래서 법원에서 사람을 보내서 기타 내용들을 확인하고 그 내용을 서류로 공개하는데 이것을 매각물건명세서라고 한다.

매각물건명세서는 법원에서 직접 확인하고 그 내용을 정리한 것이다. 그런 만큼 매우 신뢰할 수 있으며, 만약 기재 내용이 사실과 다르다면 매각물건명세서의 오류를 이유로 불허가를 신청할 수 있다.

매각물건명세서에는 경매 사건번호와 담당 법관의 이름이 있다. 법원에서 보증하는 이 집에 현재 살고 있는 사람, 즉 점유자에 대한 공신력 있는 정보다. 아주 중요하다.

다음의 매각물건명세서에 따르면, 이 집의 점유자는 집주인 혹은 집주인과 관계된 사람이다. 조사된 임차 내역이 없기 때문이다. 권리와 지상권에 대한 부분은 빈칸으로 되어 있어 깨끗하다.

그러나 비고란에 '대지권미등기'에 대한 사항이 있다. 이 물건은 신축 아파트여서 대지권이 아직 미등기된 것이라 문제가 없어 보인다. 한국토지주택공사의 사실조회회신서에 의하면 향후 대지권소유이전은 개별소유자에게 이전할 예정이라는 친절한 코멘트까지 있으니 말이다.

매각물건명세서는 한 번만 보면 안 된다. 낙찰자가 알아야 할 중요한 사실이 새로 접수되거나 알려지면 이 내용은 변경될 수 있다. 요새는 스마트폰이 있어서 당일에 확인하는 것도 참 편리해졌다. 입찰 당일 법원에서도 매각물건명세서를 열람할 수 있으니 입찰하기 전 반드시 한 번 더 확인하자.

매각물건명세서

사 건	2023타경▒▒▒ 부동산강제경매	매각 물건번호	1	작성 일자	2023.11.30	담임법관 (사법보좌관)	백▒	[인]
부동산 및 감정평가액 최저매각가격의 표시	별지기재와 같음	최선순위 설정		2023.7.31.근저당권		배당요구종기	2023.10.16	

부동산의 점유자와 점유의 권원, 점유할 수 있는 기간, 차임 또는 보증금에 관한 관계인의 진술 및 임차인이 있는 경우 배당요구 여부와 그 일자, 전입신고일자 또는 사업자등록신청일자와 확정일자의 유무와 그 일자

점유자의 성 명	점유부분	정보출처 구 분	점유의 권 원	임대차기간 (점유기간)	보 증 금	차 임	전입신고일자.외국 인등록(체류지변경 신고)일자·사업자등 록신청일자	확정일자	배당요구여부 (배당요구일자)
				조사된 임차내역없음					

※ 최선순위 설정일자보다 대항요건을 먼저 갖춘 주택·상가건물 임차인의 임차보증금은 매수인에게 인수되는 경우가 발생할 수 있고, 대항력과 우선변제권이 있는 주택·상가건물 임차인이 배당요구를 하였으나 보증금 전액에 관하여 배당을 받지 아니한 경우에는 배당받지 못한 잔액이 매수인에게 인수되게 됨을 주의하시기 바랍니다.

등기된 부동산에 관한 권리 또는 가처분으로 매각으로 그 효력이 소멸되지 아니하는 것

매각에 따라 설정된 것으로 보는 지상권의 개요

비고란
1.대지권미등기이나 대지부분 포함하여 매각함
2.한국토지주택공사의 2023.10.12.자 사실조회회신서에 의하면 향후 대지권소유권이전은 개별소유자에게 이전할 예정이라 함

주1 : 매각목적물에서 제외되는 미등기건물 등이 있을 경우에는 그 취지를 명확히 기재한다.
  2 : 매각으로 소멸되는 가등기담보권, 가압류, 전세권의 등기일자가 최선순위 저당권등기일자보다 빠른 경우에는 그 등기일자를 기재한다.

매각물건명세서

동일인이 같은 주택에 대하여 전세권과 대항력을 함께 가지는 경우

동일인이 같은 주택에 대하여 전세권과 대항력을 함께 가지므로 대항력으로 인하여 전세권설정 당시 확보한 담보가치가 훼손되는 문제는 발생하지 않는다는 점 등을 고려하면, 최선순위 전세권자로서 배당요구를 하여 전세권이 매각으로 소멸되었다 하더라도 변제받지 못한 나머지 보증금에 기하여 대항력을 행사할 수 있고, 그범위 내에서 임차주택의 매수인은 임대인의 지위를 승계한 것으로 보아야 한다. (대법원 2010. 7. 26.자 2010마900 결정)

방 한 칸만 임대한 임차인이 있을 수도 있다고?

현실에서 방 한 칸만 임대 주는 경우는 흔치 않지만, 경매에서는 종종 있는 일이다. 이런 때는 가장임차인일 경우가 많다. 배당을 받기 위해 혹은 경매를 어렵게 하기 위해 임차인으로 가장한 것이다. 가장임차인 중에서 가장 문제가 되는 사람은 배당신청을 하지 않고 권리가 있는 선순위 임차인이다. 이런 사람은 이들이 가짜임을 밝혀야 강제집행이 가능하므로 명도가 매우 어렵다. 게다가 이들은 낙찰자에게 당당하게 본인의 전세금을 요구할 권리가 있다. 따라서 초보자는 이런 집은 낙찰받지 않는 것이 좋다. 소액변제금을 배당받는 가장임차인은 채권자들이 배당 이의신청을 하면 배당금이 법원에 공탁이 된다. 이럴 경우 이들이 배당을 받지 못해서 이사를 갈 수 없다고 버틸 수 있다.

가장임차인, 어떻게 구별하죠?

① 일반 집에 방 한 칸만 임대하고 있는 사람: 한 공간에서 방 한 칸만 임대해서 살기는 쉽지 않다. 이런 사람은 최우선변제금을 배당받으려고 하거나 낙찰자에게 이사비용을 받을 목적으로 임차인인 척 위장한 사람일 가능성이 높다. 하지만 아무도 이의를 제기하지 않으면 이들도 최우선변제로 배당이 가능하다.

② 경매개시결정 직전에 전입을 한 임차인: 경매 들어가는 집인 걸 알면서도 이사를 하는 것은 상식 밖이다. 이들도 가장임차인일 가능성이 많으나, 채권단에서 이의제기를 하지 않으면 최우선변제로 배당을 받을 수 있다.

③ 말소기준권리보다 일찍 전입하고 배당신청을 하지 않은 선순위 임차인: 이런 집을 낙찰받으면 낙찰자가 임차인의 보증금을 돌려주어야 한다. 일반적으로 은행에서 대출을 해줄 때 집에 임차인이 있는지를 확인하고 대출을 해준다. 만약 임차인이 있는데도 대출이 나왔다면 그 임차인은 가족이거나 친척이어서 무상으로 살고 있을 수 있다. 이런 사실을 미리 확인하고 입찰에 들어가야 한다.

최우선변제권 기준표

기준시점	지역	임차인 보증금 범위	보증금 중 일정액의 범위
1990. 2. 19.~	서울특별시, 직할시	2000만원 이하	700만원
	기타 지역	1500만원 이하	500만원
1995. 10. 19.~	특별시 및 광역시(군지역 제외)	3000만원 이하	1200만원
	기타 지역	2000만원 이하	800만원
2001. 9. 15.~	수도권정비계획법에 의한 수도권 중 과밀억제권역	4000만원 이하	1600만원
	광역시(군지역과 인천광역시지역 제외)	3500만원 이하	1400만원
	그 밖의 지역	3000만원 이하	1200만원
2008. 8. 21.~	수도권정비계획법에 따른 수도권 중 과밀억제권역	6000만원 이하	2000만원
	광역시(군지역과 인천광역시지역 제외)	5000만원 이하	1700만원
	그 밖의 지역	4000만원 이하	1400만원
2010. 7. 26.~	서울특별시	7500만원 이하	2500만원
	수도권정비계획법에 따른 과밀억제권역 (서울특별시 제외)	6500만원 이하	2200만원
	광역시(수도권정비계획법에 따른 과밀 억제권역에 포함된 지역과 군지역 제외), 안산시, 용인시, 김포시 및 광주시	5500만원 이하	1900만원
	그 밖의 지역	4000만원 이하	1400만원
2014. 1. 1.~	서울특별시	9500만원 이하	3200만원
	수도권정비계획법에 따른 과밀억제권역 (서울특별시 제외)	8000만원 이하	2700만원
	광역시(수도권정비계획법에 따른 과밀 억제권역에 포함된 지역과 군지역 제외), 안산시, 용인시, 김포시 및 광주시	6000만원 이하	2000만원
	그 밖의 지역	4500만원 이하	1500만원

2016. 3. 31.~	서울특별시	1억원 이하	3400만원
	수도권정비계획법에 따른 과밀억제권역 (서울특별시 제외)	8000만원 이하	2700만원
	광역시(수도권정비계획법에 따른 과밀억제권역에 포함된 지역과 군지역 제외), 세종특별자치시, 안산시, 용인시, 김포시 및 광주시	6000만원 이하	2000만원
	그 밖의 지역	5000만원 이하	1700만원
2018. 9. 18.~	서울특별시	1억 1000만원 이하	3700만원
	수도권정비계획법에 따른 과밀억제권역 (서울특별시 제외), 용인시, 화성시, 세종시	1억원 이하	3400만원
	광역시(수도권정비계획법에 따른 과밀억제권역에 포함된 지역과 군지역 제외), 안산시, 김포시, 광주시, 파주시	6000만원 이하	2000만원
	그 밖의 지역	5000만원 이하	1700만원
2021. 5. 11.~	서울특별시	1억 5000만원 이하	5000만원
	수도권정비계획법에 따른 과밀억제권역 (서울특별시 제외), 용인시, 화성시, 세종시	1억 3000만원 이하	4300만원
	광역시(수도권정비계획법에 따른 과밀억제권역에 포함된 지역과 군지역 제외), 안산시, 김포시, 광주시, 파주시	7000만원 이하	2300만원
	그 밖의 지역	6000만원 이하	2000만원
2023. 2. 21.~	서울특별시	1억 6500만원 이하	5500만원
	수도권정비계획법에 따른 과밀억제권역 (서울특별시 제외), 세종특별자치시, 용인시, 화성시, 세종시	1억 4500만원 이하	4800만원
	광역시(수도권정비계획법에 따른 과밀억제권역에 포함된 지역과 군지역 제외), 안산시, 김포시, 파주시, 이천시, 평택시	8500만원 이하	2800만원
	그 밖의 지역	7500만원 이하	2500만원

과밀억제권역

- **2001. 1. 29. ~**
  - ○ 서울특별시
  - ○ 인천광역시[강화군, 옹진군, 중구 · 운남동 · 운북동 · 운서동 · 중산동 · 남북동 · 덕교동 · 을왕동 · 무의동, 서구 대곡동 · 불노동 · 마전동 · 금곡동 · 오류동 · 왕길동 · 당하동 · 원당동, 연수구 송도매립지(인천광역시장이 송도신시가지 조성을 위하여 1990. 11. 12. 송도 앞 공유수면매립공사면허를 받은 지역), 남동유치지역은 각 제외]
  - ○ 경기도 중 의정부시, 구리시, 남양주시(호평동 · 평내동 · 금곡동 · 일패동 · 이패동 · 삼패동 · 가운동 · 수석동 · 지금동 및 도농동에 한한다), 하남시, 고양시, 수원시, 성남시, 안양시, 부천시, 광명시, 과천시, 의왕시, 군포시, 시흥시(반월특수지역 제외)

- **2009. 1. 16. ~**
  - ○ 서울특별시
  - ○ 인천광역시(강화군, 옹진군, 서구 대곡동 · 불노동 · 마전동 · 금곡동 · 오류동 · 왕길동 · 당하동 · 원당동, 인천경제자유구역 및 남동 국가산업단지는 각 제외)
  - ○ 경기도 중 의정부시, 구리시, 남양주시(호평동, 평내동, 금곡동, 일패동, 이패동, 삼패동, 가운동, 수석동, 지금동, 도농동만 해당), 하남시, 고양시, 수원시, 성남시, 안양시, 부천시, 광명시, 과천시, 의왕시, 군포시, 시흥시(반월특수지역 제외)

- **2010. 7. 26. ~**
  - ○ 인천광역시(강화군, 옹진군, 서구 대곡동 · 불노동 · 마전동 · 금곡동 · 오류동 · 왕길동 · 당하동 · 원당동, 인천경제자유구역 및 남동 국가산업단지는 각 제외)
  - ○ 경기도 중 의정부시, 구리시, 남양주시(호평동, 평내동, 금곡동, 일패동, 이패동, 삼패동, 가운동, 수석동, 지금동, 도농동만 해당), 하남시, 고양시, 수원시, 성남시, 안양시, 부천시, 광명시, 과천시, 의왕시, 군포시, 시흥시(반월특수지역 제외)

- **2011. 3. 9. ~**
  - ○ 인천광역시(강화군, 옹진군, 서구 대곡동 · 불노동 · 마전동 · 금곡동 · 오류동 · 왕길동 · 당하동 · 원당동, 인천경제자유구역 및 남동 국가산업단지는 각 제외)
  - ○ 경기도 중 의정부시, 구리시, 남양주시(호평동, 평내동, 금곡동, 일패동, 이패동, 삼패동, 가운동, 수석동, 지금동, 도농동만 해당), 하남시, 고양시, 수원시, 성남시, 안양시, 부천시, 광명시, 과천시, 의왕시, 군포시, 시흥시[반월특수지역(반월특수지역에서 해제된 지역 포함) 제외]

- **2017. 6. 20. ~ 현재**
  - ○ 서울특별시
  - ○ 인천광역시(강화군, 옹진군, 서구 대곡동 · 불노동 · 마전동 · 금곡동 · 오류동 · 왕길동 · 당하동 · 원당동, 인천경제자유구역(경제자유구역에서 해제된 지역을 포함한다) 및 남동 국가산업단지는 각 제외)
  - ○ 경기도 중 의정부시, 구리시, 남양주시(호평동, 평내동, 금곡동, 일패동, 이패동, 삼패동, 가운동, 수석동, 지금동, 도농동만 해당), 하남시, 고양시, 수원시, 성남시, 안양시, 부천시, 광명시, 과천시, 의왕시, 군포시, 시흥시[반월특수지역(반월특수지역에서 해제된 지역 포함) 제외]

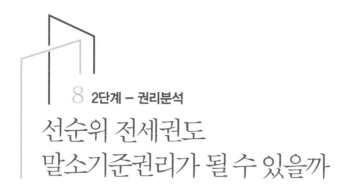

선순위 전세권도
말소기준권리가 될 수 있을까

선순위 전세권이 말소기준권리가 되려면

선순위 전세권도 말소기준권리가 될 수 있다. 전세로 산다고 전세권이 아니다. 등기부등본에 전세권이라고 등기되어 있는 것이 전세권이다. 선순위 전세권이 말소기준권리가 되려면 두 가지 요건이 충족되어야 한다.

1. 가장 먼저 건물 전체에 대한 전세권이 설정돼야 한다

주인이 하나인 총 6채가 살고 있는 다가구의 101호에 전세권이 설정되어 있다고 치자. 전세권이 가장 먼저 등기되어 있다고 해서 아래로 모두 다 말소가 돼버리면 다른 다섯 집이 피해를 볼 수 있다. 그래서 선순위 전세권이 말소기준권리가 되려면 건물 전체에 대한 전세권이 설정되야 한다.

2. 전세권자가 배당요구를 하거나, 경매신청을 해야 한다

전세입자가 "내 돈 주세요. 돈 받고 나갈래요"라고 의사표현을 해야 된다. 그러면 전세권은 말소기준권리가 된다. 전세권과 대항력 있는 임차권을 둘 다 가진 사람도 있다. 이때 전세권과 대항력 있는 임차권을 둘 다 인정한다. 자신의 전세권이 말소기준권리가 돼도 대항력을 잃지 않는다는 것이다.

인수하는 선순위 전세권에 대한 예시

이제부터 인수하는 선순위 전세권에 대한 예시를 살펴보자.

예시❶ 물건의 등기권리분석에 따르면 전세권자 케OO은 말소기준권리가 될 수 없다. 가장 먼저 건물 전체에 전세권을 설정하긴 했지만 경매 신청을 하지 않았고, 배당요구를 하지도 않았기 때문이다.

전세권이 말소기준권리가 되지 못하면 바로 밑에 있는 가압류가 말소기준권리가 된다. 전세권은 말소기준권리보다 앞서게 되어 케OO의 1억 9500만원은 낙찰자가 인수해야 된다. 인수라는 것은 잔금납부를 하고 전세입자의 전세금을 따로 내어주어야 한다는 뜻이다. 배당요구를 하지 않은 선순위 전세권은 배당에 관한 권리가 없기에 법원에서 배

🔍 전체 임차인 배당표

순위	임차인	낙찰자인수금	보증금	대항력	배당사유	배당금	미배당금	배당신청
1	주식회사 케▦▦	1.95억	1.95억	대항력있음	-	0원	0원	미상

👑 등기 권리 분석

집합건물

채권액합계 : 2억 808만 8957원   📄 등기부등본 PDF ›

No	일시	권리종류	권리자	금액	권리
1(갑10)	14.08.06	소유권	윤▦▦(소유자)	-	
2(을7)	18.04.05	전세권	케▦▦	1억 9500만원	이전
3(갑12)	19.08.26	가압류	서울보증보험	1308만 8957원	소멸기준
4(갑13)	19.10.22	압류	천안시	-	소멸
5(갑15)	21.11.02	강제경매개시결정	포스코건설	-	소멸

경매정보	👑 프리미엄 분석	시세 및 입지 분석

배당요구종기일 : 22.02.07

매각명세서상 1명의 점유자가 있고 대항력 있는 점유자는 0명이에요. ❷

📄 매각물건명세서 PDF ›

점유자	점유	일시	금액	대항력
주식회사케▦▦	전부	전입 없음 확정 없음 배당 없음	보증금 1억 9500만원 차임 없음	

예시❶

🔍 전체 임차인 배당표

순위	임차인	낙찰자인수금	보증금	대항력	배당사유	배당금	미배당금	배당신청
1	김▓▓	0원	2.2억	-	대항력 없는 임차인	5.91천	1.6억	22.04.11

👑 등기 권리 분석

집합건물

채권액합계 : 2억 2000만원

No	일시	권리종류	권리자	금액	권리
1(갑2)	18.01.03	소유권	김▓ (소유자)	-	
2(을5)	18.02.02	전세권	김▓▓▓	2억 2000만원	이전
3(갑3)	21.10.05	압류	성남시	-	소멸기준
4(갑4)	21.12.09	압류	강서세무서장	-	소멸
5(갑5)	22.03.24	임의경매개시결정	김▓▓▓	-	소멸

예시❷

당받지 못한다. 하지만, 말소기준권리보다 앞서기에 낙찰자가 전액 인수해야 하는 것이다.

현재 최저가인 1465만원으로 낙찰받는다면, 인수해야 할 전세금은 1억 9500만원이니 총 취득금액은 2억 965만원에 취득하는 셈이다. 이때 취득세 기준은 인수하는 전세금을 포함하여 계산한다.

또 다른 경우를 살펴보자. 예시❷ 물건의 등기권리분석에 따르면 전세권자 김○○은 전세권과 임차권을 모두 가졌다. 전세권은 말소기준권리가 될 수 있지만, 대항력 있는 임차인은 자신의 전세권으로 인해 대항력을 잃지 않는다. 따라서 김○○은 보증금 2억 2000만원을 전액 배당받을 자격이 있고, 이 물건은 2억 2000만원 이상으로 입찰하여야 한다. 이 물건은 최저가 4100만원까지 유찰되었다.

임차권, 전세권, 임차권등기명령

그렇다면 임차권과 전세권 중 어떤 권리가 더 강력할까.

퀴즈 1. 영미는 전세권을 가지고 있고, 영수는 임차권을 가진다. 둘 중 무엇이 강력할까.
정답 : 고민할 것 없다. 먼저 설정된 것이 강력하다.

퀴즈 2. 최우선변제권은 전세권에 있는가, 임차권에 있는가.
정답 : 임차권에만 있다.

임차권과 전세권, 임차권등기명령은 모두 다른 뜻이다. 하나하나 구분해보자.

임차권

임차권은 주택임대차보호법에서 말하는 임차인의 권리이다. 이전에는 전세권이 있어야 임차인의 지위를 보장받았는데, 지금은 임차권만으로도 충분히 강력한 임차인의 권리를 보장받을 수 있게 되었다.

임차권으로 보호를 받기 위해서는 조건을 갖추어야 한다. 전입하고 확정일자를 받는 것이다. 절차는 간단하다. 임대차계약서, 신분증을 가지고 주민센터에 가서 접수만 하면 된다. 전입을 하면 대항력이 생기고, 확정일자까지 받으면 우선변제권을 가진다. 보증금이 소액이면 최우선변제권을 가진다.

임차권은 전세권처럼 등기부에 등기를 하지 않아도 된다. 등기를 하려면 돈이 들지만, 임차권은 무료이다. 그 힘은 막강한데 전입만으로도 '내가 이 집에 살고 있다'는 공시를 할 수 있기 때문이다. 다른 사람들이 나의 존재를 인식할 수 있게 해주는 것이다.

임차권의 단점이라면 전입을 유지해야만 한다는 것이다. 이사를 하면 대항력을 잃어버려 임차권이 사라진다. 전전세는 인정하지 않는다. 임차인 본인이 그 집에 사는 것은 임차권 인정이 되지만 제3자, 즉 다른 사람에게 재임대하는 것은 안 된다.

전세자금대출을 받으려면 임차권이 아닌 전세권을 필요로 할 수도 있다. 전세금을 빌려주는 은행에서 전세권설정을 요구하기 때문이다. 은행에서 전세권 대신 보증보험을 가입하라고 하기도 한다.

집주인이 보증금을 안 돌려주면 임차권만으로는 바로 경매신청을 할 수 없다. 소송을 해야 한다. 이 같은 경우에 나라에서는 임차인들을 약자로 여기기 때문에 일반소송이 아닌 '소액심판법'으로 할 수 있게 하였다. 금액이 얼마든 상관없이, 보증금이 5억이든, 6억이든 소액심판법으로 경매를 신청할 수 있다.

내가 사는 집이 경매에 넘어간 상황에서 보증금 반환을 나중에 받더라도 당장 이사를 가야 한다면 어떻게 할까? 그냥 전입을 옮기면 대항력을 잃어버린다. 이럴 때는 임차권등기명령 설정을 하고 이사를 가야 한다. 임차권등기로 인해 이사를 해도 임차인은 대항력을 유지를 할 수 있다.

정리해보면 임차권은 대항력, 우선변제권 그리고 최우선변제권이 있다. 임차권을 가진 사람들은 소액심판법으로 소송이 가능하고, 임차

임차권 요약

임차권은 주택임대차보호법에 의해 보호를 받는다. 하지만 보호를 받기 위해서는 그에 합당한 요건을 구비하여야 한다.

장점

- 임대차계약서, 신분증을 가지고 해당 주민센터를 방문하여 전입신고를 하고 확정일자를 받는다.
- 등기부등본에 등재하는 번거로움을 벗어나면서도 전세권설정과 같은 순위보존의 효력을 부여받을 수 있다.
- 전세권설정 시 발생하는 비용부담을 하지 않아도 되는 경제적인 이득이 있다.

단점

- 전입신고 상태를 꼭 유지해야만 법적인 보호를 받을 수 있다.
- 전전세는 해당하지 않는다.
- 전세자금대출을 받을 때 은행에서 전세권설정을 요구하기도 한다.
- 임대기간이 만료 시 임대보증금을 돌려받지 못하면 이사를 하기 위해서는 임차권등기명령을 해야 본인의 권리를 보호받을 수 있다.
- 계약기간이 지났는데도 임대인이 보증금을 반환하지 않는 경우에는 확정일자를 갖춘 임차인이 별도로 임차보증금반환청구소송 등을 제기하여 승소판결을 받아 강제집행을 신청해야 한다.

권등기를 하면 대항력을 유지한다. 이것이 임차권이다.

전세권

전세는 우리나라에만 있다. (아니, 볼리비아에도 있더라.) 다른 나라에는 없는 독특한 주거 형태이다. 하지만 요즘은 전세가 사라지고 있는 추세다. 전세금을 받아서 마땅히 투자할 곳이 없고, 전세를 받아 집을 사놓아도 집값이 올라주지 않으니 집주인이 전세를 낼 이유가 없어졌다. 또한 소액 빌라의 역전세로 인해 전세를 꺼리는 임차인이 늘고 있고, 전세보증보험의 한도가 126%로 낮아짐에 따라 집주인 입장에서는 차라리 월세를 내고 임대수익을 기대하는 편이 낫다.

전세권은 임차권이랑 다른 개념이다. 전세권은 등기부등본에 전세권설정등기를 하는 것이다. 임차인이 전세잔금을 치르는 날, 중개사무소에 법무사가 온다. 법무사는 전세권설정을 위한 서류 작성을 하고, 집주인의 동의서류를 첨부하여, 등기소에 가서 전세권설정등기를 한다. 설정 비용은 임차인이 부담하고, 나중에 이사를 나갈 때에는 전세권설정 등기말소를 하고 나가야 한다.

전세권설정은 전입신고를 못하는 상황에 특히 중요하다. 2013년 주택임대차보호법 개정 전, 중소기업이 집을 빌려 직원들의 사택으로 쓸 때 회사는 임차인으로 인정받지 못했다. 때문에 전세권설정을 하는 수밖에 없었다. 지금은 법이 바뀌어 직원이 전입을 하면 중소기업도 임차권을 갖게 되었다.

전세권은 우선변제권으로 배당받을 수 있지만, 대항력이라는 개념은 없다. 대항력은 임차권으로만 가질 수 있다. 말소기준권리 아래 있는 전세권은 그리 도움이 되지 못한다. 말소기준권리 위에 있는 선순위가 되어야 한다. 우선변제권은 역시 순서가 중요하다.

전세권을 가지면 임차권보다 쉽게 해당 집을 경매에 넣을 수 있다. 전세권은 근저당같이 임의경매신청을 할 수 있고, 담보대출을 받을 수 있다. 간혹 전세권에 대한 경매가 나오기도 한다. 전세권을 가진 임차인에게 돈을 돌려달라고 하는 채권자들이 전세권을 경매에 넣는다.

전세권 요약

전세권은 전세금을 집주인에게 지급하고, 다른 사람 소유의 부동산을 사용·수익할 수 있는 권리이다. 우리나라에만 있는 특이한 제도다. 임대인의 동의를 얻어 등기소에 등기를 한다.

장점

• 전입신고를 못하는 상황이거나 주소 이전이 예상되는 경우에는 임차인의 거주요건을 증명하는 전입기간과 무관하게 보호를 받을 수 있도록 전세권을 설정하여 안전을 유지할 수 있다.
• 필요에 따라 전전세를 줄 수 있어 유연성 있게 주택을 활용할 수 있다.
• 전세권을 담보로 대출을 받을 수 있다. (질권을 설정하고 전세자금대출을 받는다.)
• 계약기간이 지났음에도 임대인이 전세보증금을 반환하지 않는 경우에는 전세권 설정을 한 임차인은 확정판결절차 없이 임의경매를 신청할 수 있다.

단점

• 비용이 들고, 임대인의 동의를 받아야 한다.
• 전세보증금을 돌려받으면 전세권설정등기를 말소해야 한다.

임차권과 전세권을 둘 다 가지고 있는 사람이 보증금 반환을 못 받았다면 어떤 권리로 경매신청이 유리할까? 임차권은 소액심판법으로 경매신청을 하여야 하고, 전세권은 임의경매로 경매신청을 할 수 있다. 절차상으로 소액심판권보다는 임의경매를 넣는 게 훨씬 더 수월하다. 임의경매는 서류만 제출하면 되는 데 비해, 소액심판은 법원을 몇 번 들락날락해야 하는 거니까.

전세권과 임차권 둘 중 선택하라면 나는 임차권을 선택한다. 전세권을 굳이 비용 들여서 할 필요 있나 싶다. 선순위 임차인의 권리로 대항력을 갖추는 게 가장 강력하다.

임차권등기명령

등기부등본에서 '임차권등기명령'이라는 등기가 설정된 집을 보았는가? 이는 그 집의 임차인이 집주인에게 보증금을 돌려받았지 못했다는 뜻이다. 임차인이 이사를 나가고 집이 비어 있을 가능성도 높다.

'임차권등기명령'은 이럴 때 하는 등기이다. 계약기간이 끝났는데, 집주인이 보증금을 돌려주지 않으면 임차인은 '임차권등기명령' 신청을 할 수 있다. 임차권을 등기부등본에 등기하면, 임차인은 이사를 하더라도 대항력을 계속 유지한다. 동시에 최우선변제권도 계속 유지된다. (일반적으로 임차권은 등기 대신 전입으로 대항력을 공시하는데, 임차권등기명령은 전입이 아닌 등기로 대항력을 공시한다.)

임차권등기 관련해서는 이런 상황이 있을 수도 있다.

"집주인님, 저 이사 가야 하는데요."

"다음 임차인이 와야 보증금 내어주는데 어쩌죠?"

"보증금 임차권등기 하고 나갈게요. 나중에 돌려주세요."

임차권등기를 하고 임차인이 이사를 나갔다. 이 집에 다른 월세 임차인이 들어왔다. 얼마 후 집은 경매에 넘어갔다.

최우선변제권은 누구에게 있을까. 임차권등기를 한 전 임차인에게만 배당이 된다. 새 임차인은 최우선변제권이 없다. 그러니 절대 이미 임차권등기가 된 집에 들어가면 안 된다. 돈 못 받은 사람이 버젓이 있는데, 거기에 또 들어가면 안 되는 것이다.

경매투자자라면 또 이런 경우도 있다. '임차권등기명령'이 있는 물건을 낙찰받고 싶을 때도 있다. 이럴 땐 지금 이 집에 사람이 사는지 확인을 해봐야 한다. 빈집은 그리 선호 대상이 아니다. 집이 오래 비어 있게 되면 집이 망가졌을 수 있다. 겨울을 혼자 보낸 집은 보일러에 문제가 생겼을 수도 있다. 임차인이 왜 이 집에서 나가려고 했는지도 궁금하다. 단순히 이사를 하기 위한 것인지, 역전세로 인해 임차인이 임차권등기명령을 설정한 것인지 등 다른 임차인이 안 들어온 이유가 따로 있는지 확인하자.

보증금을 반환하면 임차권등기를 말소할 수 있다. 경매개시 전 임차권등기 한 임차인은 배당요구 없어도 배당이 가능함을 다시 한 번 알아두자.

　　　　　　　　　　　3부. 경매 고수로 가는 가장 쉽고 빠른 길

임차권등기명령 요약

- 임대차 종료 후 보증금 반환이 안 되면 임차권등기명령 신청을 할 수 있다.
- 이사를 하거나 주민등록 이전 시에도 과거 취득한 대항력과 우선변제권을 유지할 수 있다.
- 임차권등기명령이 이미 집행된 집에 이사한 소액임차인은 최우선변제를 받을 수 없다.
- 등기청구비용을 임대인에게 청구가능하고, 금융기관 등이 대위청구도 가능하다.
- 보증금 반환의무가 임차권등기말소의무보다 우선된다.
- 임차권등기 한 임차인은 배당요구 없이도 배당 가능하다.

임차권자의 경매신청

임차권자는 담보권자가 아니므로 경매신청권이 없다. 보증금반환청구소송을 제기하여 승소판결을 받아 집행권으로 강제경매를 해야 한다. 보증금의 액수와 상관없이 '소액심판법'이 적용된다. 임차물 반환과 보증금 반환이 동시이행관계에 있지만, 예외로 임차주택에 살면서 강제집행이 가능하다.

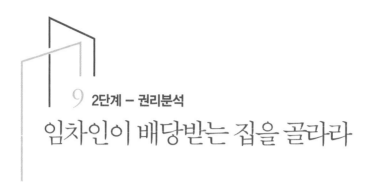

9 2단계 – 권리분석

임차인이 배당받는 집을 골라라

혹시 내가 떠안아야 할 돈이 있을까

이제 당신은 말소기준권리를 찾을 수 있고, 임차인의 권리를 판단할 수 있게 되었다. 이번엔 배당을 살펴보아야 한다. 임차인이 배당을 받는다면 낙찰자가 '인수'해야 할 금액은 없다. 낙찰자에게는 위험요소가 제거되는 것이므로 중요한 부분이다. 임차인이 말소기준권리보다 후순위면서 우선변제권을 가진 집은 입찰해도 좋을까?

예시를 통해 알아보자. 다음의 임차인 현황을 보면 2022년에 전입을 했고 보증금은 3억 2000만원이다.

2022년이면 임차인의 권리는 건물등기사항(등기권리분석)에서 날짜상 을8과 갑6 사이에 놓이게 된다. 임차인의 보증금 앞에 총 2억 4000만

임차인현황	건물소멸기준 : 2016-03-03	배당종기일 : 2023-07-10					매각물건명세서	예상배당표
순위	성립자	권리자	권리종류(점유부분)	보증금금액	신고	대항	참조용 예상배당여부 (최저가 기준)	
1	전입 2022-02-10 확정 2022-01-03 배당 2023-07-04	주택 L■■■	주거임차인 전부 (임차인박■■)	[보] 320,000,000원	○	없음	배당금 : 137,687,400원 미배당 : 182,312,600원 일부배당(미배당금 소멸(예상),	

● 임차인(별지)점유
- 주택 ■■■■(임차인:■■■) : 임차인 ■■■■의 임차보증금반환채권의 양수인임

건물 등기 사항	건물열람일 : 2023-10-23					등기사항증명서
구분	성립일자	권리종류	권리자	권리금액	상태	비고
갑3	2010-06-30	소유권	농■■■		이전	매매
갑5	2016-03-03	소유권	배■■■	(거래가) 344,000,000원	이전	매매
을8	2016-03-03	(근)저당	국■■■	240,000,000원	소멸기준	
갑6	2023-04-20	임의경매	국■■■	청구 : 462,638,106원	소멸	

임차인 현황과 건물등기사항(등기권리분석)

원이 있고, 보증금이 3억 2000만원이니 이 집의 낙찰가가 5억 6000만원
이면 임차인은 보증금 전액을 돌려받을 수 있다. 즉, 이 물건의 가치가
5억 6000만원 이상이면 임차인은 전액배당을 받을 것이다. 그러나 더
낮은 가격에 낙찰이 된다면 임차인은 일부만 배당을 받고 나가야 할 것
이다.

임차인이 배당을 받아야 명도가 쉽다

낙찰자인 당신에게는 채권자들이 배당을 받는지 여부는 중요하지
않다. 당신에게 중요한 것은 임차인들의 배당 여부다. 임차인들이 배
당받을 수 있는 집이 명도도 쉽다. 일부라도 보증금을 돌려받는 임차인
을 상대하는 게 훨씬 편하다. 그런 집만 고른다면 경매가 참 쉽다고 생
각될 것이다.

임차인의 권리보다
앞서는 권리들

말소기준권리 순서가 전부는 아니다

부동산 경매가 어려운 것은 항상 예외가 있기 때문이다. 말소기준권리 순서대로만 배당이 되면 계산하기 쉬우련만 몇 가지 함정이 있다. 시간상 순서가 늦더라도 어떤 권리는 다른 것보다 먼저 배당한다.

1순위. 경매집행비용(필요비와 유익비 포함)

1순위 경매비용은 법원에서 경매를 진행하면서 가져가는 일종의 수수료이다. 경매법원에서 공고하고, 현황조사를 하고, 감정평가를 하고, 송달하는 과정에는 비용이 든다. 경매를 신청한 채권자가 이 비용을 미리 내는데 이를 경매실행비용(경매신청비용+예납금)이라 하고 0순위로

낙찰대금의 배당순위

1순위 경매집행비용(경매 목적 부동산에 투입한 필요비와 유익비 포함)

2순위 최우선변제(소액보증금, 최종 3개월 임금과 최종 3년간의 퇴직금, 재해보상금 등) → 안분배당

3순위 당해세(국세 중 상속세, 증여세, 종합부동산세, 재평가세와 지방세 중 재산세, 자동차세, 도시계획세, 종합토지세 등)

4순위 우선변제권(전세권, 저당권, 담보가등기 등 담보물권과 대항력 및 확정일자 갖춘 임차권, 당해세 이외의 조세는 법정기일 기준) → 시간 순서

5순위 일반임금채권

6순위 담보물권보다 늦은 조세채권

7순위 의료보험료, 산업재해보상보험료, 국민연금보험료 등의 각종 공과금

8순위 일반채권자의 채권

가장 먼저 배당한다.

법원이 경매를 진행하는 데 드는 비용은 매각가의 2~5% 정도로 그리 크지 않은 금액이다. 만약 매각대금 1억 8773만원이라면 약 300만원 정도가 발생한다. 이 금액은 법원에서 정하는 것이기 때문에 정확하게 예측하기 힘들지만, 소액이라 배당에 별 영향을 미치지 않는다. 필요비와 유익비는 점유자가 집을 수리한 내역을 법원에 청구해 배당받는 것이다. 법원에서 인정을 받으면 제일 먼저 배당받지만, 통상적으로 배당받기가 쉽지 않다.

2순위. 최우선변제

여기서부터 중요하다. 임차인의 소액임차보증금, 근로자의 3개월분

임금과 3년간 퇴직금, 재해보상금이 2순위다.

임차인의 소액임차보증금은 앞서 배운 최우선변제금으로 말소기준권리에 상관없이 먼저 배당한다. 그런데 이것이 근로자의 체납 임금, 퇴직금과 순위가 같다. 따라서 등기부등본에 근로복지공단의 압류가 있으면 주의해야 한다. 밀린 월급과 퇴직금이 그 원인이기 때문이다. 산재보험(재해보상금)도 조심하자.

이것들은 2순위 안에서 순서에 상관없이 공평하게 나누어 배당된다. 2순위 권리들은 안분배당을 하는 것이다. 안분배당이란 순서가 중요하지 않고 동등한 권리로, 비율별로 공평하게 나누는 것을 말한다. 990만원의 배당금이 있고 A채권이 1000만원, B채권이 500만원인 경우에 2대 1의 비율로 배당을 하는 것이 공평하다. 안분배당으로 배당하면 A는 660만원, B는 330만원을 배당받게 된다.

그러므로 만약 밀린 월급의 금액이 크다면 임차인에게 배당되는 소액임차보증금 금액이 적어질 수 있다. 소액임차보증금과 이들은 순위가 같아 채권의 비율로 안분배당이 되기 때문이다. 집의 소유자가 ○○건설회사, ○○토건 등의 회사라면 이들의 임금채권을 알아야 한다. 최근 담당 경매계에서는 개인정보보호를 이유로 금액을 알려주지 않는 편이다.

3순위. 당해세

당해세는 해당 부동산에 대한 세금이다. 국세로는 담보설정 이전에 부과된 상속세, 증여세, 종합부동산세가 있고 지방세로는 재산세, 종합

토지세, 도시계획세, 공공시설 및 지방교육세(물건이 자동차일 경우 자동차세)가 있다. 취등록세는 제외된다.

부동산 경매에서 주로 만날 수 있는 당해세는 재산세, 혹은 종합부동산세다. 주거용 물건은 재산세가 그리 크지 않지만, 종부세는 금액이 꽤 크다. 종부세 부담이 커진 2021년 이후, 집주인의 미납종부세가 먼저 배당되어 대항력 있는 임차인의 보증금이 배당되지 않는 일이 많아졌다.

이에 확정일자가 빠른 임차인의 임차보증금이 당해세보다 먼저 배당되는 것으로 개정되었다(2023년 4월 이후 매각부터). 단 당해세 중 국세인 종합부동산세만 적용되며, 지방세인 재산세는 아직 논의 중이다. 또한 당해세의 발생일 기준이 '신고일', '납세 고지서 발송일'이기에 여전히 정확한 발생일을 알 수 없다는 문제가 발생한다.

마지막으로 공장이나 상가의 당해세는 금액이 크기에 주의해야 한다. 따로 고지가 없다면 관할 시군구청을 통해 당해세 금액을 확인해야 한다. 하지만 개인정보보호로 인해 채무자의 체납액을 알려주지 않기에 입찰자가 정확한 체납액을 알기는 쉽지 않다.

4순위. 우선변제권

임차인의 보증금, 근저당권, 전세권, 담보가등기, 임차권등기, 당해세를 제외한 세금 등은 우선변제권을 가진다. 이들 권리들은 접수 날짜에 따라 순서대로 배당을 받는다. 순서가 빠른 우선변제권이 먼저 배당을 받기에 순서가 늦으면 배당을 받지 못할 수도 있다.

우선변제권의 배당 순위는 다음과 같다.

① 우선변제권이 같은 날짜라면 접수번호 순서대로 배당한다.

② 접수 순서를 구분할 수 없을 때, 임차권과 근저당이 같은 순위일 때, 가압류들끼리는 안분배당을 한다.

③ 임차인의 우선변제권이 생기는 날은 전입과 확정 일자 중 늦은 날짜 기준이다.

특히 조세채권의 법정기일을 주의하라. 당해세 이외의 세금체납인 조세채권은 우선변제권을 갖는다. 조세채권은 조세채권 우선의 원칙에 따라 법정기일을 기준으로 배당한다. 법정기일은 세금신고일, 고지서발송일, 납세의무확정일 등으로 서류에 보이지 않기에 입찰자는 그 날짜를 확인할 수 없다.

조세채권의 등기부등본상 접수일자가 늦더라도 법정기일이 임차인의 전입일자보다 빠르다면 세금이 임차인의 보증금보다 먼저 배당된다. 만약 임차인이 대항력 있는 선순위 임차인이라면, 임차인은 못 받은 보증금을 낙찰자에게 요구할 것이다. 낙찰자는 꼼짝없이 임차인의 보증금을 인수해야 하기에 피해금액이 크면 차라리 입찰보증금을 포기하기도 한다.

그렇다면 조세채권이 의심되는 물건을 문제 없이 낙찰받기 위해서는 사전에 무엇을 점검해야 할까. 먼저, 등기상 혹은 매각물건명세서에 조세채권에 대한 언급이 있는지 확인한다. 만약 무언가 위험이 있는 것 같다면 관공서, 관리사무소 등에 직접 물어 탐문을 한다. 그럼에도 이상이 없는 것을 확인한 다음 입찰을 해야 한다.

한 번 의심이 갔던 물건들은 낙찰 후에도 마음을 놓아서는 안 된다. 낙찰 후에는 이해관계인으로 법원서류를 열람할 수 있기에 조세채권의 법정기일을 정확히 확인해야 한다. 이때 법정기일이 빠른 조세채권이 있다면 매각불허가신청을 할 수 있다. 인수금액의 크기를 보고 불허가를 받을 것인지 여부를 판단한다.

다행히 공매의 경우 온비드에서 공매재산명세서에 법정기일을 기재하고 있다. 공매입찰 시 이를 반드시 확인해야 한다. 최근에는 경매에서도 법원이 매각물건명세서에 기재하는 경우도 많아졌지만, 여전히 알 수 없는 세금의 법정기일이 있음을 주의하라.

기타

5순위부터 8순위까지는 임차인의 우선변제권보다 늦은 권리들이다. 알고만 가도 좋다. 입찰자 입장에서는 점유자인 임차인의 배당 여부만 중요하다. 5순위는 앞에서 2순위로 받은 임금 외의 임금채권, 즉 밀린 월급 혹은 퇴직금이 있다면 배당된다. 6순위는 저당권보다 순위가 늦은 국세, 지방세다. 7순위는 산업재해보상금, 건강보험금, 연금보험금 등 각종 공과금이다. 8순위는 우선변제권이 없는 가압류채권, 일반채권, 과태료다.

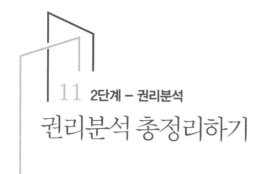

11 2단계 – 권리분석
권리분석 총정리하기

쉬운 물건만 하자

경매의 기본은 권리분석이다. 권리분석 중에서 고사성어에 속하는 어려운 단어에 발목 잡힐 필요는 없다. 우선 정말 쉬운 기본만 공부하자. 그리고 주의해야 할 함정만 피하자.

권리분석 총정리

1. 등기부등본

집주인의 채무 정도와 재산의 정도를 예상하고, 취하될 수 있는 물건인지도 가늠해보아라. 압류나 근저당 금액이 소액인 물건은 그 돈을 갚아버려 경매가 취하되는 경우도 있다.

2. 말소기준권리

다음으로 인수하는 권리가 없는 집을 찾아라. 말소기준권리가 되는 것은 다섯 가지다.

(근)저당권, (가)압류, 경매개시결정, 담보가등기, 선순위 전세권

말소기준권리 앞의 것은 인수, 뒤의 것은 소멸이다. 말소기준권리 아래로도 인수되는 네 가지 예외가 있다. 기억하자.

예고등기, 가처분등기, 유치권, 지상권

3. 임차인의 권리

임차인의 대항력과 보증금 반환 여부를 확인하라. 임차인의 배당받을 권리는 세 가지가 있다.

우선변제권, 최우선변제권, 주택임차권

임차인이 일부라도 받아가는 보증금이 있어야 명도가 순조롭다. 배당순위와 금액을 살펴보고 임차인이 보증금을 돌려받는 집을 골라라.

4. 배당

근로복지공단의 압류, 즉 임금채권을 조심해야 한다. 근로복지공단의 압류는 임차인의 최우선변제금과 같은 순위다. 당해세, 법정기일이 빠른 조세채권은 임차인의 보증금보다 먼저 배당될 수 있기에 더욱 주의해야 한다.

이 네 가지만은 반드시 기억하자. 그야말로 가장 기본적인 권리분석의 핵심이다. 처음에는 용어가 어려워 낯설겠지만 자꾸 접하다 보면 익숙해질 것이다. 유료사이트에서는 기본 권리분석을 해서 물건 상세페이지에 게시한다. 이것을 참고하되 반드시 스스로 할 수 있어야 한다.

경매 고수의 노하우

쉬운 경매, 어떤 집을 고를까?

1. 잘 아는 지역의 집

무엇이든 한 가지 케이스만 익히고 나면 그 다음은 쉽기 마련이다. 내가 사는 지역, 혹은 잘 아는 지역이나 꼭 사고 싶은 지역을 정해서 그 지역만 마스터해보자. 경매에서 가장 잦은 실수는 시세를 잘못 파악하여 비싸게 낙찰받는 것이다. 시세파악을 제대로 하여 좋은 집을 싸게 잘 사는 것이 가장 중요하다.

2. 말소기준권리보다 앞선 권리가 없는 집

부동산 등기부등본에는 그 집에 관련된 여러 가지 사연이 쓰여 있다. 일반 부동산 거래를 하면 등기부상의 지저분한 내용이 그대로 따라가지만, 경매로 낙찰이 되면 이런 지저분한 것들이 싹 없어진다. 그야말로 말소되는 것이다. 그 기준이 되는 것을 말소기준권리라고 한다.

운동회 할 때 '기준'을 기억하는가? 말소기준권리는 바로 그 기준이다. 이 기준 뒤에 있는 모든 빚은 그냥 다 사라진다. (집이 1억인데, 말소기준권리 뒤에 빚이 2억이 있다 해도 이 집에 대한 빚은 완전히 말소되어 버린다는 말씀! 간혹 몇 가지 예외도 있다는 것을 잊지는 말자.) 문제는 말소기준권리 앞에 있는 것들이다. 이것들은 사라지지 않고 낙찰 후에도 따라오기 때문에 보증금을 날리기도 하고, 추가비용이 생기기도 한다. 바로 이 때문에 복잡한 법률공부를 해야 한다. 그러나 애초에 말소기준권리 앞에 아무것도 없는 집을 고르면 아무 문제없다.

3. 살고 있는 사람이 잘 나갈 집

집에는 집주인이 살고 있거나 임차인이 살고 있다. 그 집에 살고 있는 사람을 내보내야 새로 임차인을 들일 수 있다. 이 사람들을 내보내는 것을 명도라고 하는데, 명도가 쉬운 집이 좋은 집이다.

임차인이 살고 있다면 전세나 월세 보증금을 받아가는 집을 고른다. 이들은 낙찰자의 '명도확인서'가 없으면 법원으로부터 보증금을 반환받지 못한다. 꼭 전부가 아니더라도 일부만 받아가는 임차인도 빨리 이사를 가려고 애를 쓴다.

집주인도 다른 채권자들에게 배당하고 나서 남은 금액이 있다면 배당을 받을 수 있는데, 집주인은 명도확인서가 없어도 배당이 된다. 만약 배당받은 집주인이 이사비를 요구하거나 기타 이유로 이사 나가는 것을 꺼려한다면 집주인이 받을 남은 배당금에 '불법행위에 기한 손해배상액의 채권압류'를 하여 집주인에게 그나마 남은 돈도 받을 수 없다는 것을 친절히 알려주면 된다. 대부분 남은 돈을 받기 위해 이사를 선택한다.

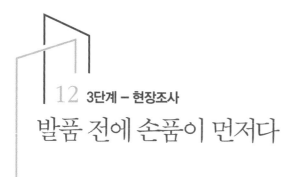

12 3단계 – 현장조사
발품 전에 손품이 먼저다

물건을 파악하는 가장 쉬운 방법

이제 권리분석이 무엇인지 잘 알았을 것이다. 그렇다면 본격적으로 마음에 드는 물건을 고를 차례다. 이를 부동산 경매에서는 흔히 '손품을 판다'라고 말한다.

손품은 많이 팔면 많이 팔수록 좋다. 어떻게 해야 하는지 예를 들어 자세히 알아보자. 수원에 사는 사람이 서울 영등포구의 아파트를 검색하다가 마음에 드는 경매 매물이 있는 것을 발견했다. 5호선 영등포시장역 근처의 경남아너스빌 아파트이다. 그런데 이 지역에 대한 기본 정보가 없다면 어디서 무엇부터 보아야 할까.

1. 유료 경매사이트에서 매물 정보 확인하기

유료 경매사이트에서 최근 실거래가와 호가를 확인한다. 그리고 입찰하기에 적정한 물건인지 현재 타이밍은 어떤지 살펴본다.

투자를 할 때는 가격 증감율, 저평가지수, 구매력, 수요공급 등의 투자지수를 평가하여 체크리스트로 환산해서 가격상승 정도를 예측해야

리치고의 매물 정보 확인

리치고의 실거래가 가격추이 확인

한다. 현재와 과거의 실거래가 비교를 통해 가격추이를 살펴보는 것이다. 또한 학군, 환경, 호재도 확인할 수 있다.

2. 포털사이트 검색하기

유료 경매사이트에서 사전조사가 끝났으면, 네이버에서 검색을 한다. 포털 검색은 구체적으로 해야 한다. 동네 이름보다 아파트명을 넣는 것이 좋다. 해당 아파트의 커뮤니티 카페가 있을 수도 있고, 인테리어 정보, 블로그를 운영하는 중개사들의 매물 정보도 알 수 있기 때문이다.

이곳들을 샅샅이 파헤쳐서 관심 있는 매물에 대한 모든 정보를 머릿속에 입력하도록 한다. 그리고 의문이 생기는 지점이 있으면 메모를 해 현장답사 때 이를 확인하자.

3. 지자체 홈페이지 확인하기

재건축이나 재개발 등의 호재가 있다면 지자체 홈페이지도 방문해보자. 지자체 홈페이지는 각각 다른 형식을 취하고 있지만, 찾기 어렵진 않다. 이곳에는 담당자 전화번호뿐만 아니라 믿을 만한 다양한 정보가 있으니, 찬찬히 살펴보면 정부의 디지털화에 놀라게 될 것이다.

4. 판단이 어려운 내용은 현장조사에서 확인하기

한 아파트만 해도 이렇게 정보가 많다. 정보를 캐다 보면 고구마처럼 줄줄이 끌려나온다. 하고 많은 정보 중에서 무엇을 취하고 무엇을 버릴까?

지자체 홈페이지

　가장 신뢰가 가는 정보는 정부와 지자체 정보다. 정부와 지자체 정보를 중심으로 다른 정보를 취합하면 실수가 없다. 뉴스는 자극적인 내용으로 각색되는 경우가 많으므로 가려서 취하도록 한다. 이렇다더라 저렇다더라 하는 카더라식 정보도 과감하게 버리자. 초등학생도 의견을 내는 세상이 아닌가.

　이외에도 판단이 어려운 내용은 정리했다가 현장조사를 할 때 내가 직접 확인한다.

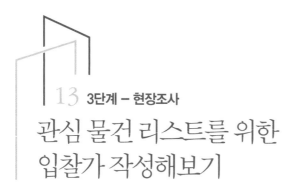

13 3단계 – 현장조사

관심 물건 리스트를 위한 입찰가 작성해보기

현장 방문 전 예상입찰가 파악하기

"지난해 수도권의 경매물건 수는 역대 최대치를, 낙찰가율은 역대 최저치를 기록했다. 물건은 많고 낙찰가율은 낮아 실수요자들의 관심이 높아질 전망이다."

뉴스에서는 경매 낙찰가율이 올랐네 떨어졌네 하며 요란을 떤다. 해석하자면 수도권의 경매물건이 많아지고, 낙찰가격은 떨어져서 실수요자들에게 좋다는 말이다.

낙찰가는 낙찰된 가격이고, 낙찰가율은 감정가 대비 낙찰된 가격의 비율이다. 감정가 7억원에 낙찰가는 4억 7600만원이라면 낙찰가율은 68%다. 낙찰가율이 68%라서 좋은 가격이고, 낙찰가율이 90%라서 나

뻔 가격인 것은 아니다. 낙찰가율은 참고사항일 뿐이며, 언제나 가장 중요한 것은 지금의 시세다.

지금까지는 손품을 팔면서 관심 있는 물건에 대해 자세히 살펴봤다. 이제는 현장조사를 위해 관심 물건 리스트와 해당 물건의 예상입찰가를 설정해야 한다. 도대체 무엇을 기준으로 입찰가를 써야 하는 걸까. 강서구의 한 아파트를 예로 들어 살펴보자.

아래 물건은 전용면적 39㎡(12평) 아파트로 방 두 개짜리다. 감정가는 5억 4300만원이고, 2회 유찰되어 3억 4752만원부터 입찰이 가능하다. 이 가격은 적당할까. 입찰한다면 얼마가 좋을까. 먼저 이 집의 기본 정보를 살펴보자. 아래 그래프로 보이듯, 이 집의 실거래가는 4억 3100만

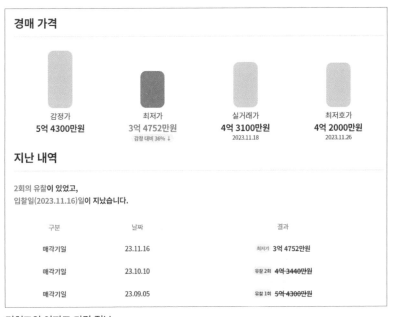

리치고의 아파트 가격 정보

원, 최저호가는 4억 2000만원이다. 이 정보를 바탕으로 이제부터 아파트 실거래가와 현재 매물 가격 등을 하나씩 검토해보겠다.

1. 아파트 실거래가

네이버부동산에서 다시 한 번 이 아파트의 시세를 확인해보자. 해당 단지를 찾아 '시세, 실거래가'를 클릭한다. 평형별로 가격이 나와 있다. 39㎡은 분양면적으로 52㎡이다. 2023년 11월에만 두 건이 거래되었는데, 5층은 4억 3100만원에, 13층은 4억 6000만원에 매매되었다. 경매

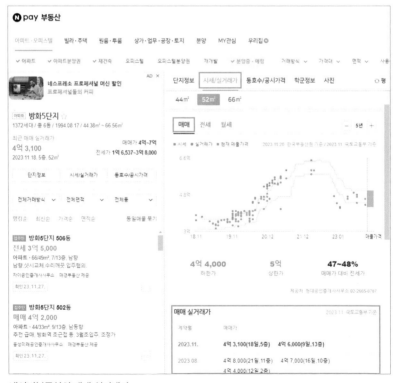

네이버부동산의 매매 실거래가

최저가가 3억 4752만원이니 이 집을 원한다면 이번 회차에 입찰해야 한다.

전세가는 어떤지 살펴보자. (국토교통부의 실거래가는 1분기 전의 것이 공시되므로 3개월 전 과거의 것이라는 점을 염두에 두자.) 이 아파트는 작은 평수의 전세계약이 많았다. 39㎡는 전세가 2억 2000만원에서 2억 5000만원 사이인데, 전세가의 편차가 큰 이유는 내부 리모델링 정도에 따른 것으로 짐작된다. 자세한 사항은 현장에서 확인할 수 있고, 가장 최근의 전세가도 근처 부동산에 문의하는 것이 가장 정확하다.

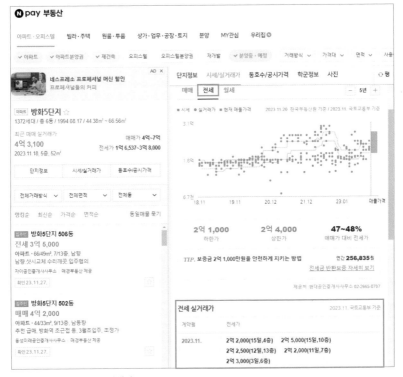

네이버부동산의 전세 실거래가

2. 현재 매물가격

현재 매물은 얼마에 나와 있는지 확인해보자. 네이버부동산에서 '매매'를 체크한 후 검색한다. 전용 39㎡는 매물이 7~8건 있다. 9층은 4억 2000만원이고, 기준층은 최대 5억원이다. 지난 분기와 가격이 비슷하다는 것을 알 수 있다.

정리하면, 이 집은 감정가가 5억 4300만원이고, 2회 유찰되어 현재 최저가는 3억 4752만원이다. 조사일(2023년 11월 27일) 기준으로 이번 달 11월에 4억 3100만원으로 마지막 실거래가 있었다. 전세는 2억 2000만원에서 2억 5000만원 사이고, 전세거래는 활발한 편이다. 현재 매물은 9층 4억 2000만원과 기준층 4억 6000만원에서 5억 사이에 나와 있다. 또한 경매 거래 이력을 살펴보면 2개월 전인 작년 11월에 8층이 2억 2690만원에 낙찰되었으며 입찰자는 모두 18명이었다. 최근 해당단지의 경매 사례는 없었다.

네이버부동산의 매물 가격

그렇다면 이 집의 예상낙찰가는 얼마일까. 감정가는 중요하지 않다. 현 매물가가 가장 중요하다. 현재 1층 기준 매물가인 4억 2000만 원보다 최소한 4000만원은 싸게 사야 경매로 살 이유가 된다. 이는 입찰가를 3억 8000만원 이상으로 쓰면 안 된다는 이야기다. 또한 최근 낙찰가가 계속 떨어지는 시점이므로 그 가격보다 더 낮은 금액을 써도 좋을 듯하다.

현재 시세를 반영한 이 집의 예상낙찰가는 최대 3억 9000만원, 최소는 최저가인 3억 8000만원이다. 유찰이 된다 해도 결국 낙찰가는 이 이하 가격으로 떨어지지 않을 것이다. 철저한 현장조사로 이 집의 가치를 정확히 파악한 입찰자라면 터무니없이 낮은 가격을 써내지는 않을 것이기 때문이다. 다만 정확한 시세는 현장에서 확인해야 한다. 미납 관리비와 단지 내에서 선호하는 동 여부도 가격결정에 영향을 미친다.

이렇게 손품으로 검색한 아파트 실거래가와 현재 매물가격을 꼼꼼히 비교하면 합리적인 예상낙찰가를 추측할 수 있다. 이를 바탕으로 당신의 관심 리스트를 작성한 후에 물건지를 직접 방문해보자.

1지망

입찰일:

아파트명/평수:

조사일	감정가 최저가	매매가(인터넷) [최저가/최고가]	실거래가 (국토교통부)		과거 낙찰가	예상가
			매매			
			전세			
			월세			

현장조사 내용:

2지망

입찰일:

아파트명/평수:

조사일	감정가 최저가	매매가(인터넷) [최저가/최고가]	실거래가 (국토교통부)		과거 낙찰가	예상가
			매매			
			전세			
			월세			

현장조사 내용:

3지망

입찰일:

아파트명/평수:

조사일	감정가 최저가	매매가(인터넷) [최저가/최고가]	실거래가 (국토교통부)		과거 낙찰가	예상가
			매매			
			전세			
			월세			

현장조사 내용:

관심 물건 리스트

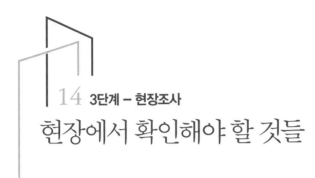

14 3단계 – 현장조사
현장에서 확인해야 할 것들

현장조사 준비하기

우리는 앞에서 인터넷을 이용해 지역조사와 시세조사를 마쳤다. 옷은 온라인 쇼핑몰에서 구매한 후에 이상이 있으면 반품을 해도 되지만, 집은 그럴 수가 없다. 혹여 하자가 있더라도 모든 책임은 본인이 져야 한다. 그러므로 집은 현장을 꼭 확인해야 한다.

도저히 집 보러 갈 시간이 안 된다면 그 집은 아예 입찰하지 말자. 맘에 둔 집을 조사하러 갈 때 달랑 그 집 하나만 보지 말고, 인근에 경매로 나온 다른 집들도 함께 보자. 의외로 주변의 다른 집이 더 나을 수도 있다. 많이 걸어야 하니 발이 편한 운동화를 신고, 경매물건 상세페이지 프린트한 것과 조사내역 정리한 것을 챙겨 길을 나서자.

우편함은 정보의 보물창고

경매에 나온 집에 도착했다면 제일 먼저 우편함의 우편물을 살짝 들 춰보자. 이 집에 살고 있는 사람이 내가 알고 있는, 경매물건 서류에 나와 있는 사람이 맞는지 확인하고, 만약 이름이 다르다면 메모해둔다. 명도할 때 이름을 알고 있으면 도움이 된다.

우편물은 살고 있는 사람의 생활도 엿볼 수 있다. 연금이나 보험 우편물이 있다면 계획을 잘하는 사람이다. 독촉고지서가 쌓여 있다면 생활비도 부족하다는 것을 알 수 있다. 아마도 우편함에 경매 컨설팅회사의 우편물이 가득할 것이다. 만약 우편함이 깨끗하게 비워져 있다면 깔끔한 성격의 소유자이다.

관리사무소와의 관계도 중요하다

관리사무소에 방문해서 체납 관리비를 확인한다. 경매물건 서류 출력한 것을 보여주면 관리사무소에서 체납 관리비를 알려준다. 먼저 다녀간 사람이 많으면 사무실 직원이 귀찮아하며 대답을 회피할 수도 있다. 다녀간 사람의 수는 이 집을 입찰하기 위해서 현장조사를 나온 사람의 수이다. 그들 중 적어도 3분의 2는 경매에 참가할 것이다. 입찰 전날 전화를 하여 총 몇 명이나 다녀갔는지 한 번 더 확인하면 경쟁자가 몇 명인지 알 수 있다. 미리 안면을 터두면 직원이 이때도 잘 알려준다.

평범한 빌라에 현장답사를 간 적이 있었다. 연식에 비해 빌라 상태가 너무 좋았다.

"뭐지? 이 빌라. 뭔가 심상치 않은데."

특별하게 새로 뭔가를 한 것도 아닌데, 기본적으로 관리가 잘된 빌라이다. 빌라 앞에 예쁘게 꾸민 공지도 있고, 현관에 주차 카드가 붙어 있는데, 각 호실마다 주차 자리가 정해져 있었다. 바로 옆에 있는 공인중개사님과 대화를 하면서 빌라의 비밀을 알 수 있었다.

"여기 8세대가 살고 있는데, 다 주인들이에요. 다들 거의 처음 지어질 때부터 살고 있을걸. 경매에 나온 그 집 하나만 임대야. 다 원주민들인 거죠. 1층 아주머니가 관리를 똑 소리 나게 잘해요. 건물이 말끔하잖아."

내가 입찰을 할까 고려하던 그 세대만 제외하고 다 주인들이 산다는 것이다. 그런 건물은 관리가 잘 될 수밖에 없다. 아파트가 장기수선충당금을 모아 수리하듯이 빌라관리비를 모아 외벽도 고치고, 지붕도 보수하곤 했을 것이다. 빌라도 이렇게 관리하면 하자가 없다. 그런데, 임차인만 사는 빌라라면 관리하는 사람이 없을 것이고 집 상태는 엉망이 된다. 낙찰받았는데 상태가 매우 안 좋다면, 다른 호실 소유주들에게 다 연락해 수리를 할 수도 있다.

전입세대열람은 필수

경매물건 상세 서류를 가지고 주민센터에 가서 '전입세대열람'을 신청한다. 이 집에 살고 있는 사람이 누구인지 매각물건명세서에 나와 있지만, 그동안 변동이 있었을 수도 있다. 새로 전입을 한 사람이 있다면 그에 대한 명도계획을 추가해야 한다.

전입세대열람 내역

서류에 여러 명이 올라 있고, 그들이 가족이 아니라면 명도가 쉽지 않음을 의미한다. 그들의 관계를 파악해야 한다. 이웃에게 묻거나, 관리실에 묻거나, 그래도 알 수 없다면 직접 본인에게라도 물어라. 그래도 알 수 없다면 명도에 시간이 더 걸릴 것을 예상하고 계획을 세워라.

빌라에서 로열층은 2층

빌라는 아파트와 달리 현장조사를 더 세밀하게 해야 한다. 주위 이웃들에게 질문도 더 많이 해야 한다. 내부 상태를 확인하기 힘드니 외관을 꼼꼼히 살핀다. 누수 등의 하자가 의심되면 아랫집, 윗집이라도 확인하자.

빌라에서 로열층은 2층이다. 2층은 아래위로 세대가 막혀 있어 난방과 냉방이 훨씬 유리하다. 걸어서 한층만 올라가면 되니 잦은 이사에도 부담이 없다. 그다음에는 1층, 4층(탑층), 지하순이다. 1층은 오가기 쉽지만 습기가 자주 생길 수 있고, 4층은 쾌적하지만 너무 높아 어르신들이 좋아하지 않는다는 단점이 있다. 지하의 경우, 일반적으로 선호도가 가장 낮다.

빌라는 동 간격이 좁아 해가 잘 안 드는 경우가 많다. 해가 잘 드는지 여부를 확인하고, 직접 확인이 어려우면 주위에 물어보자. 관리가 잘되는 빌라는 현관에 관리내역을 공지해놓는다. 관리내역이 꼼꼼히 기록되어 있다면 내부 상태도 나쁘지 않을 수 있다.

또한 빌라에서 꼭 확인해야 할 곳은 옥상이다. 높은 곳에서 보면 어떤 빌라의 옥상은 초록색이고, 어떤 빌라는 아닌 것을 볼 수 있다. 초록색은 방수코팅이 된 것이다. 초록색이 아니면서 천장에 금이 가 있다면 아랫집 어딘가에는 물이 샐 수도 있다.

현장조사 때 점유자를 꼭 만나야 할까요?

점유자를 만나는 것은 늘 두렵다. 막연하게 낙찰자가 집을 뺏었다고 생각하기 때문이다. 사실은 그렇지 않은데 말이다. 그러나 용기를 내서 점유자를 만나면, 그들의 사정을 들으면서 대화로 명도를 이끌어낼 수 있고, 그게 아니라도 이후 명도의 난이도를 가늠할 수 있다. 집 안을 살펴볼 수 있는 것도 장점이다. 그래서 나도 현장조사 때 점유자를 만나보려고 여러 번 시도했었다. 그러나 도무지 그들을 만날 수가 없었다. 집에 사람이 있는지 없는지 묵묵부답이 90%, 있어도 만나주지 않는 경우가 10%이다. 집에 사람이 있어도 인터폰을 통해 감정 상하는 대화만 오갈 뿐이다.

점유자를 만나지 않고도 정보를 얻는 법

일반적인 물건은 입찰 전에 굳이 만날 필요가 없다. 아파트 내부는 인터넷 인테리어 커뮤니티 사이트에서 볼 수 있고, 실물을 보려면 옆집, 윗집, 아랫집을 방문하면 된다. 주변인들은 적대감이 없어서 잘 보여준다. 때에 따라 경매물건임을 알리는 것이 집을 보는 데 도움이 될 때도 있다. 사람들은 옆집의 이런 상황을 궁금해하는 경향이 있는 것 같다. 점유자의 성향이나 집안의 분위기도 동네 주민들에게 물어보면 대강 들을 수 있다.

이럴 때는 반드시 점유자를 만나라

그러나 명도가 어려울 것으로 예상되는 집, 낡아서 내부구조가 걱정되는 집은 반드시 점유자를 만나야 한다. 오랫동안 비어 있던 집인 경우에는 관리실에 열쇠가 있을 수도 있으니 요청해보자.

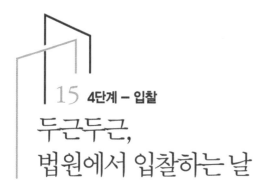

15 4단계 – 입찰
두근두근,
법원에서 입찰하는 날

경매 당일 풍경

그동안 좋은 집을 고르고 골라 손품과 발품을 팔아 조사를 마쳤다. 오늘은 당신이 그토록 정성을 들인 녀석이 내 것이 되는 날이다.

입찰하는 날은 항상 바쁘다. 아이들을 어린이집과 학교에 보내고 나오면 자칫 늦을 수도 있으니 시간 계산을 잘 해두어야 한다. 경매법정은 보통 10시부터 시작해서 11시경 마감을 하는데, 법정마다 시작시간, 마감시간이 차이가 있으니 시간을 꼭 미리 알아두고 부지런히 움직이자. 차를 가지고 간다면 주차 시간도 고려해야 한다.

도장과 신분증, 입찰보증금과 물건내역 종이를 챙기는 것도 잊지 말자. 나는 도장 찍는 인주도 챙겨 다닌다. 있으면 편리하다.

법원에 도착하면 어디로 가야 할까? 경매법정은 보통 안쪽 깊숙이 자리하고 있는 경우가 많으니 '경매법정'을 물어 찾아가면 된다. 입찰일에는 사람이 많아서 어떤 때는 법정 밖까지 사람들로 꽉 차 발 디딜 데가 없기도 한다. 한겨울에 눈이 많이 오거나 비가 많이 오는 날은 법정이 한산하다.

경매법정을 찾는 사람들 중 대부분은 입찰하는 사람들이고, 일부는 대출을 알선하는 사람들, 투자 공부하러 온 사람들이다. 그 외 임차인, 공유자, 채권자 등 관계자들도 있다.

법정 안은 촬영이나 핸드폰 통화 금지이고, 정숙이 기본이다. 앞에 있는 판사 같은 사람을 집행관이라고 한다.

입찰게시판에 먼저 가라

법원에 도착해서 가장 먼저 확인해야 할 것은 입찰게시판이다. 입찰게시판은 경매법정 입구에 붙어 있다. 집주인이 그사이 빚을 갚았거나, 서류에 문제가 생겨서, 혹은 다른 여러 가지 이유로 입찰이 연기되거나 취소되는 경우가 종종 있다.

이런 일은 입찰시간 직전에도 얼마든지 가능하기 때문에 법원에 도착하면 제일 먼저 내가 입찰할 물건이 취소나 변경되지 않았는지 확인해야 한다. 확인하지 않고 입찰을 했더라도 개찰 전에 취소된 건들은 먼저 불러서 보증금을 돌려주기 때문에 큰일은 아니지만, 괜한 시간을 낭비하지 않으려면 미리 입찰게시판을 보고 확인하는 게 좋다. 사람들이 다 보고 있는데 입찰봉투를 돌려받으면 창피하기도 하다. 신기하게도 매일 그런 사람이 꼭 한 명씩은 있다.

입찰표 작성은 신중하게

집행관 앞에 가면 입찰표와 입찰봉투, 그리고 입찰보증금을 넣을 봉투를 줄 것이다. 이것을 받아서 이제 직접 작성해 보자. 경매법정 한편에 있는 기표소와 같은 곳이 입찰소이다. 이곳에는 칸막이가 있어서 옆사람에게 입찰금액이 보일 염려도 없고, 인주가 있어서 도장 찍기에도 좋다. 내가 주로 입찰서를 쓰는 장소는 차 안이다. 내 차 안이 제일 편하고, 주위도 신경 쓰이지 않아서 좋다.

입찰표 작성은 간단하다. 먼저, 입찰하는 날짜와 사건번호를 기입한다. 사건번호(❶)를 쓴다. 물건번호(❷)는 없으면 쓰지 않는다. 내 명의로 낙찰받을 거니까, 입찰자의 본인란(❸)에 내 이름과 주민등록번호, 전화번호, 주소를 쓴다. 입찰가액(❹)에 입찰금액을 정확히 쓰고, 보증금액(❺)을 쓴 뒤 도장(❻)을 찍는다. 도장이 없으면 지장도 가능하다. 단, 사인은 안 된다. 만약 도장을 안 가지고 왔다면 엄지 지장으로 도장을 대신할 수 있다.

입찰가액(❹)과 보증금액(❺) 쓰는 곳에 금액을 서로 바꿔 쓰지 않도록 주의한다. 입찰가액은 낙찰받고자 하는 금액이고, 보증금액은 최저

기일입찰표

기 일 입 찰 표

수원지방법원 집행관 귀하   2024년 2월

사건번호		❶		❻ ⑩	물건번호	❷												
입찰자	본인	❸ 성 명		⑩	전화번호													
		주민등록번호			법인등록번호													
		주 소																
	대리인	성 명		⑩	본인과의 관계													
		주민등록번호			전화번호													
		주 소																

❹입찰가액	천억	백억	십억	억	천만	백만	십만	만	천	백	십	일	원	❺보증금액	백억	십억	억	천만	백만	십만	만	천	백	십	일	원

보증의 제공방법	현금, 자기앞수표 보증서	보증을 반환 받았습니다.
		❼ 입찰자 본인 또는 대리인 (인)

기일입찰표 상세

가액의 10%이다. 입찰가액의 10%가 아니다. 절대 잊지 말자. 미납으로 인한 재입찰일 경우에는 보증금액이 20%인 경우도 있으니 정보지를 꼼꼼히 확인해야 한다.

가장 중요한 것은 입찰금액을 또박또박 쓰는 것이다. 입찰금액은 사길 원하는 가격이다. 이 부분은 글씨가 이상하다고 다시 쓰거나, 한글이나 한자로 쓰거나, 0을 빼먹거나 하면 안 된다. 5000만원이라면 꼭 정자로 50,000,000이라고 써야 한다. 만약 틀리면 입찰서를 다시 가져다가 처음부터 쓴다.

5000만원짜리를 0을 하나 덜 써 500만원으로 쓴다면 낙찰받지 못할 테니 오히려 다행이다. 그러나 5000만원을 쓴다는 것이 잘못해서 5억원을 썼다면 어떻게 될까. 당연히 낙찰을 받을 것이다. 그렇게 되면 잔금을 안 치르는 방법으로 낙찰을 포기할 수밖에 없어 보증금 500만원만 날리게 된다. 실제로 그런 사람이 허다하다.

입찰금액은 수정해서도 절대 안 되니 틀리면 무조건 새로 써야 한다. 맨 아랫부분의 서명(❼)은 원래 입찰하면서 쓰는 곳이 아니고, 떨어졌을 때 보증금을 반환받았음을 확인해주는 곳이다. 서명하고, 도장을 찍어야 보증금을 반환해 준다. 사람이 많을 때는 여기에 서명하는 데도 시간이 걸리기에 나는 입찰할 때 이름만 써서 낸다. 이름을 먼저 써서 내면 보증금을 돌려받을 때 도장만 찍어주면 된다.

입찰봉투까지 제대로 확인하자

보증금은 미리 수표로 준비한다. 수표 뒤에 물건번호(사건번호)와 입찰자 이름을 쓰고, 봉투에 넣은 다음 봉투 밖에도 사건번호를 잘 쓰고 도장을 찍는다.

이제 다 잘되었는지 확인해보자. 정신없이 쓰다 보면 틀릴 수 있으니 프린트해 간 정보지와 비교해보며 적어도 세 번은 꼼꼼히 확인해보자. 다 잘 썼다면, 이제 입찰서와 돈이 든 흰봉투를 커다란 황봉투에 넣고 내 물건번호(사건번호)가 보이지 않게 반으로 접어서 집행관에게 가져가자.

무사히 입찰표를 작성했다면 집행관 앞에 놓인 입찰함에 입찰봉투를 넣는다. 입찰이 마감되는 시간은 보통 11시 반경인데, 법원마다 조금씩 다르고 상황에 따라 변경될 수 있다. 법원은 시간을 변경할 수 있지만, 입찰자는 반드시 시간을 지켜야 한다. 입찰마감시간을 놓쳐서 입찰함에 입찰봉투를 넣지도 못하고 경매법정을 쓸쓸히 빠져나가는 사람들을 많이 보았다.

집행관이 황봉투의 접히는 부분과 뒷면에 도장을 쾅 찍어서 접히는 부분의 반을 잘라서 다시 내게 돌려주는데 이것을 잘 보관해야 한다. 패찰해서 보증금을 돌려받으려면 이것을 내야 하기 때문이다. 이 봉투 쪼가리가 영수증과 같은 역할을 한다. 집행관이 돌려준 영수증은 챙기고, 대봉투는 커다란 입찰함에 넣으면 입찰이 끝난다.

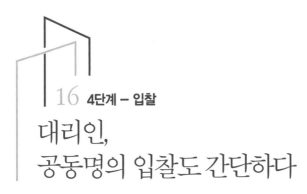

16 4단계 – 입찰

대리인,
공동명의 입찰도 간단하다

본인이 입찰을 못해도 괜찮다

본인이 입찰을 못할 경우 다른 누군가가 대신해줄 수 있다. 가족이 아니더라도 일반적인 성인이라면 누구나 가능하다. (인지능력이 떨어지거나 금치산자는 안 된다.)

1. 대리인 입찰

남편 대신 아내가 입찰하는 경우를 보자. 남편이 입찰자 본인, 아내가 입찰자 대리인이다. 입찰자 '대리인' 부분에 본인(남편)과 대리인(아내)의 인적사항 및 본인과의 관계 등을 모두 기재한다. 도장은 입찰자 본인의 인감도장을 사용한다. 그리고 본인(남편)의 위임장과 인감증명서를 입찰봉투에 넣어 제출한다.

챙겨야 할 것

입찰표, 위임장, 인감증명서(본인), 신분증(대리인), 도장(본인과 대리인 모두, 본인
은 반드시 인감도장), 보증금

2. 공동명의 입찰

만약 김남편과 이아내가 집을 부부공동명의로 등록하려면 애초에
공동명의로 입찰해야 한다. 부동산은 명의가 중요하기 때문에 중간에
명의를 바꿀 수 없다. 군이 바꾸려면 매매나 증여를 해야 하고, 취득세
를 다시 내야 한다. 공동명의 입찰을 할 때는 입찰표와 함께 법원에 비
치된 공동입찰신고서를 제출하면 된다.

이 경우 입찰표의 본인란에 '별첨 공동입찰자목록 기재와 같음'이라
고 쓰는 것이 원칙인데, 실무에서는 흔히 '김남편 외 1명'이라고 쓴다.

공동입찰자 목록과 공동입찰신고서 사이에는 입찰자 전원이 간인을
한다. 간인은 종이와 종이를 나란히 겹쳐두고 두 종이에 걸쳐지게 도장
을 찍는 것을 말하는데 두 서류가 연계되어 있음을 나타내기 위해서다.
지분은 1/2, 1/3 식으로 표시한다. 만약 표시가 없으면 법원에서 인원
수대로 균등하게 나누어준다.

본인(위임자)의 도장은 반드시 인감도장으로 준비해야 한다. 경매 입
찰을 위임할 때 참여하지 못하는 입찰자 본인의 도장은 반드시 인감도
장이 필요하다. 입찰에 참여하는 사람은 어떤 도장이든 상관없고 지장

공 동 입 찰 신 고 서

수원지방법원 귀하

사건번호   2023 타경 14500호   **물건번호**

공동입찰자 별지 목록과 같음

위 사건에 관하여 공동입찰을 신고합니다.

2023 년 12월 28일

신청인   김남편 외   1명(별지목록 기재와 같음)

※ 1. 공동입찰을 하는 때에는 입찰표에 각자의 지분을 분명하게 표시하여야 합니다.
    2. 별지 공동입찰자 목록과 공동입찰신고서 사이에 공동입찰자 전원이 간인하십시오.

공동입찰신고서

공동입찰자 목록

번호	성 명	주소		지분
		주민등록번호	전화번호	
1	김남편(인)	서울시 강남구 ○○동		1/2
		123456-1000000	010-456-5678	
2	이아내(인)	서울시 강남구 ○○동		1/2
		123456-2000000	010-234-5678	

공동입찰자 목록

을 찍어도 괜찮지만, 위임하는 사람의 도장은 반드시 인감도장으로 챙겨라.

❶ 공동입찰인 모두 참여한 경우

경매 입찰에 공동입찰인인 부부가 모두 참여하는 경우에는 각자의 신분증과 도장을 가지고 오면 된다. 입찰표의 본인란에 '김남편 외 1명' 식으로 공동입찰하는 사람 중 한 사람의 이름을 쓴다. 누구를 쓰든지 상관없다. 봉투에 있는 본인의 성명란에도 모두 같은 방법으로 쓰면 된다.

챙겨야 할 것

입찰표, 공동입찰신고서, 공동입찰자목록, 신분증(공동입찰인 모두), 도장(공동입찰인 모두), 보증금

❷ 공동입찰인 중 한 명만 참여한 경우

남편과 아내가 공동입찰을 하려고 하는데, 남편이 회사일로 바빠서 아내 혼자 경매에 참여했다면 어떻게 입찰해야 할까?

이 경우 아내는 입찰자 본인이자 남편의 대리인이 된다. 그러므로 아내와 남편 각각의 신분증과 도장이 필요하고, 참여하지 못하는 남편의 위임장, 인감증명서, 인감도장을 반드시 챙겨야 한다. 위임장에는 아내가 남편의 대리인이므로, 대리인에 아내의 인적사항을 적고 아래의 본인란에 남편의 인적사항을 적으면 된다.

입찰표에는 본인란에 '이아내 외 1명'이라고 적고 대리인란에도 아

내의 인적사항을 기재한다. 아내와 남편의 공동입찰이므로 본인란에 아내와 남편 중 한 명을 아무나 적으면 되지만, 공동입찰인 중 한 명인 아내가 입찰에 참여했기에 굳이 남편을 본인란에 쓸 필요는 없다.

입 찰 표

수원지방법원 집행관 귀하   2023년 12월 20일

사건번호		2023타경 14500호			물건번호		※물건번호가 있는 경우에만 기재						
입찰자	본인	성 명	이아내 외 1명 (인)										
		주민등록번호	123456–2000000		전화번호		010–234–5678						
		주 소	서울시 강남구 ○○동										
	대리인	성 명	이아내		본인과의 관계		본인						
		주민등록번호	123456–2000000		전화번호		010–234–5678						
		주 소	서울시 강남구 ○○동										

입찰가액	천억	백억	십억	억	천만	백만	십만	만	천	백	십	일		보증금액	백억	십억	억	천만	백만	십만	만	천	백	십	일	
				1	7	0	7	3	0	0	0	0	원					1	6	8	0	0	0	0	0	원

보증을 반환 받았습니다.

입찰자 본인 또는 대리인 이아내 (인)

입찰표, 대리인의 경우

위 임 장

대리인	성 명	이아내	직 업	주부
	주민등록번호	123456-2000000	전화번호	010-234-5678
	주 소	서울시 강남구 ○○○		

위 사람을 대리인으로 정하고 다음 사항을 위임함.

다 음

수원지방법원   2023 타경 14500호
부동산 경매사건에 관한 입찰행위 일체

본인 1	성 명	김남편	직 업	회사원
	주민등록번호	123456-1000000	전화번호	010-456-5678
	주 소	서울시 강남구 ○○○		
본인 2	성 명		직 업	
	주민등록번호		전화번호	
	주 소			

수원지방법원 귀중

위임장

챙겨야 할 것

입찰표, 공동입찰신고서, 공동입찰자목록, 위임장, 신분증(공동입찰인 모두), 도장
(공동입찰인 모두, 위임자는 반드시 인감도장), 보증금

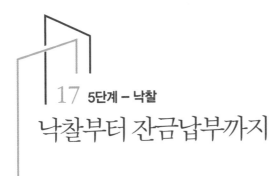

낙찰부터 잔금납부까지

떨리는 개찰의 순간

입찰이 마감되면 입찰자들이 지켜보는 가운데 사무관들이 입찰함을 단상으로 들고 올라가서 함 안의 서류들을 모두 쏟아내고 분류를 시작한다. 빠른 손놀림으로 서류를 분류하는 모습은 언제 보아도 긴장되고 신기하다. 눈썰미 있는 동생은 사무관이 서류 정리하는 것만 보고도 우리가 입찰한 물건에 몇 명이나 입찰했는지 봉투의 수로 가늠한다.

서류 정리가 끝나면 바로 개찰을 시작한다. 개찰 순서는 일반적으로 번호 순서다. 법원에 따라 입찰자가 많은 물건을 먼저 개찰하기도 한다. 입찰자가 많은 물건을 먼저 개찰하면 많은 사람이 법원을 빠져나가므로 여유가 생긴다. 나는 모든 법원이 이렇게 해주었으면 한다.

개찰을 하면 집행관은 물건번호와 입찰한 사람들을 호명한다. 어떤 집행관은 해당 물건의 주소를 모두 말하고, 어떤 집행관은 입찰한 사람들의 이름을 생략하기도 한다.

입찰자들이 나오는 동안 집행관은 서류에 기재된 금액이 가장 큰 낙찰자를 선별하고, 낙찰자의 돈봉투에 제대로 보증금이 들어 있는지 확인한 후 낙찰자를 발표한다.

"2023타경 14500호의 낙찰자는 1억 7천 얼마로 서울 강남구에 사는 김남편입니다. 김남편님 이쪽으로 오세요."

집행관에 따라 2위의 입찰 가격을 말하기도 하고, 안 하기도 한다. 1등과 2등의 가격 차이는 늘 궁금하긴 하다. 이때 집행관의 호명을 듣고 유료 경매정보업체에서 나온 직원이 낙찰자의 이름과 낙찰금액을 곧바로 온라인에 올린다. 이 과정에서 낙찰자의 이름이 다르게 올라가는 경우가 종종 있다.

개찰이 끝나면 낙찰자는 낙찰영수증을 받고, 패찰자는 보증금이 들어 있는 돈봉투를 돌려받는다. 이제 집으로 돌아가면 된다.

낙찰 후 자금 계획

경매로 집을 사려면 돈이 언제 어떤 용도로 얼마나 필요할까? 감정가 8억원의 수도권 아파트가 1회 유찰하여 최저가 5억 6000만원일때, 7억원에 낙찰받았다면 초기에 돈이 어떻게 드는지 예시로 들어보자.

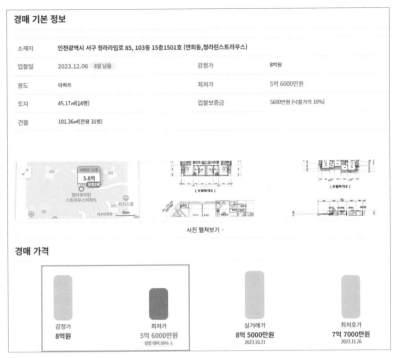

경매 기본 정보

소재지	인천광역시 서구 청라라임로 85, 103동 15층1501호 (연희동,청라린스트라우스)		
입찰일	2023.12.06 8월 넘음	감정가	8억원
용도	아파트	최저가	5억 6000만원
토지	45.17㎡(14평)	입찰보증금	5600만원 (낙찰가의 10%)
건물	101.36㎡(전용 31평)		

사진 펼쳐보기 ∨

경매 가격

감정가	최저가	실거래가	최저호가
8억원	5억 6000만원	8억 5000만원	7억 7000만원
	감정 대비 30% ↓	2023.10.21	2023.11.26

리치고의 경매 기본 정보

1. 보증금

경매에 입찰하려면 일단 보증금이 있어야 한다. 금액은 최저가의 10%이다. 이 집은 최저가가 5억 6000만원이므로 보증금은 최저가의 10%인 5600만원이다. 만약 내가 보증금 5600만원으로 입찰에 참여하였고, 7억원에 이 집을 낙찰받았다면 이후 과정은 어떻게 될까?

2. 잔금

낙찰은 12월 6일, 매각허가결정은 일주일 후인 12월 13일에 나온다.

매각허가결정은 낙찰에 이의가 있는 사람이 이의신청을 할 수 있도록 일주일의 시간을 주는 것이다. 대금지급기한은 낙찰일로부터 한 달 후인데 2024년 1월 6일이 주말이니 8일 즈음으로 정해진다. 대금지급기한은 잔금을 납부해야 하는 기한으로 낙찰 2주 후 정도에 결정 공지되며, 보통 낙찰일에서 한 달 뒤로 잡힌다.

이 기간 안에 잔금을 납부하지 못하면 다시 재경매가 진행되고, 보증금은 돌려받지 못하는데 이것을 미납이라고 한다. 재경매기일 3일 전까지 보증금을 제외한 잔금의 지연 이자(연리 20%)를 지불하고 잔금을 납부할 수도 있다.

종합해보면 이 인천 아파트의 경우 낙찰가 7억에서 보증금 5600만 원을 뺀 6억 4400만원에 대한 잔금을 2024년 1월 8일까지 마쳐야 한다는 의미다. 그렇다면 이 돈을 어떻게 구할까? 바로 경매물건을 담보로 대출을 활용하는 방법이 있다.

3. 대출

경매로 낙찰된 집을 담보로 하는 대출을 경락잔금대출이라고 한다. 은행의 대출 정책은 정부 정책에 영향을 받는다. 정부에서 돈을 풀면 은행의 대출은 관대해지고, 정부가 돈을 조이면 은행의 조건도 까다로워진다.

2010년 즈음에는 제2금융권(지역농협, 수협, 새마을금고, 저축은행 등)에서는 낙찰가의 90%까지도 대출이 가능했다. 그러나 이후 한동안 대출이 무척이나 어려웠는데 2024년 지금 다시 낙찰가의 80% 정도로 대출이 가능하고, 제2금융권에서 80% 이상 제안을 하기도 한다.

제1금융권은 일반 시중은행을 말한다. 제1금융권은 금리가 4~6% 정도이며 감정가의 70%와 낙찰가의 80% 중 낮은 금액으로 대출이 가능하나, 이 역시 금융환경에 따라 변동이 많으니 상시 확인해야 한다.

예시로 든 인천 아파트의 경우 국민은행에서 낙찰가의 80% 금액을 4%의 이자로 대출을 받았다고 가정해보자. 그러면 낙찰자는 국민은행에 5억 6000만원을 대출받게 되는 것이다. 그러므로 대금지급기한까지 6억 4400만원에서 5억 6000만원을 뺀 나머지 8400만원을 현금으로 가지고 있으면 된다.

이때 실수요자라면 대출금액이 낙찰금액의 최대 60%를 넘지 않도록 하고, 임대용이나 매매용 물건이라면 최대한 대출을 받는다. 월세용 물건은 월세를 받아 대출이자를 내고, 전세용 물건은 전세금을 받아 대출을 전액상환한다.

인천 아파트의 초기비용

① **입찰보증금**　　　　　5억 6000만원(물건 최저가) × 10% = 5600만원
② **은행대출(80%일 경우)**　7억(낙찰가) × 80% = 5억 6000만원
③ **잔금**　　　　　　　　7억(낙찰가) − [5600만원(보증금) + 5억 6000만원
　　　　　　　　　　　　(대출금)] = 8400만원

※ 초기비용에 대한 이해를 돕기 위해 대출이자 4%와 법무비, 세금, 인테리어비 등은 포함하지 않았다. 이 비용들을 합산했을 때는 금액이 증가할 수 있으므로 실제 투자 시에는 모든 비용을 종합적으로 고려해야 한다.

4. 법무비용

은행에서 대출을 받으려면 법무사를 통해야 한다. 당신은 법무사가 굳이 필요하지 않지만, 은행에서는 은행과 연계된 법무사를 통하지 않으면 대출을 해주지 않는다. 법무사들은 대출은행을 소개해주고, 소유권이전등기 업무를 대행해준다.

따라서 대출을 받아야 한다면 어쩔 수 없이 법무사를 통해 비용을 지불하고 등기를 해야 한다. 그 비용은 얼마나 될까?

법무사 영수증은 '근저당권설정'과 '소유권이전'으로 구성된다. 영수증 항목 안에는 세금과 채권금액이 있다. 각종 명목의 여러 가지 이름을 하고 있으나 실제 법무사의 수수료는 세금과 채권을 제외한 금액이다. 대출상담사의 수수료도 여기에 포함되어 있다. 법무비용은 법무사의 인건비라고 보면 된다. 다른 여러 명목으로 추가되거나 할인될 수도 있지만, 일반적으로 대출금액의 1~2% 정도가 적정 금액이므로 2% 이상 과도하게 청구할 때는 비용조정을 요구해야 한다.

5. 세금

집을 살 때 내는 세금은 취득세, 농어촌특별세, 지방교육세이다. 예전에는 취득세와 등록세가 따로 있었는데 2011년부터 취득세로 합쳐졌다.

세금은 경제상황에 따라 변동이 있다. 정부에서 판단하기에 부동산 가격이 지나치게 오른다 싶으면 세금을 늘리고, 부동산 가격이 지나치게 떨어져 회복할 기미가 보이지 않으면 세금을 낮추어서 부동산 시장을 조절하기 때문이다.

세금 감면조치는 매번 달라지니 집을 살 때 현재 세금이 얼마나 되는지 다시 확인해야 한다. 세금은 카드로도 납부가 가능하다. 카드납부를 하려면 잔금일에 법원에서 법무사를 만나서 직접 카드로 납부한다.

6. 채권

집을 살 때는 의무적으로 국민주택채권을 사야 하는데, 이것도 거의 세금이라고 보면 된다. 국민주택채권은 굳이 가지고 있을 필요가 없기 때문에 사자마자 바로 할인해서 파는 것이 일반적이다. 이때 비용이 든다. 국민주택채권을 산 후, 그날의 할인율로 할인하면 채권비용이 나온다. 할인율은 대한법무사협회 홈페이지(www.kjaa.or.kr)에서 확인할 수 있다.

7. 체납 관리비, 체납 공과금

체납 관리비나 공과금은 경매 입찰 전 관리사무소에서 미리 확인한다. 체납 관리비는 누가 낼까? 앞에서도 말했지만 관리비는 전용부분과 공용부분으로 나뉘어 있다. 이 중 전용부분은 낙찰자가 내지 않아도 되지만, 공용부분에 대한 관리비는 낙찰받은 사람이 내게 되어 있다.

전용부분의 밀린 가스비, 전기세, 수도세는 해당 기관에 전화를 해서 필요한 서류를 보내주면 요금이 소멸되어 납부하지 않아도 된다. 기준일은 소유권이전이 된 날이다.

8. 기타 비용

마지막으로 명도비용, 수리비용, 그리고 인테리어비용 등이 추가된다. 배당을 받는 임차인의 경우에는 명도비용을 따로 준비하지 않아도 된다. 그러나 배당을 못 받는 임차인이거나 사정상 명도비용이 필요할 것으로 예상이 된다면 위로금 명목으로 줄 돈을 25평 기준으로 100만 원 정도 예산에 넣는 것이 좋다.

집수리 비용은 그때그때 다르다. 임차인이 살 집이라면 그 동네 수준에 맞는 리모델링을 하면 되고, 내가 살 집이라면 내 취향대로 수리 비용을 준비하면 된다. 여유자금을 넉넉하게 준비해 두어야 마음이 조급해지지 않는다.

잔금납부과정 총정리

대출받을 때 잔금납부일을 미리 정해두면 은행에서 정해진 날짜에 낙찰자의 계좌로 대출금액을 송금해준다. 이때 낙찰자는 대출금액을 뺀 나머지 잔금을 하루 전에 법무사의 정해진 계좌로 송금해놓아 잔금 납부일 당일에는 모든 잔금이 한 계좌에 모아지도록 한다. 법무사는 미리 받아놓은 서류를 가지고 법원에 가서 잔금을 납부하고, 세금납부와 소유권이전등기를 한다. 등기를 마치면 접수번호가 나오는데 법무사에게 이것을 보내달라고 하여 등기접수를 확인한다. 등기부등본이 나오면 법무사가 우편으로 보내준다.

법무사를 믿고 하는 일이라지만, 사실 불안한 시스템이다. 실제로 인천의 한 법무사 직원이 잔금을 받고 잠적해버린 사건이 있기도 했다. 걱정이 된다면 잔금일에 법원으로 잔금을 들고 가서 법무사를 만나 함께 진행할 수도 있다.

대출 없이 셀프로 소유권이전등기를 하면 직접 법원에서 잔금을 납부하고, 세금을 낸 후 등기를 하면 된다. 돈도 거의 안 들고 쉬운데 이 놈의 대출이 문제다.

자, 이제 잔금을 납부하고 소유권이전도 마쳤으니 명도도 시원하게 끝내보자.

1억짜리 집을 낙찰받았을 때 필요한 비용

① 입찰보증금	10,000,000원
② 은행대출(50%일 경우)	50,000,000원
	40,000,000원
③ 잔금	약 1,000,000원
④ 법무비 및 채권	2,200,000원
총	103,200,000원

내 상황에 맞춰 대출 잘 받는 법

집 가진 거지, 즉 하우스푸어는 집에 대한 과도한 대출로 인해 경제적으로 어려운 사람들을 말한다. 그런데 큰돈 들어가는 집을 전액 내 돈으로만 사는 건 현실적으로 어렵다. 그래서 내 돈과 은행에서 대출받은 돈을 합쳐, 나와 은행이 공동소유하는 셈이다. 어쩔 수 없는 현실이다.

만약 당신이 기왕 대출을 받을 거라면 제대로 받아보자. 경매로 집을 살 때 돈은 얼마나 필요하고, 대출은 얼마나 받아야 할까?

내 집 마련이라면 대출금은 집가격의 60% 이내로

LTV란 주택을 담보로 돈을 빌릴 때 인정되는 자산가치의 비율이다. 만약, 주택담보인정비율이 60%이고, 3억짜리 주택을 담보로 돈을 빌리고자 한다면 빌릴 수 있는 최대금액은 1억 8000만원(3억×0.6)이 된다. 금융권에서는 규제지역 외에서 LTV 70%를 기준으로 대출을 하게끔 규정한다. 다만 경매로 낙찰되면 낙찰가의 80%와 감정가의 70% 중에서 더 낮은 금액을 대출 한도로 한다.

매달 대출 상환금액은 월급의 50% 이내에서

DTI(Debt To Income ratio, 총부채상환비율)는 월수입에서 대출이자와 원금을 내는 비율을 말한다. DTI 50%로 대출을 받는다면, 월급 200만원 중 매달 대출금으로 100만원이 지출된다는 것이다. 매달 월급의 50%가 사라진다면 생활 자체가 힘들다. 현실적으로는 버거운 금액이다.

2016년부터는 DSR도 적용되었다. DSR(Debt Service Ratio, 총부채원리금상환비율)은 채무자의 모든 빚에 대한 원리금상환금액을 연소득으로 나눈 것이다. 기존 대출이 많은 사람은 대출을 받을 수 없게끔 만든 대출기준이다. 대출을 받기 전 반드시 본인의 상환 능력이 어느 정도인지, 내가 부담할 수 있는 월 이자금액이 얼마인지 냉정하게 판단해 보자.

언제부터 원금을 갚을 수 있는가

집을 살 때 일반적으로 가장 많이 선택하는 대출기간은 20~40년 상환이다. 이자만 내는 거치기간은 현재 최대 1년이다. 12개월 동안은 이자만 내다가 13개월부터 이자와 원금을 함께 갚아나가는 것이다.

주택담보대출은 금액이 커서 짧은 기간에 상환하기가 현실적으로 힘들다. 그래서 원금과 이자를 함께 갚아나간다. 납입기간이 길면 길수록 이자 총액도 커진다. 하지만 이자가 아깝다고 기간을 너무 짧게 하면 매달 내야 하는 금액이 너무 커져버리므로 잘 따져보자.

담보는 어디까지 걸 것인가

담보의 종류는 두 가지다. 한정근저당은 담보로 제공한 집에 대해서만 책임을 지는 것이고, 포괄근저당은 나의 모든 것을 걸고 책임을 지는 것이다. 그럴 리는 없겠지만 만에 하나 내 집이 경매로 넘어간다면 한정근저당은 집만 날리면 그만이지만, 포괄근저당으로 하면 나의 다른 모든 재산에도 압류가 들어올 수 있다. 둘 중 선택을 해야 한다면 당연히 한정근저당을 선택한다. (은행에서는 주로 한정근저당을 권한다.)

신용관리는 평소 잘해두자

대출 시 신용점수는 매우 중요하다. 돈을 아주 안 쓰는 짠돌이보다 신용카드를 어느 정도 사용하고 한군데 은행에서 거래를 오래한 사람이 신용이 좋다. 은행은 사업자보다 월급받는 직장인에게 더 저렴한 금리 혜택을 준다. 현금서비스는 절대 사용하지 말고, 세금 연체는 절대 금물이다.

복잡해 보이는가. 간단한 방법이 있다. 제1금융권인 국민은행, 신한은행 등 당신이 잘 아는 시중은행에서 대출을 받으면 된다. 정부에서 지원하는 정책대출이 가능한지도 확인하자. 금리도 저렴하다. 대신 소득 조건이나 나이 조건 등이 있다. 평소 신용관리를 잘해두자.

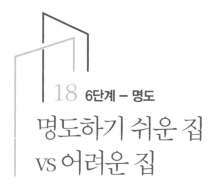

명도하기 쉬운 집
vs 어려운 집

명도가 쉬운 집이 가장 좋은 집이다

당신은 맘에 드는 집을 좋은 가격에 낙찰받고 잔금까지 납부했다. 이제 진정 내 집으로 만들기 위해 해야 할 중요한 일이 남아 있다. 내 집에 살고 있는 이들을 내보내는 일이다. 내 집에 살고 있는 사람, 즉 점유자를 내보내는 것을 명도라고 한다. 그들은 과연 순순히 집을 비워줄까?

답은 당연히 '아니다'이다. 역으로 생각해보면 그들도 선뜻 집을 비워줄 리가 없다. 그래서 복잡하고 어려운 명도로 골머리를 썩는 대신 애초부터 명도가 쉬운 집을 고르는 것이 답이다. 명도의 난이도는 처음부터 정해져 있다. 그렇다면 명도가 쉬운 집과 어려운 집은 어떤 차이가 있을까? 그 특징을 알아보자.

쉬운 집 1. 전액 배당받는 임차인

"친척집인데, 외국 갔다가 망했나봐요."

수원의 영통 주공아파트에 사는 임차인은 전액 배당을 받는다. 친척집에 전세를 살고 있었다는 아주머니의 인상이 무척 좋다. 용인에 있는 본인 집을 전세를 주고 여기서 살았는데 이왕 이렇게 된 거 용인 집에 다시 들어가기로 했단다. 용인의 본인 집 임차인이 집을 구할 때까지 명도에 시간적 여유를 주는 대신 몇 달간 월세를 받기로 했다. 본인 집이 아직 계약기간이 끝나지 않아서 임차인에게 이사비를 주었다고 툴툴대기는 했지만, 제 날짜에 관리비 정산까지 끝내고 이사를 나갔다.

쉬운 집 2. 일부 배당받는 임차인

"이사비는 얼마 주실 건데요?"

"세입자님은 1200만원을 배당받으시는데요, 이 돈을 배당받으시려면 제가 인감도장 찍어서 서류를 드려야 해요. 이사비가 문제가 아니라 이 서류도 세입자님이 관리비 미납금액과 도시가스비를 정산해주셔야 드릴 수 있어요."

"제 전세금도 다 돌려받지 못하는데, 그러시면 안 되죠."

"그러게요. 저는 법원에 잔금을 다 냈고, 세입자님께는 그 돈으로 보증금을 돌려드리거든요. 법원에서 보증금을 돌려받으시려면 제 서류가 필요하고요. 배당일은 ○○일쯤 될 테니 그 전에 이사하시고, 확인되시면 서류 챙겨드릴게요. 못 받으신 돈은 전 주인의 남은 재산을 압류하시든가 해서 받아내실 수는 있을 거예요. 한 번 법무사에 알아보세요."

일부만 배당받는 임차인은 보통 손해 본 돈을 낙찰자에게 부담하라고 한다. 이사비로 꽤 많은 금액을 요구하는데 절대 안 되는 말씀이다. 일부라도 배당을 받으려면 낙찰자의 인감도장이 찍힌 명도확인서와 인감증명서가 필요하다. 이 서류는 반드시 이삿짐이 나가고, 관리비와 가스비까지 정산된 것을 확인하고 주어야 한다. 관리비, 끝까지 안 내는 사람 꼭 있다. 사람 좋은 것과 돈은 아무 상관이 없더라.

우편물을 받지 않는 집

고의적이든, 그렇지 않든 법원 우편물을 받지 않는 사람은 골치다. 법원의 우편물이 잘 전달되는 것을 송달이라고 하는데 여러 가지 이유로 송달이 되지 않는 경우가 있다.

특히 '폐문 부재로 인한 송달 불능' 상태가 되면 강제집행도 할 수 없다. 강제집행 결정은 진작 나왔는데 송달이 안 되어서 몇 개월째 명도를 못하는 경우도 있다. 재송달, 특별송달(야간송달, 집행관 송달)을 하고도 송달이 되지 않을 때 마지막에 하는 것이 공시송달이다.

공시송달은 이 집에 사람이 살지 않으니 법원이 대신 송달 서류를 받아 보관해주고 그 사유를 공고하는 것으로 송달된 셈 치는 것이다. 공시송달이 되면 강제집행이 가능하다. 강제집행을 하기 전에 '예고'를 하는데, 며칠 후 진짜 강제집행을 할 예정이니 집을 비우라는 마지막 통보다. 보통은 예고까지 하면 이사를 나간다. 최근에는 송달 불능이 계속되면 송달이 된 것으로 간주해주는 송달 간주를 잘 내주는 편이라 예전보다 송달이 간편해졌다.

쉽기도 하고 어렵기도 한 집

"뭐야, 당신. 나가요, 나가라고!"

온순한 줄 알았던 집주인이 뭔가 도구 될 만한 것을 찾는다. 나는 너무 놀라서 얼른 현관으로 뛰어가서 꽁지 빠지게 도망 나왔다.

이 집의 주인은 40대 후반의 아저씨다. 시내에서 만났을 때는 아주 점잖은 신사였다. 집을 보러 가기로 약속하고 제시간에 맞춰 방문을 했다. 아파트 입구에서 벨을 눌렀을 땐 조용하더니, 현관까지 가서 벨을 누르자 마뜩잖은 기색으로 문을 열었다. 부인과 아이들이 있는데 내가 온 것이 무척이나 못마땅했나 보다. 난 약속하고 온 건데….

집을 둘러보고 이사 날짜에 대해 몇 마디 나누다가 느닷없이 화를 내는데 그 표정이 얼마나 무서웠던지…. 한 대 맞기 전에 도망 나오길 잘했다.

아마도 부인 앞에서 체면이 서지 않아서 그러지 않았을까? 얼마 후 관리사무소로 전화를 했더니 이사를 나갔다고 했다. 이사비도 조금 주기로 얘기했었는데 그냥 나간 것을 보니 내 얼굴이 무척이나 보기 싫었

나보다. 집주인은 비록 망했어도 집주인이다.

집주인은 당신이 그토록 사고 싶어 하던 그 집에서 살던 사람이다. 적어도 그 집을 살 정도로 여유가 있었던 사람이고, 그만큼 자존심도 있다. 아직 본인이 망했다는 것을 인정하려고 하지도 않고, 임차인들처럼 이사비에 목매지도 않는다. 아이들이 다니는 학교나 유치원을 옮기지 않으려고 이제는 본인에게 비싼 그 동네에서 월세입자로 머물려고 한다.

집주인은 인도명령 대상자이기 때문에 사실 명도 자체가 어렵지는 않다. 법적으로 내 집에 머물 자격이 없는 사람들이다. 인도명령도 잘 나오고, 강제집행도 배당 전에 가능하다. 다만 집에 대한 애착이 강한 분들이니 자존심 상하지 않게 대화를 잘해서 내보내길 바란다.

점유자가 사망한 집

지인이 서산의 아파트를 낙찰받았는데, 아무리 해도 점유자와 연락이 되지 않았다. 점유자는 젊은 여자였는데, 얼마 후 본인의 차 안에서 시신으로 발견되었다. 여자는 남편과 이혼을 한 후라 남편은 관여하려고 하지 않았다.

점유자가 사망하고, 유족도 없는 경우 강제집행을 할 대상자가 없어서 곤란하다. 사망자의 짐을 마음대로 처분해서도 안 된다. 이때 가장 좋은 방법은 사돈의 팔촌까지 사망자의 유족을 찾아서 사망자의 짐을 정리하게 하는 것이다. 유족이 관여하지 않겠다고 하면 임의로 처리하는 것에 동의하는 동의서를 받아서 해결한다. 지인은 사망자의 친정아버지를 찾아서 명도를 마쳤다.

그저 기다려야 하는 집

때로는 어떤 액션도 하지 못하고 그저 기다려야 하는 경우도 있다. 지인이 낙찰받은 물건에 몸 상태가 몹시 안 좋은 어르신이 누워계셨다. 안 좋은 정도가 심해서 산소호흡기에 의존하여 숨을 쉬고, 음식은 위 연동식으로 호스로 삽입하는 상태였다. 아들이 연명치료 중인 어머니를 모셔둔 것이다.

"당신들, 까딱 우리 어머니 잘못되면, 내 가만 안 둬!"

점유자는 어머니를 모셔갈 생각은 안하고, 낙찰자에게 말도 안 되는 으름장을 놓았다. 이 집은 점유자의 불법 점유였기에 인도명령 결정과 강제집행결정까지 순조롭게 나왔다. 그런데, 누워 숨만 쉬는 환자인 점유자를 어디로 모신단 말인가. 요양병원이나 호스티스병원으로 모셔야 할 텐데, 자식이 동의하지 않으니 문제였다. 낙찰자가 병원비를 미리 지불하고 병원으로 모실 수 있지만, 그 과정에서 어르신이 잘못된다면 더 큰일이 생길 수도 있다. 법원에서도 집행을 하기 어렵다고 손사래를 쳤다. 결국, 지인은 어쩔 수 없이 기다리기로 했다. 어르신이 돌아가실 때까지. 몸 상태가 몹시 안 좋았던 어르신은 6개월 후 돌아가셨고, 겨우 명도를 마무리 할 수 있었다.

낙찰받은 그날,
점유자를 찾아가라

불편하지만 대면이 최선이다

어떤 분은 낙찰받은 집의 점유자를 만나지 않고도 명도를 한다고 하던데, 나는 그런 적이 한 번도 없다. 괜히 전화로 얘기하다가 감정 상하는 말로 서로에게 상처가 될 수 있기 때문이다. 전화로는 말을 험하게 하는 사람도 막상 얼굴 보면서 얘기하면 의외로 대화가 잘 풀린다.

그런데 왜 꼭 낙찰받은 그날 바로 가야 할까? 낙찰자도 누구보다 점유자가 참 불편하고 만나기 싫은데 말이다. 그런데 이 불편함에는 이유가 있다. 당신이 점유자에게 최대한 빨리 연락을 취해야 하는 이유는 네 가지다.

1. 매각불허가신청을 할 수 있는 시간은 낙찰 후 일주일 이내다

앞서 일산 아파트는 매각불허가를 신청하여 보증금을 돌려받았다. 입찰 전에 미리 모든 사항을 파악하고 입찰을 하지만, 그래도 사람이 하는 일이다. 당신도, 법원도 미처 예상치 못했던 상황이 숨겨져 있을 수도 있다.

매각물건명세서에 기재되어 있지 않은 심각한 문제가 있다면 매각불허가를 신청하여 낙찰을 취소할 수 있다. 낙찰 당일 집을 방문하여 집에 문제가 없는지 확인해야 한다. 매각불허가신청 기간은 낙찰 후 일주일 이내이므로, 시간이 많지 않다.

2. 명도의 난이도를 확인한다

나는 낙찰받기 전에 미리 명도의 난이도를 파악하고 입찰에 참가한다. 하지만 언제나 예외가 있는 법. 예기치 않은 복병이 기다리고 있을지 모른다. 첫 만남에서부터 점유자의 저항이 예상보다 심하다면, 초기부터 내용증명을 꼼꼼히 보내고 법적 조치를 취해야 한다.

3. 점유자가 이사할 시간을 벌어준다

점유자는 배당을 받거나 못 받거나, 이사를 빨리 가고 싶어 하거나 아니거나에 상관없이 결국에는 이사를 나가고 집을 비워줘야 한다.

자신의 의지와 상관없이 지금 살고 있는 집에서 나가야만 하는 것이다. 이런 현실을 받아들이는 데 시간이 좀 필요하다. 그런 이유 말고도 낙찰받은 당일날 점유자를 만나게 되면 이사 준비를 할 시간적 여유를

전세보증금을 돌려받지 못하는 임차인을 상대하는 법

빚이 집값보다 많아 빚쟁이와 임차인들 모두 자신의 돈을 다 돌려받지 못하는 경우가 있다. 특히 부동산 침체기에는 집값이 하락해서 이런 일이 더욱 많다. 이런 경우 가장 먼저 따져 보아야 할 것은 임차인의 대항력 유무이다.

대항력이 없는 임차인

안타깝지만 권리가 없는 임차인은 법에서 보장해주지 않는다. 보증금을 일부라도 받으면 다행이지만 보증금을 한푼도 돌려받지 못하더라도 낙찰자가 이들에게 남은 보증금을 돌려줄 의무는 지지 않는다. 보통은 이사비 정도를 챙겨주고 명도를 하는데, 마음이 아프다면 집을 더 저렴하게 낙찰받아서 점유자에게 인정상 주는 금액을 늘리는 수밖에 없다. 하지만 대항력이 없는 임차인이 있는 집은 경쟁이 높아 입찰가를 낮게 쓰게 되면 낙찰받을 가능성이 줄어든다.

대항력이 있는 임차인

이들은 못 받은 보증금을 낙찰자에게 청구할 권리가 있다. 그래서 이런 집은 임차인에게 돌려줄 보증금을 감안해 그만큼 더 저렴하게 낙찰받아야 한다.

만일 권리분석이나 현장조사를 철저히 하지 않고 시세만 참고한 금액으로 이런 집을 낙찰받는다면 이후 임차인의 보증금을 떠안아야 하기 때문에 부담해야 하는 금액이 커지게 된다. 실제로 이런 종류의 집은 임차인의 보증금 금액만큼 저렴하게 낙찰되기 마련이다.

좀더 길게 줄 수 있다. 잔금까지 4~5주, 잔금 후 배당일까지는 또 한 달이 걸리므로 최소한 두 달의 시간을 줄 수 있는 것이다. 배당일을 넘겨 시간이 늘어지면, 점유자들도 이사를 하라고 한 지 두 달이 넘었다는 것에 미안한 마음을 가지기도 한다.

그들에게 이사 준비를 할 수 있는 시간을 하루라도 더 주면 당신에게도 그들에게도 득이 된다.

4. 다른 날 시간을 다시 잡으려면 번거롭다

경매입찰은 그 집에서 가장 가까운 법원에서 진행된다. 두 번 걸음을 하기보다 기왕 움직인 날 집에 다녀오면 시간 절약이 된다.

게다가 점유자를 만나는 것은 그다지 즐거운 일이 못 된다. 좋은 소리를 듣지 못할 것이 뻔하다. 그래서 자꾸 방문을 미루게 된다. 나 같은 경우에는 다른 날 다시 긴장을 하고 점유자를 만나야 한다는 생각만으로도 귀찮고 스트레스가 된다.

그러나 그날따라 옷차림이 우습고, 눈이 게슴츠레해서 도저히 점유자를 만날 상황이 아닌 날에는 현관문에 연락처만 살짝 붙여놓고 오기도 한다.

겁먹을 필요 없다

'피할 수 없으면 즐겨라'라는 말이 있다. 점유자와의 만남은 낙찰자에게는 피해 갈 수 없는 관문과도 같다. 어차피 만나야 할 거 좋은 낯으로 만나 현재 상황을 분명하게 알리는 게 그들에게도 낙찰자에게도 도움이 된다.

열이면 열, 각기 다른 반응을 보일 점유자를 상대로 내 페이스를 잃지 않고 대화를 이끌어갈 좋은 방법은 없을까?

1. 낙찰받은 날 집을 방문한다

낮시간이라 집에 사람이 없을 가능성이 80%다. 미리 준비해 간 메모지를 현관에 붙여놓자. 아파트 입구에 비밀번호가 있어서 들어가는 게 어렵다면 관리실에 메모를 맡겨놓으면 된다.

"이 집을 낙찰받은 집주인입니다. 앞으로의 일정에 대해 상의드리고자 하오니 연락 부탁드립니다. 전화번호 010-123-4567."

만약 점유자를 만나게 되면 명함을 내밀며 대화를 시도한다.

2. 배당받는 임차인이라면 그날 저녁에 바로 전화가 올 것이다

전화가 오면 전화로 얘기를 끝내려고 하지 말자. 감정 상하는 대화가 오갈 수 있다. 전화로 대화하는 것과 얼굴을 보고 하는 것은 큰 차이가 있다.

"저, 집에 메모 붙여놓으셔서 전화드렸는데요."

당신도 전화를 받으면서 가슴을 졸이겠지만, 아마도 점유자는 전화하기 전에 몇 번이나 전화기를 들었다 놓았다 하면서 떨리는 마음으로 전화를 했을 것이다. 그들의 심정을 십분 헤아리면서 대화를 하자.

"아~ 네, 안녕하세요. 마침 전화 기다리고 있었어요. 앞으로의 일정에 대해 알려드리려고 연락 부탁드렸어요. 전화로 말씀드리기는 좀 그렇고요, 뵙고 말씀드려야 하는데 시간은 오전이 좋으세요, 저녁이 좋으세요."

만날 장소는 낙찰받은 집이다. 때로는 점유자가 가족의 시선 때문에 집에서 만나는 것을 꺼리기도 하지만 최대한 약속 장소를 집으로 유도 해야 한다. 집의 상태, 가족 구성원의 분위기 등을 확인할 수 있기 때문이다.

3. 첫 만남이 있는 날이다

당신만큼 상대도 긴장하고 있을 것이다. 혼자보다는 누구라도 함께 가길 권한다. 가족이나 친구, 같은 투자자도 좋다. 옆에 내 편이 있는 것만으로도 도움이 된다. 당신이 초보이고, 긴장하고 있다는 것을 상대에게 들키지 않으려면 미리 각본을 준비하는 것이 좋다.

사람들은 젊은 여자가 경매를 한다고 하면 만만하게 보는 경향이 있다. 나는 내가 굳이 낙찰자라고 하지 않는다. 같이 투자하는 사람들이 있다는 것을 은근히 암시한다. 이 방법은 여러모로 효과가 있다. 나를 얕잡아보지 않게 하면서 모든 결정과 책임을 가상의 인물에게 미룰 수 있다.

"생각보다 젊으신 분이네. 집주인 맞으세요?"

"네~ 저희가 낙찰받은 거고요, 제가 일임하고 있으니까 질문사항은 제게 말씀하시면 돼요. 앞으로 일정이 어떻게 되는지 말씀드릴게요."

점유자는 낙찰 후 어떤 일이 어떻게 진행될지 어렴풋이 알고 있다. 이것을 일정 별로 요약해서 알려준다.

"이번 달 말인 ○○일경 소유권이전이 되면 이 집의 소유주가 완전히 바뀝니다. 그 이후부터는 선생님께서 무단점거가 되기 때문에 이사를 하셔야 하죠. 5주 시간 드리면 가능하시겠어요?"

"돈도 못 받았는데 어떻게 가요?"

"네, 그러시군요. 그런데 법원에서 배당을 받으시려면 저희 인감도장이 찍힌 명도확인서라는 서류가 필요하거든요. 이것은 명도, 즉 이사를 나가셨다는 확인서예요. 이사를 나가지 않으면 이 확인서를 드릴 수가 없어요. 선생님은 이 확인서가 없으면 배당을 받으실 수가 없고요. 어찌죠?"

이때부터 협상에 들어가야 한다.

배당을 받는 임차인이라면 많은 경우 어떻게든 돈을 만들어 배당 전에 이사를 한다.

4. 배당받지 못하는 임차인이거나 집주인이라면 일주일이 지나도 전화가 오지 않을 수 있다

점유자가 연락을 하지 않는 이유는 다양하다. 연락처를 잃어버렸거나, 한동안 집에 돌아오지 않았거나, 혹은 진심으로 대화를 거부하는 경우도 있다. 이럴 경우 내용증명은 아주 유용하다. 내용증명을 보내고 다시 대화를 시도한다. 어떻게든 첫 만남을 가지는 것이 중요하다.

연락이 없다면 이쪽에서 연락을 취해야 한다. 대화를 해보지 않으면 어떤 사람인지 알 수가 없다. 점유자의 연락처는 법원에서 조회를 하면 알 수 있다. 담당 경매계에 정보열람을 신청하면 알려준다.

점유자를 적으로 만들지 않는 대화법

경매로 집을 비워줘야 하는 사람들에게는 저마다 사연이 있다. 더욱이 마른하늘에 날벼락 같은 일을 겪으면서 그 한이 더욱 깊어져 원망과 울분을 삼키기도 한다. 자칫 험악해질 수 있는 이들과의 관계를 원만하게 풀어가는 데 별다른 특효약은 없다.

1. 그들의 얘기를 들어줘라

그 집에 살고 있던 사람들은 법원으로부터 우편물을 받아야 했고, 배당을 신청하기 위해 법원을 방문해야만 했고, 낙찰자인 당신을 만나기 위해 마음 졸였던 사람들이다. 본인 집이 경매로 넘어갔거나 일부 배당을 받는 사람이라면 더 구구절절한 사연이 있을 것이다.

나중에 되돌아보면 임차인들이 가장 답답한 것은 자신의 억울함을 이야기할 데가 없다는 것이었다. 그저 안타까운 마음으로 그들의 이야기를 들어주고 고개를 끄덕여주는 것만으로도 대화는 원활해진다.

2. 원망의 대상이 낙찰자가 아님을 주지시켜라

마음에 상처가 있는 점유자들은 지금 눈앞에 있는 낙찰자를 공격하려는 경향이 있다. 나 때문에 점유자가 손해 본 것이 아님을 인식시켜야 한다. 임차인이라면, "집주인이 그러면 안 되는데, 도망을 갔군요" "집주인 때문에 마음고생이 많으셨겠어요"라면서 고충을 들어준다.

집주인이라면, "채권자가 너무 심했네요" 하며 그들의 원망의 대상을 바꾸고 그 마음을 함께 동조하라.

3. 그들이 원하는 것이 무엇인지 돌직구로 물어봐라

점유자들이 가장 많이 하는 질문은 "이사비, 얼마나 줄 건가요?"이다. 나는 명도를 진행할 때 원칙상 일체의 이사비가 없다고 못을 박는다. 그렇다면 점유자들이 정말로 원하는 것이 과연 이사비일까? 결코 그렇지 않다. 이사비는 일종의 보상심리로 던져보는 것이다.

대부분의 점유자들이 진정으로 원하는 것은 손해 보지 않고 안정을 찾는 것이다. 그러니 원하는 게 무엇인지 묻는 것이 제일 빠르다. 어떤 임차인은 빨리 이사를 나가고 싶어 한다.

"이사비용만 주시면 바로 나갈게요."

"저희 원칙상 배당받으시는 분은 이사비용을 드릴 수 없습니다. 하지만 빨리 나가길 원하신다면, 배당일 전이라도 미리 보증금을 돌려드릴게요. 저희가 배당금을 대신 드리는 거예요. 위임장을 작성해주시면 저희가 대신 배당일에 보증금을 받으면 되니까요."

이분은 이사비용도 받지 않고 바로 이사를 나갔다. 이분이 진정 원한 것은 이사 비용이 아니라 하루라도 빨리 이사 나가는 것이었다.

4. 상대가 이겼다고 느끼게 해주어라

정해진 날까지 이사를 나가야 하고, 나가는 날까지 관리비를 정산해야 하며, 집 안의 쓰레기는 깨끗이 치워놓아야 하고…. 내용증명에 첨부한 경매물건 점유자의 유의사항 항목들이다. 점유자들은 감사하게도 대부분 이것을 잘 지켜준다. 그런데 막상 이사를 가려고 하면 마지막에 뭐든 한 가지는 이겨먹고 싶은 마음이 생기나 보다.

관리비를 한두 달 안 내겠다고 우긴다거나, 본인이 새로 단 디지털 키 비용을 달라고 한다거나, 명도비용 대신 자기가 쓰던 소형 냉장고를 사달라고 한다거나 하는 식이다. (실제로 나는 배당받는 돈이 하나도 없는 분의 냉장고를 사드린 적이 있다.)

금액으로 보면 얼마 안 하는 요구들이다. 나는 그들이 순전히 돈 때문에 그런 요구를 한다고는 생각하지 않는다. 그 요구들을 다 들어주지는 않지만, 가능한 그들의 자존심을 살려준다. 그들의 요구를 일부라도 들어주면서 회사에서 크게 낭패를 본 시늉을 한다.

그들이 나가면서 "그래, 내가 이겼어"라고 느끼게 해주자.

20 6단계 – 명도

내용증명에도
타이밍이 있다

내용증명은 항상 보낸다

　내용증명은 우편물의 내용인 문서를 등본으로 증명하는 제도다. 사실 내용증명의 내용은 법적 효력이 없다. 하지만 그동안 법원에서 보낸 서류들을 등기로 계속 받아오던 점유자에게 법원 서류와 같은 느낌으로 심리적 압박을 줄 수 있다. 또 말로 하는 것보다 서류로 받으면 두고 두고 다시 볼 수 있어서 점유자가 내용을 이해하기에도 좋다.

　내용증명은 정해진 양식이 따로 없다. A4용지를 기본으로 육하원칙에 따라 전달하고자 하는 내용을 알기 쉽게 적으면 된다.

　상단에 받는 사람의 주소와 이름을 쓰고, 그 밑에 보내는 사람의 주소와 이름을 적는다. 똑같은 내용의 서류를 3부 만들어서 우체국에 가

인터넷우체국의 내용증명 화면

져가서 내용증명을 보낸다고 말하면 세 장을 나란히 놓고 도장을 찍어
준다. 이 중 1부는 우체국에서 보관하고, 2부는 등본으로 사용하게 되
는데, 1부는 편지봉투에 넣어서 받는 사람에게 등기로 보내고, 1부는
본인에게 보관용으로 돌려준다. 보내는 봉투의 받는 사람 주소와 이름
은 내용과 같아야 한다.

　최근에는 인터넷우체국에서 온라인으로 내용증명을 보낼 수도 있
다. 사이트에서 제공하는 편집 툴을 사용하여 작성하는 것으로 우체국
을 오가는 번거로움을 줄일 수 있다.

　나는 확실하게 문서화하기 위해 내용증명을 즐겨 사용하는데, 그 타
이밍이 중요하다. 타이밍에 따라 내용증명의 내용도 달라진다. 내가
보냈던 내용증명을 한번 보자.

타이밍 1. 첫 만남이 이루어지기 전

연락처를 남기고 10일 내 첫 만남을 하지 못한 상태라면 반드시 내용증명을 보낸다. 이때는 설명할 것이 많은 상태이므로 내용증명도 상당히 긴 편이다.

내 용 증 명

제목 : 경매 낙찰 부동산 잔대금 납부 예정에 따른 이주계획 수립 촉구 및 유의사항
　　　알림

수 신 : 낙찰받은 집 주소
수신인 : 이○○
발 신 : 나의 주소
발신인 : 내 이름

경매낙찰 부동산의 표시 : 서울시 송파구 ○○
경매사건번호 : 서울 동부지방법원 2023타경 ○○○

발신인은 2023년 5월 21일 서울 동부지방법원에서 진행된 2023타경○○○ 부동산 경매 사건에서 상기 부동산을 낙찰받아 2023년 5월 29일 동법원에서 매각허가결정을 받은 낙찰자 겸 매수인입니다.

발신인이 명도 등과 관련하여 2023년 5월 25일 오후 4:00경 본 부동산을 방문하여 연락처를 남겼으나, 점유자 이○○님을 만날 수가 없었으므로 부득이하게 서면으로 본 부동산의 경매 매각 이후의 진행상황에 대해 알려드리는 바이오니 향후 명도 등과 관련한 절차상 착오로 인하여 수신인이 민·형사상 불이익 또는 사회적 위신 등의 손상이 없도록 각별히 유의하시기 바랍니다.

- 아　래 -

1. 발신인은 상기 부동산의 매각 잔대금을 2023년 6월 하순까지 완납할 예정으로 현재 매각 잔대금과 소유권이전에 필요한 모든 준비를 끝마친 상태입니다.

2. 상기 날짜에 잔대금이 완납될 경우, 발신인은 경매 강제매각절차의 소유권 취득 시기를 규정한 민사집행법 제135조에 따라 매각목적 권리, 즉 소유권을 취득하게 되어 후속 절차인 등기표시와 관계없이 잔대금 완납일을 기준으로 상기 부동산의 완전한 소유권자가 됩니다.

3. 이에 따라 본 경매사건의 점유자인 이○○님을 포함하여 가족분들께서 낙찰자의 잔금 완납일 이후에 낙찰자의 협의 없이 상기 부동산을 점유하고 계속 거주할 경우 이는 명백한 무단점유(불법점유)로 간주 됩니다. 또한 부득이 인도명령에 의한 강제집행을 하게 될 경우 강제집행 비용과, 명도지연 손해금으로 귀하의 배당금은 압류될 수 있으며, 기타 법적 비용을 청구할 수 있습니다.

4. 다만, 상기 3항은 최악의 경우를 가정한 것으로 수신인의 불이익을 우려하여 법률 조항 사실 확인 차원에서 알려드리는 바이오니 수신인의 오해 없으시기 바랍니다.

5. 따라서 상기 경매낙찰 부동산의 잔대금 완납일로 예상되는 2023년 6월 하순부터 대략 7주 이내, 즉 2023년 8월 15일까지는 수신인 및 수신인의 세대주/세대원 및 동거인 등 점유자 전원이 상기 부동산에서 퇴거하고 발신인(낙찰자)에게 명도 후 새로운 곳으로 이주하실 수 있도록 구체적인 계획(이사 날짜 확정, 이주할 주택 물색 및 계약 등) 수립을 서둘러주시기를 촉구하는 바입니다.

6. 점유자 이○○님의 배당기일은 8월 하순으로 예상되며 법원 배당 시 수신인의 〈명도확인서〉가 필요하니 본 부동산에서 퇴거 시 반드시 연락 주시기 바랍니다. 발신인과 수신인이 서로 돕는 가운데 모든 일이 원만하게 마무리되기를 간절히 바라오며, 귀댁의 건강과 건승을 기원합니다. 끝.

2023년 6월 7일

위 발신인 : 낙찰자(연락처 : 010-234-5678)

첨부: 경매물건 점유자의 유의사항

타이밍 2. 첫 만남이 이루어지고 난 후

연락을 시도하고 바로 연락이 되었다면 첫 만남 후 일주일 내에 내용 증명을 한 번 더 보낸다. 이때 나오는 길에 한마디하는 것을 잊지 말자.

"내용증명이 한 통 올 거예요. 오늘 제가 말씀드린 내용이니 다시 확인해주세요."

내 용 증 명

제목 : 경매 낙찰 부동산 잔대금 납부 예정에 따른 이주계획 수립 촉구 및 유의사항 알림

수 신 : 낙찰받은 집 주소
수신인 : 이○○
발 신 : 나의 주소
발신인 : 낙찰자

경매낙찰 부동산의 표시 : 서울시 송파구 ○○
경매사건번호 : 서울 동부지방법원 2023타경 ○○○

발신인은 2023년 5월 21일 서울 동부지방법원에서 진행된 2023타경○○○ 부동산 경매 사건에서 상기 부동산을 낙찰받아 2012년 5월 29일 동법원에서 매각허가결정을 받은 낙찰자 겸 매수인입니다.

발신인이 명도 등과 관련하여 2023년 6월 2일 오후 3:00경 점유자인 이○○님을 만나 본 부동산의 경매 매각 이후의 진행상황에 대해 말씀드렸으며 안내해드린 내용을 중심으로 몇 가지 중요한 사항을 아래와 같이 정리하여 재차 알려드리는 바이오니 향후 명도 등과 관련한 절차상 착오로 인하여 수신인이 민·형사상 불이익 또는 사회적 위신 등의 손상이 없도록 각별히 유의하시기 바랍니다.
(이하 내용은 동일하며 만남 시 대화한 내용을 정리해서 넣는다.)

그러고는 첫 만남에서 대화한 내용을 정리해서 내용증명을 보낸다. 서면으로 보내면 점유자는 약속을 어기기 힘들다.

만약 대화가 순조로워 이사 나가려는 의지가 분명하면 한마디만 덧붙이면 된다.

"딱딱한 내용이라도 기분 나빠하지는 마시고요, 의례적으로 보내는 것이니 오늘 제가 말씀드린 내용이 맞는지만 확인해주세요."

대화가 잘된다고 내용증명을 보내지 않으면 안 된다. 내용증명은 상대에게 약속을 다시 확인시키는 효과가 있다. 점유자는 언제라도 마음을 바꿔 먹을 수 있음을 잊지 말자.

타이밍 3. 잔금을 치르고 내 집이 되었는데도 연락이 오지 않을 때

잔금납부 후에도 계속 연락이 오지 않는다면 두 번째 내용증명을 보낸다.

내용증명은 등기우편으로

집에 사람이 없어서 낮시간에 등기를 받기 어려운 경우에는 일반우편도 함께 보내면 점유자가 우편물을 확인하는 데 도움이 된다. 우편물을 자꾸 받는 것에 불만을 표시하는 사람도 있으므로 일반우편도 함께 보내는 경우 '내용증명이 반송되는 경우가 있어 일반우편도 보내드리니 참고하십시오'라고 명기해둔다.

'경매물건 점유자의 유의사항'은 내가 만든, 내용증명에 반드시 첨부하는 서류다. 점유자에게 이사비를 요구하지 못하게 하고, 빨리 이사를 나가야 하며, 집을 부수거나 망가뜨리면 안 된다는 내용이다. 말로 하는 것보다 서류로 보내면 훨씬 효과가 좋다.

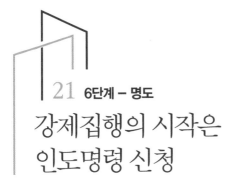

21 6단계 - 명도

강제집행의 시작은
인도명령 신청

강제집행은 마지막 칼자루

여러 방면으로 대화를 시도했지만 말이 통하지 않는다면 강제로 내보내는 수밖에 없다. 이것을 강제집행이라고 한다. 법원에 강제집행을 신청하면 법원에서 사람(집행관)이 나와서 열쇠수리공을 불러 강제로 문을 따고 들어가 짐을 다 들어낸 다음 컨테이너에 보관한다. 물론 이모든 비용은 낙찰자 부담이다. (나중에 점유자의 급여나 통장을 압류하고 소송으로 비용을 청구하기도 한다.) 강제집행에 대한 비용은 물건마다 차이가 많다. 일반적으로 평당 15~20만원 정도로 책정된다. 보통 이사비용으로 주는 금액도 이 금액을 넘지 않는다.

낙찰자로서는 비용이 들고, 점유자 역시 강제로 이사당하는 상황이 좋을 리 없다. 따라서 이것은 최후의 방법이고, 마지막 칼자루이다. 집행은 명도가 잘 이루어지지 않았을 때 하는 마지막 수단이지만, 만약을 대비해 인도명령 신청은 잔금납부와 동시에 한다.

법원에서 하는 모든 업무는 진행이 빠른 편이 아니다. 그래서 모든

부동산인도명령 신청

사건번호
신청인(매수인)
　　○시 ○구 ○동 ○번지
피신청인(임차인)
　　○시 ○구 ○동 ○번지

위 사건에 관하여 매수인은 ○○○○년 ○월 ○에 낙찰대금을 완납한 후 채무자(소유자, 부동산점유자)에게 별지 매수부동산의 인도를 청구하였으나 채무자가 불응하고 있으므로, 귀원 소속 집행관으로 하여금 채무자의 위 부동산에 대한 점유를 풀고 이를 매수인에게 인도하도록 하는 명령을 발령하여 주시기 바랍니다.

년　　월　　일

매수인　　　　(인)
연락처 010-123-4567

지방법원 귀중

☞유의사항
1. 낙찰인은 대금완납 후 6개월 내에 채무자, 소유자 또는 부동산 점유자에 대하여 부동산을 매수
   인에게 인도할 것을 법원에 신청할 수 있습니다.
2. 신청서에는 1,000원의 인지를 붙이고 1통을 집행법원에 제출하며 인도명령 정본 송달료(2회분)
   를 납부하셔야 합니다.

서류는 최대한 빨리 신청하는 것이 좋다.

인도명령은 잔금납부 후 6개월 이내에

강제집행이 문을 따고 들어가 짐을 꾸리는 본격적인 행동 개시라면, 인도명령은 그 전에 이루어지는 사전 과정이라고 보면 된다.

인도명령 결정문은 정당한 권리가 있으면 발급받는 데에 아무 문제가 없다. 인도명령은 잔금납부 후 6개월 내에 신청하지 않으면 받아주지 않으므로 반드시 잔금납부 시 신청하자. 은행에서 대출을 받고 법무사를 이용할 경우 잔금 시 무료서비스로 인도명령을 신청해주므로 법무사에게 요청한다. 별다른 이상이 없으면 신청 후 3~4일이면 인도명령이 결정되고, 그로부터 3~4일 후 인도명령 결정문이 법원에서 등기우편으로 낙찰자인 당신과 점유자 모두에게 송달된다. (임차인이라면 배당일이 지나야 인도명령이 결정된다. 대개는 인도명령만으로 점유자가 집을 비워주는 경우가 많아 강제집행까지 가는 일은 거의 없다.) 인도명령 결정문은 명도의 최후 수단인 강제집행 신청에 필요한 서류이므로 일단 발급받아둔다.

경매에는 2023타경 ○○○호라는 사건번호가 붙지만, 인도명령 결정문에는 2023타기 ○○○라는 새로운 사건번호가 부여된다. 따라서 강제집행 시에는 더 이상 '타경'이 아닌 '타기' 사건번호로 서류를 작성해야 한다.

그래도 점유자가 집을 비우지 않는다면

인도명령 결정문을 보내는 것까지는 비교적 평화로운 명도 방법이다. 인도명령 결정문을 보냈는데도 점유자가 집을 비워주지 않는다면 어쩔 수 없이 강제집행을 신청할 수밖에 없다. 그러나 그 전에 점유이전금지가처분 신청을 먼저 하는 것이 좋다.

점유이전금지가처분은 인도명령이 나온 후에 점유자가 바뀌면 바뀐 사람을 상대로 다시 인도명령을 신청해야 하기 때문에 점유자가 바뀔 수 없도록 하는 법적 조치다. 점유이전금지가처분이 받아들여지면 점유자의 집에 결정문을 붙이고 오기 때문에 점유자에게 심리적인 부담을 주는 역할을 하기도 한다. 본격적인 강제집행 전에 한 번의 경고를 더 주는 것이다.

신청은 관할법원의 담당 경매계에서 할 수 있다. 점유자가 명도 저항을 강하게 할 가능성이 있다면 인도명령을 신청할 때 점유이전금지가처분을 동시에 신청하는 것이 좋다.

1. 부동산점유이전금지가처분 신청서 작성하기

부동산점유이전금지가처분 신청서를 작성한다. 이 서류는 법원에 있는 서류만으로는 부족하고, 따로 만들어서 작성해야 한다. 오른쪽에 예시를 첨부한다.

부동산점유이전금지가처분 신청

신청인 : 낙찰자
　　주소 : 나의 주소
　　전화 : 010-234-5678
피신청인 : 최○○(점유자)
　　서울시 송파구 ○○ (우편번호)
경매사건번호 : 서울 동부지방법원 2023 타경 0000

목적물의 표시 : 별지기재와 같음
목적물의 가액 : 금 30,730,000원

신 청 취 지

1. 채무자는 별지목록 기재 부동산에 대한 점유를 풀고 채권자가 위임하는 집행관에게 인도하여야 한다.
2. 위 집행관은 현상을 변경하지 아니하는 것을 조건으로 하여 채무자에게 이를 사용하게 하여야 한다.
3. 채무자는 그 점유를 타인에게 이전하거나 또는 점유명의를 변경하여서는 아니된다.
4. 집행관은 위 명령의 취지를 적당한 방법으로 공시하여야 한다, 라는 재판을 구합니다.

청 구 원 인

1. 신청인은 별지기재 부동산을 서울 동부지방법원 2023타경○○○ 부동산 임의경매 사건에 매수신청하여 금 30,730,000원에 매수한 뒤, 2023. 5. 29 낙찰허가결정을 얻어 2023. 6. 29 매수대금 전부를 완납함으로써 별지목록 기재 부동산 및 그 대지의 소유권을 취득하였습니다.
2. 피신청인은 위 별지기재 부동산에 대하여 전부를 점유하고 있는 점유자입니다
3. 따라서 신청인은 위 부동산의 소유자(낙찰인)로서 피신청인에게 건물의 명도를 요구하였으나 모두 이에 불응하고 있습니다.
4. 신청인은 피신청인을 상대로 건물명도의 소를 제기하려고 준비 중에 있으나 이 판결 이전에 피신청인이 점유명의를 변경한다면, 신청인이 비록 승소판결을 얻는다고 해도 집행 불능에 이를 우려가 있으므로 본 신청에 이른 것입니다.
5. 본 신청에 대한 담보제공을 보증보험회사와 위탁계약을 체결한 문서로 제공할 것을 신청하오니 허가하여 주시기 바랍니다.

소 명 방 법

1. 소갑 제1호증   부동산등기부등본
1. 소갑 제2호증   매각허가결정문
1. 소갑 제3호증   전입세대 열람내역

첨 부 서

1. 위 소명방법   각 1통
1. 송달료납부서   1통

2023년 7월 16일

위 신청인 낙찰자(인)

서울 동부지방법원 귀중

2. 필요한 서류 제출하고 송달 예납금 입금하기

부동산등기부등본(등기소나 인터넷등기소에서 발급), 매각허가결정문(낙찰 후 우편으로 온 우편물로, 없으면 법원 민원실에서 재발급 받는다), 전입세대 열람내역(가까운 주민센터에서 발급. 집주인은 언제나 발급 가능하다)을 첨부하여 부동산점유이전금지 가처분 신청서를 관할 법원에 제출하고, 송달 예납금을 입금한다.

3. 보증보험 보증서 끊기

부동산점유이전금지가처분 신청을 하면 일주일 후에 담보제공명령원이라는 우편물이 온다.

이 우편물을 가지고 서울보증보험에 가면 보증서를 끊어준다. 보증보험 보증서는 보험의 일종인데, 점유자의 재산을 보호하는 기능을 한다. 그러므로 만일 한 집에 여러 세대가 있다면 재산도 각각이므로 보증서를 각각 발급받아야 한다. 보통 점유자 재산의 1% 정도로 보험료를 내지만 정확한 금액은 법원에서 정해준다. 이 보증서를 관할 법원에 제출한다. 우편으로 보낼 수도 있다.

4. 부동산점유이전금지가처분 결정문 송달받기

법원에 접수가 되면 며칠 후 법원에서 부동산점유이전금지가처분 결정문이 송달된다. 이 결정문을 가지고, 관할 법원으로 가서 강제집행신청서를 작성한다.

5. 강제집행신청서 작성하기

관할 법원에 비치된 강제집행신청서를 작성한다. 명도의 마지막 수단인 강제집행 신청을 할 때와 서류가 같으니 헷갈리지 말고 '부동산점유이전금지가처분' 항목에 체크하는 것을 잊지 말자. 제출한 뒤 접수증을 받고, 접수증에 적힌 집행비용 예납금을 법원 내 은행에 납부하고 영주증을 받으면 완료!

이렇게 해서 점유이전금지가처분 집행 신청이 완료되었다. 점유이전금지가처분 결정문은 법원 집행관이 신청자를 대동하고 점유자의 집 문을 따고 들어가 결정문을 붙이는 형식으로 전달된다. 때문에 경고의 기능도 하므로 대개는 이 과정에서 집을 비워주는 경우가 많다. 그러나 이 방법으로도 집을 비워줄 생각을 하지 않는다면 최후의 수단인 강제집행을 해야만 한다.

경매 고수의 노하우

점유자가 우편물을 일부러 받지 않는다면

송달증명제도란 우편물을 받아보지 못해서 당사자가 알지도 못한 채 억울하게 일을 당하는 것을 막기 위한 제도다. 점유자가 집에 살지 않거나, 고의적으로 법원 우편물을 계속 받지 않아도 송달 불능이 된다. 어떤 이유에서건 송달 불능 상태가 되면 강제집행을 할 수가 없다. 덕분에 경매법을 좀 아는 일부 점유자는 법원 우편물을 일부러 받지 않으면서 시간을 끄는 경우가 종종 있다. 이럴 땐 어떻게 해야 할까?

다시 받을 수 있다면 '재송달'

처음 인도명령 결정문 우편물이 반송되면 주소 보정 명령이 떨어진다. 피고인의 주소를 다시 확인하여 재송달을 신청하라는 것이다. 이사 불명이나 수취인 불명으로 인한 송달 불능일 경우에는 주소를 알아내서 재송달을 하거나 바로 공시송달을 신청할 수 있다.

경매는 폐문 부재(집에 아무도 없거나 문이 잠겨 있는 경우)로 인한 송달 불능이 가장 많다. 폐문 부재일 경우에는 주소를 수정하지 않고 재송달을 한다. 재송달에는 집행관 송달과 특별송달이 있다. 집행관 송달은 점유인이 있을 법한 시간에 집행관이 직접 우편물을 들고 가서 송달하는 것이고, 특별송달은 야간이나 휴일 등 다들 집에 있는 시간에 방문하여 송달하는 것이다. 재송달을 했는데도 송달 불능이라면 공시송달 신청이 가능하다.

법원에 공고를 부탁하는 '공시송달'

공시송달 신청은 현재 그 집에 피고가 살고 있지 않으며 소재를 파악할 수 없으므로 송달해야 할 내용을 법원이 공시하여 달라는 요청이다. 법원이 공시송달을 받아들이면 2주간 이 내용을 공시하고 송달이 된 것으로 처리한다. 법원은 낙찰자가 송달하기 위해서 여러 번 송달 시도를 한 후에야 공시송달을 받아들여준다.

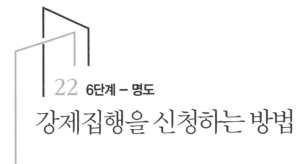

강제집행을 신청하는 방법

강제집행 신청의 과정

점유자가 끝내 집을 비워주지 않는다면 강제집행을 할 수밖에 없다. 강제집행을 하려면 앞서 받은 인도명령 결정문과 송달증명원이 필요하다.

송달증명원은 점유자가 인도명령 결정문을 송달받았음을 증명하는 서류인데, 대법원 홈페이지(www.scourt.go.kr)에서 간단히 확인할 수 있다.

'나의 사건 검색'을 클릭해 사건명을 입력하고 송달내역을 확인한다. 신청인(낙찰자)과 피신청인(채무자, 즉 점유자) 모두 송달이 '도달'로 되어 있어야 강제집행을 신청할 수 있다.

신청인, 피신청인이 모두 '도달'로 확인이 되었다면 낙찰자는 본인의 신분증, 도장, 인도명령 결정문을 가지고 해당 법원의 담당 경매계를 찾아가서 필요한 서류를 작성한다.

1. 송달증명원 발급받기

본격적인 강제집행 신청을 위해 담당 경매계에서 송달증명원 신청서를 작성해 송달증명원을 발급받는다. 이때 은행에 가서 인지를 사서 붙인다. 법원은 모든 서류에 인지를 붙인다는 사실을 기억해두는 게 좋다. 법원 내 은행은 들를 일이 많으니 위치도 함께 알아두자.

2. 강제집행신청서 작성하기

발급받은 송달증명원과 인도명령 결정문을 가지고 집행관 사무실로 가서 바깥쪽에 앉은 사무원한테 "강제집행 신청하러 왔습니다"라고 말하면 비치된 강제집행신청서를 준다. 부동산점유이전금지가처분 신청 때와 같은 서류다. 그 자리에서 신청서를 작성해서('건물명도' 항목에 체크 필수), 사무원에게 제출한다.

3. 집행비용 예납하기

신청서를 써내면 사무원이 집행비용 예납 안내 접수증을 발급해준다. 수수료, 여비 등의 명목으로 예납해야 한다. 나는 당시 30만원 정도를 예납했다. 예납 방식은 법원에 따라 다른데, 예납금을 미리 받고 본 집행 때 추가금액을 받는 곳이 있는가 하면 예납 시 본 집행 비용까지 납입해야 하는 곳도 있다.

4. 집행비용 예납하고 영수증받기

사무원이 준 접수증을 가지고 법원 안에 있는 은행에 가서 예납금을 납부하면 영수증을 발급해준다.

5. 집행관의 예고 진행하기

법원은 강제집행 신청 후 일주일 이내에 예고를 하게 되어 있다. 법원에서 강제집행을 할 것이라는 마지막 최후통첩이다. 법원의 집행관 두 명과 낙찰자 본인, 그리고 증인 두 명이 함께 집을 방문해 열쇠수리공을 불러 열쇠를 따고 들어간다. 이때 집에 사람이 없으면 잘 보이는 곳에 예고장을 붙이고 나오는데, 집에 사람이 있는 경우가 더 유리하다. 법원 사람까지 대동한 낙찰자를 보면 협상이 잘될 가능성이 높기 때문이다. 예고장을 붙였는데도 점유자에게서 아무 연락이 없다면 강제집행을 피할 수가 없다.

6. 본 집행하기

강제집행 날짜는 법원에서 연락이 온다. 정해진 시간과 장소에서 법원 집행관 두 명과 여섯 명의 인부들을 만났다. 열쇠수리공이 열쇠를 따면 집행관이 집 안으로 들어가서 사진을 먼저 찍은 다음 인부들이 방별로 나누어서 순식간에 짐을 싼다. 이로써 집행은 끝이 난다.

사실 강제집행까지 가는 경우는 많지 않다. 경매를 오래 해야 겨우 한두 번 겪는다. 사람의 일이라 대화로 풀어서 내보내는 것이 가장 좋고, 또 마음이 편하다. 그러나 경매를 할 때는 어떤 변수가 발생할지 모르므로 낙찰자의 권리를 분명하게 알아두는 것이 좋다. 강제집행도 그중 하나다.

경매 고수의 노하우

인도명령 신청부터 강제집행까지의 과정

1. 인도명령(결정문은 우편물로 송달됨)

대출 시 법무사를 통할 경우 무료로 인도명령을 신청해주므로 법무사에게 요청한다. 소정의 인건비를 받는 곳도 있다.

2. 점유이전금지가처분(결정문은 점유자의 집 안에 붙여짐)

부동산점유이전금지가처분 신청서와 함께 부동산등기부등본, 매각허가결정문, 전입세대 열람내역을 관할 법원에 제출하고 송달 예납금을 입금한다.

3. 강제집행(예고장을 먼저 점유자의 집 안에 붙인 뒤 집행함)

인도명령결정문과 송달증명원을 첨부하여 강제집행신청서를 작성한다. 두 가지 서류를 들고 관할 법원의 집행관에게 가서 강제집행신청서를 작성하고 집행비용을 예납한다.

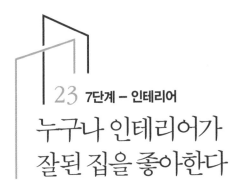

23 7단계 – 인테리어
누구나 인테리어가
잘된 집을 좋아한다

힘든 명도를 통해 내 집을 얻었다면 마지막으로 해야 할 것은 집수리와 인테리어다. 이제 경매에서 인테리어는 선택이 아닌 필수가 되었다. 빌라에 살던, 아파트에 살던 누구나 인테리어가 잘된 집을 선호하고, 이런 집들은 좋은 가격에 매매할 수 있기 때문이다. 또한 적은 종잣돈으로 낙찰받는 경매물건은 낡고 오래된 경우가 많아 투자에 있어서 가성비 있는 인테리어가 중요하다. 그렇다면 이제부터 낡은 물건도 저렴한 비용으로 새 물건처럼 보이게 하는 나만의 인테리어 노하우를 풀어놓겠다.

1. 인테리어를 적게 할 수 있는 물건을 고른다

인테리어에서 가장 큰 비용이 드는 부분은 새시, 화장실, 싱크대 교체비용이다. 외부에서 보았을 때 새시가 교체되었다면 실내도 어느 정도 인테리어가 되어 있을 거라고 예상할 수 있다. 그리고 또 확인할 것은 매각물건명세서에 표시된 임차인의 전입일자이다. 최근 몇 년 내 임차인이 들어온 집도 상태가 좋은 편이다. 임차인을 들이기 전 인테리어는 필수이기 때문이다. 건축연차가 10년 이내라면 도배, 바닥 등의 기본적인 인테리어만 하면 된다.

2. 집의 기능적인 부분에 대한 하자를 확인한다

아파트는 오래되어도 치명적인 하자는 많지 않다. 입주민에게 장기수선충당금을 받아 페인트 칠도 하고, 방수 처리도 하기 때문이다. 반면 빌라는 상황이 다르다. 상대적으로 관리가 소홀한 편이다. 옥상에서 방수페인트가 꼼꼼히 발라져 있는지 확인하고, 배관은 문제가 없는지 주변의 이웃들에게 질문도 한다. 외관으로 보아 낡은 물건이라면 기능적인 보수를 할 비용을 미리 책정하기도 한다.

3. 인테리어를 직접 할 것인가, 전문가에게 맡길 것인가

보통 인테리어를 하면 업체를 찾는다. 인테리어업체 사장은 고객과 함께 인테리어를 할 영역과 자재, 비용, 기간 등을 정하고 작업에 들어간다. 이렇게 인테리어 전체를 업체에 맡기는 공사는 대부분 비용이 비싸기 마련이다.

그래서 경매를 하는 사람들은 셀프로 인테리어를 하곤 한다. 직접하는 공사라도 내가 손수한다는 뜻은 아니다. 인테리어업체 사장이 하는 역할을 대신하는 것이다. 인테리어가 되어 있는 집이라면 도배, 바닥 정도만 하지만 집 전체를 해야 하면 간단한 시공 지식은 알고 있어야 한다. 이때는 공사할 영역과 자재, 비용, 기간을 직접 결정하고, 인터넷으로 자재를 구매하여, 전문가에 공사를 의뢰하고, 공사를 감독한다.

① 공사순서는 다음과 같다

철거 → 새시 → 목공 → 페인트 → 화장실, 싱크대 → 목공 마무리 → 도배 → 바닥 → 조명, 청소

② 자재는 인터넷에서 구매하는 것이 가장 저렴하다

어떤 자재를 쓸지 모르겠다면, 방산시장 등의 자재시장에서 충분히 둘러보는 것을 권한다. 모델번호를 기억해두었다가 온라인 가격을 확인하고 구매처를 정한다.

③ 시공 전문가는 지역 전문가를 찾아라

시공 전문가는 자신의 지역을 벗어나면 출장비를 받는다. 또한 그 동네에 사는 전문가는 하자 발생 시 바로 조치를 취해줄 수도 있다. 네이버에서 '지역+공사(용인 도배)' 등으로 검색하면 많은 업체가 나온다. 그리고는 업체에 전화해 이렇게 말한다.

"24평 아파트 전체 도배 비용 문의 드려요. 자재는 광폭합지, 임대용이에요."

문의 시 구체적으로 자재와 평수까지 알려주어야 정확한 견적을 받

주방 인테리어 전

주방 인테리어 후

화장실 인테리어 전

화장실 인테리어 후

3부. 경매 고수로 가는 가장 쉽고 빠른 길

을 수 있다. 실거주용과 임대용은 자재 가격 등이 다르기에 확실히 언급해주는 것이 좋다.

나와 동생은 거의 모든 집을 셀프로 인테리어를 했다. 처음에는 조금 낯설었지만 몇 번 해보니 아는 전문가들도 생겼다. 인테리어는 적은 돈으로 확 좋아지는 몇몇 포인트가 있다. 조명, 페인팅 등에 힘을 주면 다른 매물들과 확실히 차별점이 생긴다. 경매투자를 계속하고자 한다면 평상시에 인테리어에도 관심을 가지자.

6장

진짜
투자자들만 아는
똑똑하게
돈 버는 법

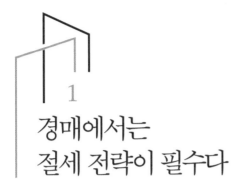

1

경매에서는
절세 전략이 필수다

절세의 기본, 세금 지식

경매를 시작하고 두 달 만에 매도에 성공했다. 양도차익이 3000만원
이었는데, 세금이 50%였다. (당시에는 단기양도세가 50%였다. 2024년 현재,
1년 내에 양도하면 세금이 70%이다.) 경매에서 수익은 정부와 나누어 갖는
다. 투기성 부동산거래를 제재하기 위함이다. 그렇기에 탈세가 아닌 절
세로 수익을 늘릴 방법을 찾아야 한다.

양도세를 줄이려면 2년간 보유한 후 매도하면 된다. 단기매도 양도
세를 줄여주는 매매사업자를 이용할 수도 있다. 비과세를 받기 위해 일
시적 2주택으로 투자할 수도 있다. 복잡한 제도 중 내게 맞는 방법을
찾으려면 세금에 대해 알아야 한다.

새 물건을 취득했을 때 내는 '취득세'

부동산은 살 때 취득세, 갖고 있을 때 보유세, 팔 때 양도세를 낸다. 또한 임대를 하게 되면 임대소득세를 낸다. 세금은 실제 수익률과 바로 연결되기 때문에 매번 거래할 때마다 늘 찾아보는 습관을 들여야 한다. 먼저 세금 중 가장 중요한 취득세부터 알아보겠다.

취득세는 정부 정책에 따라 자주 바뀐다. 부동산 시장이 활황일 때는 취득세를 올리는데, 취득세가 훌쩍 오르면 사람들이 집을 살 때 망설이게 된다. 최근 부동산 상승기 시기의 취득세 12%는 역대 최고 세율이었다(2021년).

반면 부동산 시장이 하락하면 취득세를 감면해주기도 하는데, 때로 안 받기도 한다. 부동산 시장을 조절하기 위해서 정부에서 제일 많이 건드는 게 바로 취득세다.

취득세가 급등한 시기에는 사람들의 입찰 참여가 힘들다. 역으로 생각해보면 이는 경매 물건을 꽤 저렴하게 낙찰받을 수 있는 기회가 되기도 한다. 취득세 12%만큼 저렴하게 낙찰받는 것이다.

이후에 매도를 하면 양도세 계산할 때, 취득세는 모두 공제된다. 결국 내야 하는 세금을 취득세로 먼저 내느냐, 양도세로 나중에 내느냐의 차이가 되는 것이다. 다주택자들이 취득세를 많이 내고도 그냥 투자를 하는 이유이다.

무주택자가 취득할 때와 다주택자가 취득할 때의 취득세가 달라진다. 1주택자가 국민평형 84㎡ 이하로 사면 취득세가 1.1%이고, 다주택

주택 유상·무상 취득

취득 원인	구분	조정지역	비조정지역
유상	1주택	• 6억 이하: 1% • 6억 초과 9억 이하 1~3% • 9억 초과: 3%	
	2주택	8%(일시적 2주택 제외)	1~3%
	3주택	12%	12%
무상(상속 제외)	3억 이상	12%	3.5%
	3억 미만	3.5%	3.5%

* 주택 유상거래 취득 중과세의 예외: 지방세법 제4조에 따른 시가표준액이 1억원 이하인 주택(지방세법 시행령 제28조의 2 제1호)

주택 외 부동산

구분		세율
주택 외 유상매매(토지, 건축물)		4%
원시취득, 상속(농지외)		2.8%
무상취득(증여)	비영리사업자	2.8%
	그 외	3.5%
농지	매매	3.0%
	상속	2.3%
공유물 분할		2.3%

취득세율표

자는 12%가 넘는다.

최근 부동산 경기의 침체에 따라 정부에서는 다주택자의 취득세를 절반으로 낮춰주기로 했는데, 아직 국회를 통과하지 못했다. 공시가 1억원 이하는 취득세 중과대상에서 제외되는 것도 기억하자.

집을 가지고 있기만 해도 내는 '보유세'

보유세는 재산세와 종합부동산세가 있다. 이는 집을 가지고 있기만 해도 내는 세금이다. 1년에 20~100만원 정도 부과되는 재산세는 이해하지만, 납부 금액 단위가 어마어마한 종합부동산세, 즉 종부세는 투자자들에게 꽤 힘든 세금이다.

국세청의 '2021년 주택분 종부세 시도별 고지 현황'에 의하면, 서울 종부세 대상자는 총 48만 명이고, 세액은 2조 7766억원이었다. 전체 고지 대상자는 94만 7000명이고, 전체 고지 세액은 5조 6789억원에 달했다.

2022년에는 대상자가 130만 명, 세수는 6조 8천억원이었다. 2023년에는 공시가격 하락 등의 영향으로 종부세 납부대상자가 100만 명 아래로 대폭 줄었으며, 종부세수 4조 7천억원으로 작년보다 30% 넘게 대폭 감소하였다.

이는 주택 공시가격 하락과 정부의 부동산 세제완화 정책 영향 덕이다. 주택 공시가격이 지난해 대비 18%가량 하락했으며 종부세의 과세

표준을 결정하는 공정시장가액비율 역시 60% 수준으로 낮추었다. 그렇지만 종부세는 여전히 부담스럽다.

그나마 과거 주택수로 부과되던 종부세를 2023년부터는 공시가의 합산 가액으로 부과한다. 종부세는 인별로 소유한 전국 주택의 공시가격 합계액이 기준 금액을 초과할 때 부과된다. 1세대 1주택자는 주택의 공시가격 합계액이 12억원을 초과할 때 종부세를 내는 것이다. 이에 따라 내 집 마련으로 12억원 이하인 물건을 취득한다면 종부세는 전혀 고려할 필요가 없다. 또한 기준금액 이하의 물건에는 종부세가 나오지 않는다. 다주택자는 9억원까지 합산배제 가능하다는 점도 알아두자. (임대주택으로 등록한 주택은 종부세 합산을 배제한다.)

그렇다면 이러한 세금은 1년 중 언제 낼까. 보유세는 6월 1일에 소유한 사람이 내고, 공시가격을 기준으로 금액이 부과된다. 보유세를 염두에 둔다면 거래 시기를 조절해야 한다. 집을 파는 사람은 가능하면 5월 31일까지 파는 게 좋고, 집을 사는 사람은 6월 2일부터 사는 게 좋다. 보유세 납세자는 6월 1일 기준으로 소유한 사람이니 말이다. 만약 5월 15일에 낙찰을 받고, 6월 15일에 잔금을 납부했다면 보유세를 납부할 사람은 경매를 당한 전 소유주다.

법인은 종부세가 더 많다. 법인으로 주택을 한 채만 가지고 있어도 매년 공시가의 2.7%를 낸다. 합산배제조차도 없다. 그동안 법인으로 주택을 소유하는 것이 큰 부담이 된 이유다.

최근 세금 미납으로 인한 경매물건이 많은데 종부세 납부를 하지 못해 나오는 물건도 많다. 과거에는 법인에 종부세가 부과되지 않았기 때문에 최근에 이런 일이 발생하고 있다. 2000년 이후 갑자기 법인에 종부세가 부과되기 시작했고, 종부세가 수억이 나와 각 법인들이 감당하지 못하는 실정이다.

가장 부담이 되는 '양도세'

부동산 세금 중 가장 부담이 되는 것은 양도세다. 예를 들면, 1억원에 낙찰을 받아서 2억원에 매도를 했다고 해보자. 합법적으로 비용 처리할 수 있는 비용과 취득세가 2000만원이 들었다고 가정해보자. 그러면 취득한 비용 1억 2천과 매도가격 2억 사이의 양도차익인 8000만원에 대해서 양도세를 내야 한다. 다음의 표로 살펴보면 8000만원에 대한 과표는 24% 구간이다.

흔히 '누진세'라는 말을 들어본 적이 있을 것이다. 가장 쉽게는 전기세가 누진세다. 많이 쓰면 많이 내는 시스템이다. 세금도 그렇다. 양도세도 양도차익만큼 세금을 낸다. 그런데, 집이 한 채라면 양도세 비과세혜택을 받을 수 있다. 양도차익이 8000만원이라도 세금을 하나도 안내도 된다. 일시적 1가구 2주택도 비과세가 가능하다. 원래 내가 살던 집이 하나 있었는데, 첫 집을 산 1년 후 두 번째 집을 사고, 두 번째 집을 산 3년 내 첫 집을 팔면 일시적 2주택이 적용되어 첫 집에 대한 양도세가 비과세된다.

부동산 투자자에게 중과세는 두렵다. 힘들게 번 돈을 세금으로 다

기본세율

2014년 이후			2017년 이후			2018년 이후			2021년 이후			2023년 이후		
과표	세율	누진공제	과표	세율	누진공제	과표	세율	누진공제	과표	세율	누진공제	과표	세율	누진공제
1,200만원 이하	6%	-	1,200만원 이하	6%	-	1,200만원 이하	6%	-	1,200만원 이하	6%	-	1,400만원 이하	6%	-
4,600만원 이하	15%	108만원	4,600만원 이하	15%	108만원	4,600만원 이하	15%	108만원	4,600만원 이하	15%	108만원	5,000만원 이하	15%	126만원
8,800만원 이하	24%	522만원	8,800만원 이하	24%	522만원	8,800만원 이하	24%	522만원	8,800만원 이하	24%	522만원	8,800만원 이하	24%	576만원
1.5억원 이하	35%	1,490만원	1.5억원 이하	35%	1,490만원	1.5억원 이하	35%	1,490만원	1.5억원 이하	35%	1,490만원	1.5억원 이하	35%	1,544만원
1.5억원 초과	38%	1,940만원	5억원 이하	38%	1,940만원	3억원 이하	38%	1,940만원	3억원 이하	38%	1,994만원	3억원 이하	38%	1,994만원
			5억원 초과	40%	2,940만원	5억원 이하	40%	2,540만원	5억원 이하	40%	2,540만원	5억원 이하	40%	2,594만원
						5억원 초과	42%	3,540만원	10억원 이하	42%	3,540만원	10억원 이하	42%	3,594만원
									10억원 초과	45%	6,540만원	10억원 초과	45%	6,594만원

양도소득세 세율 변동 연혁표

내고, 정작 내가 손에 쥐는 수익은 없을 수도 있다. 1년 이내 단기에 매도하면 세금이 자그마치 70%나 된다.

5000만원에 집을 낙찰받아서 1억원에 매도했다면 비용을 제외하고 약 4000만원의 수익이 남는다. 이 중 70%를 세금으로 내고 나면 남는 돈은 1,200만원이다. 이러한 물건을 5개 정도 거래하면 6000만원의 수익이 날 것이다. 물건 하나의 수익만 봤을 때는 적어보이지만 부지런히

(분양 및 주택·입주권) 단기 양도세율을 2020년 이전 수준으로 환원

구분	현행	개선
분양권	1년 미만 70%	1년 미만 45%
	1년 이상 60%	1년 이상 → 폐지
주택·입주권	1년 미만 70%	1년 미만 45%
	1~2년 60%	1년 이상 → 폐지

최근 정부의 단기양도세율 환원 발표

거래하면 더 많은 수익을 낼 수 있다. 최근 부동산 시장의 하락으로 단기중과에 대해 환원하겠다는 정부의 발표가 있었는데, 아직 국회통과 전이다.

단기에 매도할 계획이라면 법인 명의로 취득하는 것이 유리하다. 법인은 양도세 20%, 법인소득세 10%(+부가세 10%)로 총 30%의 세금만 부담하면 된다. 단, 법인은 장기보유특별공제 등 혜택이 없고, 한 채만 보유해도 종부세를 내야 하므로 장기보유에는 불리하다.

명의에 따라 어떻게 달라지는지 예를 들어보자. 낙찰받고 바로 팔아 시세차익이 1억원이라고 가정한다. 단기매도라서 양도차익의 70%인 7000만원을 세금으로 내면 수익은 3000만원에 그친다. 만약 이 물건을 법인 명의로 낙찰받았다면 반대로 세금이 3000만원, 수익이 7000만원이었을 것이다. (단 6월 1일에 보유한 상태라면 종합부동산세를 내야 하니 주의하라.)

종합해보면 1주택자로 머물다가 2년 이후에 매도하고, 다음 집으로 갈아타는 것이 세금을 가장 적게 내는 방법이다. 1주택자로 머물 것인

단기매도 시 개인 명의일 경우

1억원(시세차익) × 70%(개인 양도세율) = 7,000만원(세금)

1억원(시세차익) − 7000만원(세금) = **3000만원(수익)**

단기매도 시 법인 명의일 경우

1억원(시세차익) × 30%(법인 양도세율) = 3000만원(세금)

1억원(시세차익) − 3000만원(세금) = **7000만원(수익)**

가, 2주택 이상의 다주택자가 될 것인가는 개인의 선택이다. 내 상황에 맞추어 선택하면 된다.

집이 세 채가 되면, 그때부터는 다주택자다. 과거, 집이 세 채가 되면 원래 내야 할 세율에 30%를 더 내야 했다. 세금 때문에 팔지도 못하고, 종부세는 계속 나오는 진퇴양난의 상황이었다. 2022년 부동산 시장이 가라앉으면서, 양도세 중과는 유예 중이다.

흔하지는 않지만 양도세 감면이 되는 시기도 있다. 이는 부동산 시장이 완전히 폭락했을 때 생기는 현상이다. 경매 시장에 있으면서 지금까지 두 번 목격했다. 2006년과 2013년이 바로 그때다. 당시 미분양이 끝없이 치솟고, 하우스푸어로 파산한 사람들이 줄을 이었다. 정부에서 양도세를 감면한다는 소식은 '시장이 완전히 폭락했다'라는 걸 알 수 있는 신호다. '진짜 바닥이구나'라는 생각이 들었고, 그 생각은 맞아떨어졌다.

2
내게 맞는
절세 전략 찾아보기

임대소득세, 월세를 받는 사람이 내는 세금

임대를 해서 월세를 받는 사람은 임대소득세를 내야 된다. 근로소득은 원천징수로 내고, 사업소득은 사업소득세로 내듯이 월세를 받으면 임대소득세도 내야 하는 것이다. 소유한 주택이 한 채 정도면 소득세를 안 내도 된다. 그러나 임대주택이 두 채 이상이면 반드시 신고해야 한다. 나는 세무사무소를 통해서 신고를 하고 있지만, 소유한 주택이 몇 개 안 되는 사람은 그냥 직접 신고해도 된다. 임대소득세 신고의무는 임대사업자 등록과는 별개 이야기다.

'주택임대사업자'라는 제도도 있다. 이를 선택한 투자자들도 있는데, 주택임대사업자를 등록하게 되면 제대로 규정과 절차를 이행하여야 한

주택임대사업자 과세 기준

(분양 및 주택·입주권) 단기 양도세율을 2020년 이전 수준으로 환원

보유 주택 수	과세대상 O	과세대상 X
1주택	• 국외주택 월세 수입 • 기준시가 9억원 초과 주택 월세 수입 　(2023년 귀속부터는 12억원)	• 국내 기준시가 9억원 이하 주택의 월세 수입 • 모든 보증금·전세금(2023년 귀속부터는 12억원)
2주택	• 모든 월세 수입	• 모든 보증금·전세금
3주택 이상	• 모든 월세 수입 • 비소형주택 3채 이상 보유&해당 보증금·전세금 합계 3억원 초과하는 경우 해당 보증금·전세금	• 소형주택의 보증금·전세금 • 비소형주택 3채 미만 보유한 경우 보증금·전세금 • 비소형주택의 보증금·전세금 합계 3억원 이하인 경우 보증금·전세금

* (소형주택) 주거전용 면적이 40㎡ 이하이면서 기준시가 2억원 이하

주택임대소득 과세대상 판단 흐름도

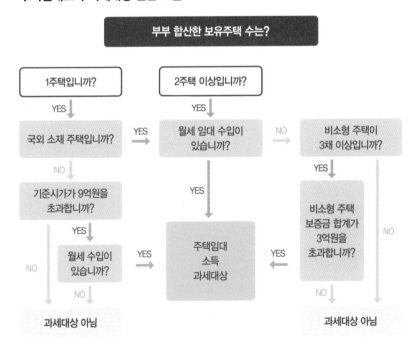

다. 2024년 초 현 시점에서 주택임대사업자를 반드시 해야 할 필요는 없다. 이전과 비교해서 혜택은 사라졌고, 의무는 증가했기 때문이다.

이는 종부세가 많이 부담스러워지면 그때 진지하게 고민을 해야 하는 카드다. 종부세는 내가 가진 집의 공시가격의 합산금액이 12억원이 넘으면 부과된다. 다주택자는 9억원 이상 되면 부과한다. 그런데 주택임대사업자로 등록한 주택은 종부세 합산에서 배제해준다. 예를 들어 내가 가진 주택의 공시 가격이 10억원이면 1억원에 대한 주택 하나만 임대사업자로 등록하면 종부세를 안내도 된다. 아파트는 한동안 임대주택으로 등록이 불가능했지만 지금은 가능하다는 것도 기억하자.

임대주택은 필수적으로 지켜야 할 의무가 있다. 10년 동안 의무임대를 해야 되고(최근 소형주택에 대해 6년 단기 임대가 신설되었다), 임대료 증액은 5%까지 가능하다. 임대차계약 시 관할구청에 신고해야 하고, '이 집은 임대사업자가 주인이야'라고 등기를 해야 한다. 임차인을 위한 보증보험료도 임대인이 내야 하는 것이다. 그에 비해 혜택은 미미하다. 그래서 다른 혜택보다 종부세 합산배제를 받기 위해 임대주택을 하는 경우가 많다. 주택임대사업자들을 관리하는 렌트홈에서 민간임대주택사업에 대한 자세한 내용들을 볼 수 있다.

매매사업자는 일반과세다

최근 매매사업자에 관심이 높아졌다. 매매사업자는 매매를 사업으로 하는 사업자다. 매매사업자는 취득 후 1년 이내에 팔아도 일반과세다. 개인은 1년 이내에 팔면 70% 중과세인데, 매매사업자는 일반과세니 세금 차이가 엄청나다.

또 개인은 도배, 장판 등의 일반 인테리어는 비용으로 인정되지 않지만, 매매사업자는 비용으로 인정돼 추후 세금을 감면해준다. 무엇보다 가장 좋은 점은 대출을 일으킬 때다. DSR을 기준으로 하는 일반대출이 아니라 사업자 대출을 받을 수 있다. 매매사업자의 사업자 대출은 DSR을 적용하지 않는 대신에 채무자의 이자 상환능력을 확인한다. 정기적인 수익이 있는지, 이자를 낼 수 있는지, 월세는 얼마나 받을 수 있는지 등을 검토하는 것이다(매매사업자는 신탁대출을 이용하는 경우가 많다).

매매사업자 제도의 장점은 정말 많지만 역시 이 제도에도 치명적인 단점이 있다. 첫번째는 규제지역 내 비교과세다. 매매사업소득과 양도소득 중 더 큰 금액으로 세금을 내도록 한다는 뜻이다. 지금은 규제지역이 서울의 4구뿐이기에 그 외 지역은 비교과세라도 문제없다.

두번째는 사업소득이 종합소득세 합산과세라는 것이다. 매매사업자에게는 매매차익이 사업소득인데, 사업소득이라는 건 종합소득에 해당된다. 종합소득은 다른 소득을 모두 종합하는 방식이라 근로소득 등의 기존 다른 소득이 있으면 오히려 더 세율이 높아진다. 때문에 매매사업자는 기타 다른 소득이 없는 사람에게 유리하다. 은퇴자 혹은 기타 다른 소득이 없는 전문 투자자 등이 이용하면 좋다.

세번째는 매매사업자의 기준이 모호하다는 것이다. 1과세기간, 즉 6개월 중에 한 번 이상 취득하고, 두 번 이상 팔아야 매매사업자가 될 수 있다는 내용이 있었는데, 2019년 12월 23일 이 조항이 삭제되었다. 횟수가 아니라 사실관계를 판단하겠다는 뜻이다. 세법상 애매한 것은 별로 좋지 않다.

법인사업자는 단기매매가 유리하다

집이 여러 채가 되면 세금이 너무 많아져 곤란하다. 내가 아닌 또 하나의 나를 만드는 게 법인사업자다. 법인사업자의 가장 큰 장점은 단기 매매 시 양도세다. 개인이 단기매도를 하면 70%이지만, 법인사업자는 양도세가 총 30%인 것이다. '법인세 10% + 양도세 20%'로 총 30%를 내게 된다. 또한 비용으로 처리할 수 있는 부분이 많다. 제 월급도 비용인 것이다. 다만 이 비용 부분은 법인세 10% 구간에서만 해당된다.

당연히 단점도 있다. 법인이 주택을 취득하면 12%이다. 종부세 부과 시 합산배제가 아예 없다. 한 채만 있어도 종부세를 내야 한다. 양도세 비과세도 없다. 게다가 법인을 설립하고, 부가세 신고 등의 번거로움이 있다.

또한 법인이 소유인 주택에 임차인이 들어올 때 전세자금 대출의 제한이 있다. 기존 전세자금 대출이 세 군데가 있는데, 개인이 소유자면 상황에 맞춰 대출이 가능하지만 법인이 소유자라면 임차인은 한국주택금융공사에서만 전세자금 대출을 받을 수 있다. 때문에 임차인이 법인 소유의 물건을 반기지 않는다.

2024년 부동산 정책과 분석

2024년 '국민 주거안정을 위한 주택공급 확대 및 건설경기 보완방안'이란 이름으로 정부에서 완화 정책을 발표했다. 정책을 진행한 이유가 제목에 있다 '국민의 주거 안정을 위해 주택 공급을 확대하고, 건설경기를 활성화시키겠다'라는 내용이다. 투자자의 입장에서 어떤 영향이 있을까.

주목해야 하는 정책들

1. 신축 소형주택

새로 지은 빌라나 오피스텔, 도시형 생활주택에 대한 혜택이다. (아파트 제외) 60㎡ 이하의 소형주택, 수도권 6억, 지방 3억원 미만의 주택이 해당된다. 취득세, 보유세, 양도세에 대해 주택 수를 제외한다. (취득세가 3주택부터 8%로 올라가고 또 4주택이 되면 취득세 12%까지 내야 했지만, 2024년부터 25년까지 2년간 소형주택은 제외된다.) 단, 1주택자가 신축 주택을 매입하면 1주택자 특례를 받을 수 없으니 조심하자.

2. 기존 주택 + 임대사업자 등록

경매 물건은 기존 주택이기에 이 부분 자세히 보자. 앞에 조건은 다 같은데 추가조항이 있다. 소형주택을 임대주택으로 등록을 해야 한다. 6년 의무임대인 단기 임대사업자를 신설하고, 임대사업자에 대한 세제혜택을 완화한다. 임대사업자는 임차인에 대한 보증보험을 의무 가입해야 되는데 산정 방식도 개선할 예정이다.

3. 미분양 아파트

지방의 미분양 부동산은 (85㎡ 6억 미만, 아파트 포함) 위 혜택을 포함하여 1주택자의 비과세 특례도 그대로 받을 수 있다.

4. 인구 감소지역

자세한 내용은 추후에 발표한다.

대출, 무엇이 달라졌을까

2013년, 집을 사려는 사람이 없는 시기였다. 당시 정부는 대대적으로 주택 규제를 해제했다. 최초 주택 구매자에게는 취득세를 면제했다. 9억원 이하의 신규 분양주택과 미분양 등 1주택자의 (9억원 이하 85㎡) 집을 샀을 때엔 5년간의 양도소득세를 면제했다. 경매에서도 1주택자의 물건을 낙찰받으면 양도세 감면혜택이 적용되었다.

2016년 4월 연소득 6000만원 이하 가구가 '6억원 이하 85㎡ 미만'의 주택을 사들일 때 쓸 수 있는 생애 최초 주택구입자 대출 금리를 1.6%까지 낮춰주기로 했다. 바로 디딤돌 대출이다. 2024년의 대출완화정책도 비슷하다.

1. 보금자리론

한동안 선풍적인 인기였던 기존 특례보금자리론은 1월 29일 종료되고 보금자리론이 재출시된다. 재출시되는 보금자리론은 연소득 7000만원 이하·주택가격 6억원 이하 등 요건을 적용한다. 기본금리는 4.2~4.5%를 적용하되 취약 부문에는 3%대 중반의 우대금리 혜택이 있다. 보금자리론 지원 요건은 특례 이전 수준을 적용하되, 신혼부부나 다자녀, 전세사기 피해자 등에는 완화된 요건을 적용한다. 중도상환수수료 면세 및 인하 혜택도 확대되었다.

특례 이후 보금자리론 개편(금융위 제공) (단위: 원)

	일반	신혼부부	다자녀			전세사기 피해자
			1자녀	2자녀	3자녀	
소득	7000만	8500만	8000만	9000만	1억	제한 없음
주택가격	6억	6억	6억	6억	6억	9억
대출한도	3억 6000만	3억 6000만	3억 6000만	3억 6000만	4억	4억
LTV	70%	70%	70%	70%	70%	100%

2. 신생아 특례 대출

신생아 특례 대출은 2023년 1월 1일 이후 아이를 출산한 무주택 세대주, 1주택자가 받을 수 있다. 부부합산 연 소득 1억 3000만원 이하이고, 순자산 4억 6900만원보다 적어야 한다.

주택가는 9억원 이하, 전용면적이 85㎡ 이하이다.

신생아 특례 구입자금 대출 지원 조건

지원대상	대출신청일 기준 2년 내 출산한 무주택 세대주 및 1주택자, 부부합산 연소득 1억 3000만원 이하 및 순자산 4억 6900만원 이하 (2023년 1월 1일 출생아부터 적용, 임신 중인 태아는 미포함)
대상주택	주택가액 9억원 이하, 전용면적 85㎡ 이하(읍/면 100㎡ 이하)
대출한도	최대 5억원

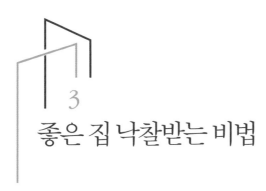

3 좋은 집 낙찰받는 비법

푼돈이 모이면 목돈이 된다

나는 처음부터 경매로 대박을 꿈꾸는 것은 허황된 것임을 분명히 말하고 싶다. 나의 경우엔 푼돈이 모여서 조금씩 눈덩이처럼 커졌다. 대부분의 임대사업자들도 그렇게 차츰차츰 부자가 된다.

매월 현금소득이 생기는 것은 1년에 몇천만원이 생기는 것과는 다르다. 종류가 다른 부자가 되는 셈이다. 정기적으로 일하지 않아도 불안하지 않고, 훌쩍 여행을 떠나고 싶다면 어디든지 갈 수 있다. 다음달에도 월세 수익만큼 내 통장에 꽂힌다는 것을 알고 있기 때문이다. 경매를 하기 전에는 상상할 수 없던 인생이다. 그러니 임대수익 10만원, 20만원부터 계획을 세워보도록 하자. 한 번만 경험해보면 자신만의 노하우가 쌓여 이후에는 점차 수월해질 것이다.

부지런히 움직이는 사람이 이긴다

"어, 여기 어제 우리가 보려다 만 아파트네."

"아직 시간이 많이 있어. 한번 보고 가자."

오늘은 입찰이 있는 날이다.

나는 동생과 함께 어제 포항에 내려왔다. 우리가 입찰할 아파트와 주위를 둘러보고 찜질방에서 잠을 잤다. 먼 곳에서 입찰이 있으면 전날 내려와야 한다.

아침에 찜질방을 나서는데 바로 옆에 있는 아파트가 눈에 띄었다. 관심물건으로 주의 깊게 보아오던 곳이다. 이미 시세에 대한 파악은 해두었다. 얼마 전에도 낙찰된 이 아파트는 낙찰가가 꽤 높았다. 맘에 들었지만, 예상낙찰가가 너무 높아서 입찰을 포기하고 있던 곳이다. 직접 보니 역시 좋다.

"여기도 입찰하자. 대신 떨어져도 좋으니 낮은 가격에 해야겠지."

"맞아. 예전 가격은 너무 높아."

우리가 원래 찍어두었던 아파트는 떨어지고, 예상외로 이 아파트를 낙찰받았다. 최저가에 가까운 좋은 가격이다.

낙찰을 받고, 바로 집을 방문했다. 관리비를 확인하기 위해 관리실에 들른 우리는 운 좋게도 건축주를 만날 수 있었다.

"사업상 명의를 빌려준 놈들에게 내가 사기를 당한 거지. 지난번에는 나도 입찰을 했어요. 어떤 사람이 너무 높게 받아가길래 오늘은 안 갔어. 운이 좋으시네요. 내가 갔으면 내가 받아왔을 텐데…. 지금 팔아도 2000만원은 남을 거야. 잘 받으셨어요. 축하해요."

인상 좋으신 건축주의 말씀이다.

그 가격에 낙찰이 될 줄 알았다면 경쟁자들도 입찰을 했을 것이다. 다들 안 될 것이 뻔한데 더운 날씨에 기운 빼고 헛걸음하는 게 귀찮았던 것이다.

예상낙찰가격이라는 것은 어디까지나 예상이다. 예전 낙찰사례도 어디까지나 예전이다. 예전 낙찰가격이 너무 높아서 지레 포기하거나, 가격을 올려 쓰면 좋은 가격으로 낙찰받지 못한다.

더운 날, 추운 날, 비 오는 날, 눈 오는 날이 더 좋다. 남들이 하기 싫어할 때 더 부지런히 움직여라.

잘나가는 지역 옆 동네로 가라

경매를 시작한 첫 해 가을엔 한창 천안과 당진을 열심히 다녔다. 두 지역의 아파트 가격은 꾸준히 오름세였고, 세종시가 출범하면 더 좋아질 것 같았기 때문이다. 하지만 경쟁자가 많아 좀처럼 낙찰을 받을 수가 없었다. 부지런히 다녔지만, 소득이 없었다.

그러던 차에 충남 연기군의 아파트가 공매로 나왔다. 건설사의 부도로 나온 부도임대아파트다. 임대아파트는 시기가 되면 일반분양으로 전환을 하는데 이 과정에서 건설사의 부도가 난 것이다. 사정이 있는 아파트라 동네에서 소문이 좋지 않은 데다가 빈집도 많다. 건물도 낡고 허름했다. 한마디로 인기 없는 아파트다. 하지만 입지가 괜찮았다. 천안과 20분 거리라 천안 출퇴근이 가능하고, 바로 옆에 공단도 있다. 게다가 이곳은 세종시에 편입되는 지역이다.

맘에 들었다. 아파트가 통째로 나왔는데, 어느 집에 입찰을 하면 좋을지 고민이 되었다. 아파트가 한꺼번에 주인이 새로 바뀌면 임대도 한꺼번에 나온다. 당연히 임대가가 떨어질 수밖에 없다. 게다가 이곳은 임대수요가 그리 많지 않은 지역이다. 임대가가 떨어지지 않을 집을 골라야 한다.

이 아파트는 대부분 25평이고, 18평은 일곱 집뿐이다. 나는 18평을 골랐고, 다섯 채를 낙찰받았다. 귀한 18평은 25평과 임대가가 비슷해도 임대가 잘 나갔다. 작은 평수를 필요로 하는 분들은 관리비나 가스비 때문에라도 25평보다 18평을 원했다. 다른 집이 아직 임차인을 찾지 못해서 고민할 때 내 집은 모두 임차인을 맞았다.

세종시에 집이 있다고 하면 다들 엄청나게 좋은 집인 줄 안다. 이곳은 세종시 중심가도 아니고 새 아파트도 아닌 낡은 나홀로 아파트다. 내가 샀을 때는 세종시도 아니었다.

이 집을 입찰할 때 고민을 많이 했다. 할 것인가, 말 것인가…. 가장 좋은 것을 선택하고 싶은 것이 사람 마음이다. 하지만 좋은 것은 비싸다. 당시 인기를 끈 지역인 천안과 조치원의 집은 비쌌다. 그래서 그 옆을 고른 것이다. 가장 좋은 지역의 집을 비싸게 사는 것보다 바로 옆의 집을 싸게 사는 것이 낫다.

개발이 예정되면 그 지역은 바람이 분다. 동계올림픽이 예정된 평창이 그랬고, 제2영동고속도로가 지나가는 원주가 그랬다. 그곳에 집을 사고 싶어서 가보면 가격이 하늘을 찌른다. 비싼 줄 알면서도 미래가치를 보고 그곳에 투자를 해야 하는 걸까?

돈이 많고, 투자금이 많으면 비싼 곳에 투자를 해도 이익이 남을 것이다. 크게 굴리면 한 번만 굴려도 몇억이 떨어진다지만, 내겐 꿈만 같은 이야기다. 그렇다고 포기하고 말 것인가?

그래서 나는 그 옆 동네를 간다. 세종시를 못 가서 연기군을 가고, 원주를 못 가서 횡성을 간다.

임대가 잘되는 집을 골라라

당연한 말이지만 임차인이 좋아하는 집을 사야 임대가 잘된다. 그렇다면 임대가 잘되는 집은 어떤 집일까?

1. 일자리는 기업을 따라간다

일자리가 가장 많은 지역은 역시 서울이다. 서울 중에서도 금융의 중심인 강남이다. 그래서 강남은 지금도 가장 비싼 지역이고, 앞으로도 그 명성이 계속될 것이다. 그런데 서울 집값은 비싸도 너무 비싸다. 임대용으로 사기에는 임대가와 매매가의 차이도 아직 크다. 눈을 조금만 돌려보자. 서울에만 일자리가 있는 것은 아니다. 경기도에도 있고, 강원도, 충청도에도 다 일자리가 있다. 어느 지역이건 기업이 새로 들어오면 새로운 일자리가 생긴다. 사람이 들어와서 살아야 하기 때문에 집에 대한 수요가 늘어난다.

세종시에는 신청사에 공무원들이 대거 이주하면서 집이 없어서 난리가 났다. 이사하려는 사람이 열 명만 되어도 작은 동네의 집값이 들썩이는데, 12개 부처의 인원만 5500명이다. 이들에게서 파생되는 일자리도 5000여 개 정도라고 한다.

또한 강원도 삼척의 아파트는 LNG사업으로 일자리가 새로 생길 것을 기대하고 입찰을 한 곳이다. 원자력사업이 확정되었으니 신규 일자리가 3000개는 더 생길 것이다. 예상이 적중했다. 이곳에서 낙찰받은 아파트는 포스코와 한국수력원자력에서 전세계약을 해서 직원들의 사택으로 이용하고 있다. 이들 기관이 이 아파트에 계약한 세대수는 100세대가 넘는다.

2. 길이 새로 생기는 곳의 옆 동네로 가라

길이 있는 곳에 돈이 있다. 교통이 편한 곳이 좋다는 것은 누구나 다 아는 사실이다.

동계올림픽으로 평창의 땅값이 들썩이고, 조용하던 강원도가 시끄러워졌다. 춘천에 지하철이 개통되면서 춘천의 집값도 고공행진을 했다. 춘천의 낡은 주공아파트에 입찰을 했는데, 높은 낙찰가에 연달아 패찰을 할 수밖에 없었다.

제2영동고속도로가 지나는 주요 길목인 원주도 집값이 엄청나게 올랐다. 원주에 집을 하나 갖고 싶었지만, 맘에 드는 가격에 낙찰을 받을 수가 없었다. 남들이 다 아는 뻔한 지역은 내가 원하는 가격으로는 낙찰을 받을 수가 없다.

원주의 물건을 보러 갔다가 횡성의 오래된 아파트를 사기도 했다. 원주에서 차로 15분 거리이기 때문에 출퇴근이 가능한 곳이다. 가격도 저렴하고, 임대가도 괜찮다. 이 아파트는 3057만원에 사서, 보증금 1000만원에 월세 25만원으로 무난히 계약했다.

3. 신규분양이 많은 곳을 피하라

분양을 받아 집을 사는 것이 아직도 가치가 있을까? 내 집으로 새 집을 갖는다는 것 이상은 기대하지 않는 것이 좋다.

특히 임대를 할 계획이라면 신규분양은 피해 다녀야 한다. 대규모 아파트가 입주를 시작하면 임대가는 내려갈 수밖에 없다. 집은 많고, 집 구하는 임차인은 정해져 있으니 당연하다. 반대로 저렴한 전세를 구한다면 신규분양 하는 곳을 가면 된다.

수원 영통에서 살던 임차인이 입주한 지 1년도 채 되지 않아 아파트 당첨이 되어 이사를 나가게 된 일이 있다. 갑작스러운 일이었지만, 원체 세가 잘 나가는 지역이어서 별걱정이 없었다. 그런데 이상하게도 두 달이 넘도록 세가 나가지 않는 것이었다. 임차인은 빨리 나가야 한다고 매일같이 사정을 하는데, 임대가를 내려서 내놓아도 나가지 않으니 미칠

노릇이었다. 어쩔 수 없이 월세를 전세로 바꾸어 겨우 임대를 냈다.

알고 보니 근처에 있는 광교신도시의 입주가 시작된 것 때문이었다. 광교의 임대가가 낮으니 이곳 임대가도 덩달아 떨어진 것이다. 이런 일들이 비일비재하게 일어난다.

4. 희귀한 평형이 좋다

10년 이내의 아파트는 전용면적 84㎡, 즉 33평형이 수적으로 가장 많다. 대형 평형이 많아 1인이 살 공간이 없다고 하더니 몇 년 전부터는 도시형생활주택으로 원룸이 많이 생겼다. 지방에는 원룸이 너무 많아서 빈집이 늘어나고 있는 추세다. 지금 가장 귀한 평수는 25평이다. 분양가격은 25평과 33평의 차이가 큰데 그에 비해 매매가격이나 전세 가격은 별 차이가 없다. 특히 월세로 하면 그 차이는 더 줄어든다.

나도 25평을 가장 좋아한다. 하지만 세종시의 아파트를 살 때 나는 25평이 아닌 18평을 골랐다. 이 아파트에서는 18평이 일곱 집뿐이었기 때문이다. 귀한 것일수록 제 가격을 받는다.

목포의 오피스텔은 원룸이 아닌 투룸이다. 원룸은 남아돌고, 투룸은 부족하다. 시간이 지나 25평과 투룸의 공급이 늘어나면 40평이 귀해질 때가 오기도 할 것이다. 그땐 남들 다 사는 25평이 아닌 40평을 사야 할지도 모르겠다. 모두 '예스'라고 할 때, 나는 '노'라고 해야 한다. 물론 남들과 다른 선택을 한다는 것이 쉬운 일은 아니다.

4

어렵지 않은 특이한 물건에 기회가 있다

명도가 필요없는 공매물건

앞에서 공매에 대해 간단히 소개했다. 공매물건 중에 이용기관 물건을 기억하는가? 공기업과 은행 등의 자산을 이용기관 물건이라고 한다. 지방자치단체에서 구청장 사택으로 쓰던 아파트, 화력발전소나 전력공사에서 직원들 사택으로 쓰던 아파트, 은행에서 자체 압류한 상가 등 이용기관 물건 중에 보물이 숨어 있다.

첫 번째로 매매차익을 안겨준 용인의 아파트는 한국석유공사의 사택으로 쓰던 아파트였다. 낙찰을 받고 용인의 한국석유공사 본사로 계약을 하러 갔다. 담당자가 계약서류를 준비하는 동안 옆에 있던 직원이 부러운 듯 한마디 거든다.

"얼마에 낙찰받으셨어요?"

회사 정책으로 사택이 없어지면서 이분은 전셋집을 구해야 한단다. 이용기관 물건은 살던 직원이 정해진 날짜에 집을 비워주게끔 되어 있으므로 명도가 필요 없다. 만약 직원이 자신이 살던 집을 사고 싶다면 공매에 참여해서 낙찰을 받아야만 한다. 부동산을 거치거나 직원들끼리 임의로 사고팔 수 없다. 반드시 공매를 거쳐서 매각해야만 한다. 투명해서 좋다.

또한 공매의 이용기관 물건은 단독입찰은 금지한다든가, 특정한 장소에서 입찰을 한다든가 하는 조건이 붙을 때가 많다. 기관에 따라 입찰 방식이 다양하므로 공고문을 신경 써서 봐야 하고, 물건의 수가 적으므로 항상 예의주시해야 한다.

번번이 떨어져 낙찰을 받지는 못했지만, 당진의 화력발전소 사택도 있었다. 당진의 화력발전소 사택은 현장입찰이었는데, 당진 본사의 대강당에서 진행이 되었다. 온비드에 공고를 하고 미리 보증금을 납입한 사람만이 입찰에 참여하는 방식이다. 이것을 수의시담이라고 한다.

유니폼을 입은 직원들이 건물 안팎에서 삼삼오오 강당으로 들어오더니 함께 현장입찰에 참여했다.

안타깝게도 당시 입찰규정에 '2인 이상 입찰 시에 유효'라는 단서조항이 있어서 단독입찰을 한 내 물건은 '1인 입찰'로 무효처리가 되었다. (특이한 경우로, 보통은 1인 입찰도 유효하다. 이러한 규정은 공고하는 기관에 따라 달라질 수 있으므로 공고문을 꼼꼼히 확인해야 한다.) 무효처리된 물건은 유찰이 되었고, 재입찰시 그 규정을 뺐지만, 이번에는 다른 경쟁자가 비싸게 입찰을 해서 또 빼앗겼다. 아쉽다.

한국전력공사의 춘천 사택과 울산 무거동의 사택도 있었다. 공기업은 왜 사택을 매각할까? 일반적으로 정부 방침에 의해 자산처리 여부가 결정된다. 기존의 사택을 매각하면, 좀더 외곽에 있는 새로운 사택으로 이사를 하거나 본인이 따로 집을 구해야 한다. 공기업도 부익부 빈익빈이다. 돈 많은 공기업은 좀더 좋은 사택을 제공하고, 돈 없는 공기업은 본인이 집을 구해야 하는 모양이다.

이용기관 물건의 장점

1. 공기업의 사택들은 위치가 좋다

매각하는 사택은 과거 오랫동안 직원들이 이용하던 곳이다. 보통 10년 이상 된 아파트가 많은데, 오랜 기간 사택이 있던 지역은 그 지역의 중심지로 발전한다. 그래서 대부분 그 지역의 중심가에 위치하고 있으며, 경매나 급매로 잘 나오지 않는 지역일 경우도 많다.

2. 명도가 필요없다

직원들 사택으로 쓰던 집이므로 이곳에 살던 직원은 이사 갈 곳이 정해져 있거나 이미 이사를 한 후이다. 이사할 날짜도 매각공고 시 함께 공고된다. 일반물건처럼 명도에 시간과 돈이 전혀 들지 않는다. 명도가 두려워서 경매를 못한다면 사택처럼 좋은 것이 없다.

3. 내부를 확인할 수 있다

담당자에게 연락하면 내부를 볼 수 있다. 김해에서는 친절하게도 담당 직원이 우리의 방문 시간에 맞추어 집 앞으로 나와주었고, 울산에서는 관계자가 경비실에 열쇠를 맡겨놓았었다. 여러 물건이 한꺼번에 동시에 나온다면 내부를 공개하는 날이 정해져 있으므로 해당일에 확인하면 된다.

4. 한 지역에서 여러 개를 낙찰받을 수 있다

임대를 목적으로 한다면 나중에 관리하는 것도 고려해야 한다. 물건이 흩어져 있는 것보다 한 지역에 있으면 관리가 편하다. 사택은 한 번에 여러 채가 동시에 공고되는 경우가 종종 있다.

경매와 달리 공매의 이용기관 물건(공매 전체가 아니라 이용기관 물건이다)은 부동산을 통한 일반매매와 비슷한 점이 많다. 복잡하지 않다. 다만, 이용기관 물건은 공고기간이 짧으므로 온비드 사이트를 늘 들여다보는 습관을 들이자.

부도임대아파트의 장점

투자자 입장에서는 부도임대아파트도 좋은 물건이다. 특히 임대를 위한 물건으로는 이만한 것이 없다.

1. 저렴해서 좋다

부도임대아파트의 감정가는 분양전환금액의 수준을 크게 벗어나지 않는다. 그만큼 싸게 살 수 있다. 임대아파트는 정해진 기간(5~10년) 동안 임대한 후에 분양으로 전환하는데, 이때 인근 시세보다 저렴하게 분양전환하는 것이 일반적이다. 분양전환금액은 감정평가사가 평가한 평가금액에 따라 정해진다.

2. 임대가 잘되어서 좋다

기존에 임대가 잘되던 지역이라 임대아파트가 있는 것이다. 임차인들의 재계약도 잘되는 편이다.

3. 경매로 주인을 찾으면 가치가 올라간다

임대아파트, 그것도 부도난 임대아파트는 누구도 좋아하지 않는다. 동네 주민은 특히 이런 곳에 관심을 두지 않는다. 하지만 집들이 자기 주인을 찾고 나면 제대로 관리가 되고, 아파트는 몰라보게 예뻐진다.

4. 관리가 용이하다

여러 물건이 한 번에 나오므로 여러 건을 동시에 낙찰받을 수 있다. 임대는 집이 분산되어 있으면 관리가 곤란한데 한곳에 모여 있으니 관리가 수월하다.

부도임대아파트는 대량으로 나오는 경우가 많다. 물건이 많으니 어떤 집을 입찰할지 잘 골라야 한다. 로열동의 로열층만 고집하지 말고 인기가 덜할 만한 물건을 고르는 것도 좋은 방법이다. 아무도 입찰하지 않는 단독입찰이라면 최저가에 낙찰을 받을 수도 있다.

경매
고수의
노하우

경매와 공매의 기초

경매의 또 다른 이름이 있다. 바로 공매. 공매는 한국자산관리공사인 ㈜캠코에서 운영하는 온비드(www.onbid.co.kr) 사이트를 통해 입찰이 이루어진다. 경매가 개인에 의한 사적 경매라면, 공매는 나라에 의한 공적 경매다. 쉽게 말해 공매는 나라와 관련이 있는 물건들이 거래되는 것이다. 공매는 온비드에서 온라인으로 입찰이 가능하다. 회원가입 후 공인인증서를 등록해야 입찰에 참여할 수 있다.

공매가 경매보다 좋은 세 가지 이유
① 온라인 입찰만 가능해서 시간 확보와 객관적 결정이 용이하다
이용기관에 따라 현장입찰을 하는 경우도 있지만 대개는 입찰일에 직접 법원으로 가지 않아도 되므로 직장인에게 유리하다. 어떤 분은 회사일이 바빠 월요일에 시간을 내기 힘들어 경매는 못하고 공매만 한다. 또 온라인 입찰은 현장 분위기에 휩쓸리지 않고 객관적인 결정을 할 수 있다는 장점이 있다.

② 경매보다 경쟁이 낮다
공매는 온라인으로 입찰해야 하므로 경매브로커의 접근이 어렵고, 나이 있는 고수들이 좋아하지 않아 경매보다 경쟁이 덜한 편이다. 다만 유료사이트에서 권리분석을 해주지 않으므로 스스로 할 수 있어야 한다.

③ 잔금납부에 유리하다

세금 외에 다른 채무가 동시에 있을 땐 경매와 공매가 함께 진행된다. 이 경우 경매보다는 공매로 낙찰받은 사람이 유리하다. 경매는 매각허가결정이 일주일 후에야 나오고 그제야 잔금납부기일이 정해지는데, 공매는 낙찰된 바로 다음날 잔금납부를 할 수 있기 때문이다. 공매로 낙찰받은 사람이 먼저 잔금을 납부해버리면, 경매 낙찰은 취소된다.

공매가 경매보다 나쁜 두 가지 이유

① 물건의 수가 적고, 그나마도 취하되는 경우가 많다

공매에 나오는 물건의 수는 경매의 10분의 1 수준으로 적다. 게다가 소액으로 공매에 들어간 것들은 집주인이 세금을 내고 취하하는 경우가 종종 있다.

② 경매보다 명도가 골치 아플 수 있다

공매는 인도명령제도가 없다. 경매에서는 간단하게 인도명령으로 점유자를 내보낼 수 있지만, 공매는 명도소송으로 해야 한다. 따라서 배당금이 없는 점유자가 있다면 명도소송하는 시간과 수고도 고려해야 한다.

공매의 숨겨진 보물, 국유재산과 이용기관 물건

공매물건은 세금을 체납해서 나왔거나 집을 두 채 이상 가진 사람이 양도세를 면제받기 위해 온비드에 매각을 의뢰한 물건이 대부분이다.

그리고 국유재산을 공개매각하기도 한다. 나라 소유의 땅과 부동산 등이 그것이다. 국유재산 외에도 공기업, 은행 등의 자산도 이곳에서 거래된다. 이런 물건을 이용기관 물건이라고 한다. 지방자치단체에서 구청장 사택으로 쓰던 아파트, 화력발전소나 전력공사에서 직원들 사택으로 쓰던 아파트, 은행에서 자체 압류한 상가 등이 그것이다. 이런 물건 중에 보물이 숨어 있다.

뭔가 복잡하고 까다로워 보이는가? 조금만 정보를 캐내면 유리한 것이 바로 공매다. 정보도 부족하고 아직은 경매보다 활성화되지 않은 덕분에, 고수들은 오늘도 공매에서 노다지를 캐고 있다. 그러나 처음 경매에 입문하는 사람이 공매를 하는 것은 무리가 있다. 공매는 좀더 깊은 공부를 한 뒤에 해도 늦지 않으니 서두르지 말자.

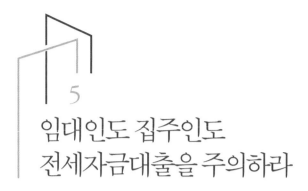

5
임대인도 집주인도
전세자금대출을 주의하라

임대인에게도 치명적이다

"선생님 큰일났어요. 낙찰받은 집에 임차인이 들어오기로 했는데, 전세자금대출이 안 된대요."

낙찰자는 저렴하게 낙찰받은 빌라를 수리해 가치를 업그레이드하여 전세 임대를 하곤 한다. 인테리어를 하는데 적지 않은 비용이 들지만, 임차인의 보증금으로 돌려받을 수 있었다.

그런데, 조직적인 전세사기 사건이 번지면서 전세보증보험에 대한 규제가 강화되었다. 서민들이 거주하는 빌라는 공시가의 126%까지 전세보증보험에 가입할 수 있다. 자연스럽게 전세가의 상한선이 강제로 정해졌다. 임대인이 아무리 집을 멋지게 인테리어해도 적정한 전세가를 받을 수 없게 되었다.

전세금 반환을 보장하는 보증보험에 가입할 수 없는 임차인이 임대로 들어올 리 만무하다. 이에 따라 상태가 좋은 전세집을 제공하는 임대인은 사라졌다. 임대인은 전세로 내놓는 대신 월세로 바꾸어 내놓고 있는 현실이다.

나는 전세가의 급등은 전세에 대한 보증보험과 정부에서 정책자금으로 진행하는 전세자금대출에서 기인했다고 생각한다. 과거 전세자금대출이 없던 시기에는 모아둔 종잣돈에 맞는 전세집을 선택했지만, 금리가 매우 낮은 저리의 전세자금대출이 나오면서 높은 가격의 전세집을 선택하는 임차인이 많아졌다.

전세자금대출은 주택담보대출과 달리 원금은 상환하지 않고, 이자만 내면 되기에 더욱 부담이 없다. 매달 월세를 내는 것보다 이자 내기를 선택하는 것이다. 더욱이 전세보증보험이 보증하니 전세는 하늘 높은 줄 모르고 높아졌다.

임차인들에게 저렴한 전세자금대출이 된다는 것을 안 일부 악성 임대인은 임차인에게 리베이트를 주며 전세자금대출을 받게 해서 자신의 부동산에 임대를 하게 하기도 하였다.

전세사기에 관한 문제는 여전히 진행 중이다. 전세사기를 당한 임차인은 전세자금대출을 상환하지 못해 신용불량자가 되었고, 해당 부동산은 경매시장에 계속 쏟아지고 있다. 참으로 안타까운 일이 아닐 수가 없다.

허점이 많은 제도

전세제도를 우리나라 고유의 주거제도로 알고 있지만, 볼리비아에도 '안티크레티코(anticretico)'라는 이름의 전세제도가 있다. '부동산을 사용하는 것에 대가를 지불하는 행위'라는 의미다. 임대인이 임차인으로부터 받은 전세금은 2~4년의 계약 기간을 가지며, 계약 종료 후 전세금을 임차인에게 돌려주는 구조가 한국과 유사하다. 전세금이 일종의 사금융 역할을 하고 있는 셈이다.

그러나, 볼리비아의 전세제도는 우리와 다르게 투명하게 관리되고 있다. 볼리비아에서는 전세계약을 맺으면 법무부 등기관리소에 의무적으로 계약사항을 등록해야 한다. 등기부등본을 확인하면, 이전 임차인들의 전세계약 시점·기간·금액부터 임대인이 집을 사기 위해 받은 대출 시점·내역과 그의 채무 이력까지 모두 확인할 수 있다.

디지털 공화국인 대한민국에서 부동산 공적서류에 대한 신뢰문제를 아직도 방치하고 있다니 안타까운 일이다. 시급히 개선되어야 한다고 생각한다.

6

경매에서 가장 번거로운 것은
집 관리다

공인중개사와의 파트너십

내 집 하나도 관리하기가 쉽지 않은데, 스무 채가 넘는 집을 어떻게 관리하면 좋을까? 게다가 전국에 흩어져 있다. 사정이 이러하니 관리하기가 쉽지 않은 것이 사실이다. 그래서 반드시 도움이 필요하다.

용인에 현장조사를 갔을 때 세 군데의 부동산을 들렀다. 큰 부동산 두 군데에서는 경매 건으로 물어보러 왔다고 하니 심드렁하게 대꾸해 그리 친절한 답변을 듣지 못했다. 그땐 나도 경매 초보여서 더 부드럽게 질문하지 못했던 것도 같다. 세 번째 부동산은 상가의 한 칸을 쓰는 작은 부동산이다.

"저 말씀 좀 여쭐게요."

"네, 언니들, 어떻게 오셨어요?"

예쁘장한 젊은 중개사님이 엄청 싹싹하다.

"여기 경매 나온 물건에 대해 좀 물어봐도 될까요?"

"아~ 거기 낙찰받으려면 좀 높게 써야 할걸요."

젊은 여사장님은 본인도 경매를 한다고 하시면서 매매가, 전세가, 최근 낙찰가까지 친절하게 알려주셨다.

"혹 잘되면 저희랑 거래하셔야 해요."

결국 그 물건은 낙찰을 받지 못했다. 하지만 몇 달 후 그 근처의 다른 집을 낙찰받았고, 그 물건은 이 싹싹한 여사장님과 거래를 했다.

현장조사 때 부동산을 방문하는 것은 필수코스다. 이때 정보를 얻는 것 외에 공인중개사가 나랑 코드가 맞는지 확인하는 것도 해야 할 일 중 하나다. 원하던 집을 낙찰받고 명도를 마치면 임차인을 구해야 한다. 내가 스스로 임차인을 구하기도 하지만, 부동산에 의뢰를 하기도 한다. 이때 미리 알아둔 부동산이 있으면 일이 수월하다.

계약을 한 부동산에서는 임차인이 입주한 후에도 자잘한 관리를 해주기도 한다. 집에 작은 문제가 생겨서 임차인과 의견을 조율해야 할 때도 중간에 믿을 만한 부동산이 있으면 도움을 받을 수 있다.

지방의 집들을 임대할 때도 부동산과 친분이 있으면 편하다. 처음에 나는 임대계약을 할 때마다 지방까지 내려가서 계약을 했다. 그런데 매번 그렇게 하려니 여간 번거롭지 않았다. 그래서 지금은 부동산에 위임을 하고 위임장을 보내 거래를 한다. 부동산 공인중개사가 나의 대리인이 되어 대신 계약을 하고, 계약금과 잔금은 통장으로 입금을 받는 것이다. 전세계약을 하면서 전세권설정을 할 때는 부동산에서 알아서 법무사를 불러주기도 한다. 덕분에 한 번도 얼굴을 못 본 임차인도 있지만, 이분들이 월세를 밀려서 속을 썩은 일은 없었다.

관리사무소, 전문가의 손을 빌려라

"안녕하세요, 저 ○○호 집주인인데요, 수도가 얼지 않았을까 걱정돼서요. 죄송하지만, 저희 집 좀 한번 봐주시겠어요?"

이 집은 낙찰을 받고 나서, 집수리를 싹 다 해놓고 임차인을 맞을 준비를 마친 집이다. 마침 겨울이라 혹한이 왔다. 많은 아파트의 수도가 얼어터졌다는 뉴스가 나오자 비어 있는 집이 걱정되었다. 당장 내려가 보고 싶었지만, 수도만 확인하러 가기에는 너무 먼 거리다.

평소 친분이 있던 관리실 직원은 고맙게도 우리 집 상태를 확인하고, 수도 계량기함에 헌옷가지를 넣어 동파를 예방해주었다. 덕분에 다른 집이 동파되었을 때도 우리 집은 수도 동파를 면할 수 있었다.

빈집일 때도 관리가 필요하지만, 임대 후에도 자질구레하게 손봐야할 일이 생긴다. 그런데 한번 임대를 놓으면 그 집에 내려가서 상태를 확인할 일이 별로 없다. 그럴 때 관리사무소에서 나 대신 집 상태를 잘 돌봐줄 수 있다.

임차인들은 수도가 졸졸 샌다거나, 보일러 소리가 이상하거나 하면 집주인에게 연락을 한다. 내 입장에서는 참 귀찮은 일이다. 이럴 때 관리사무소의 도움을 받아야 한다. 관리를 해주는 곳이 관리사무소이지 않은가.

대부분의 관리사무소에는 설비를 담당하는 직원이 있다. 수도나 설비 쪽의 자잘한 문제는 자재만 보내주면 이분들이 해결을 해준다. 설비업자를 따로 부르면 출장비만 적어도 5만원이다. 돈 5만원도 아깝지만 일일이 신경 쓰지 않아서 더 좋다.

집을 아껴줄 임차인을 만나라

작년에 우리 집 근처에서 공사를 하시는 분들이 숙소로 이용한다고 해서 월세를 준 적이 있다. 계약기간이 끝나서, 이분들이 이사를 가고 집 상태를 보니 기가 막혔다. 남자들만 사는 것이어서 어느 정도 예상은 했지만 해도 너무했다. 먹을 것을 아무데나 함부로 두었는지 온 동네의 바퀴벌레가 다 이 집에 와 있었고, 화장실은 한 번도 환기를 하지 않은 모양인지 천장에 온통 곰팡이가 피어 있었다. 온몸에 곰팡이를 뒤집어쓰고 청소를 했더니 다시 말끔해졌다. 내 집이 망가진 것도 안타깝지만, 이런 환경에서 살던 사람들의 건강은 괜찮았을까?

집은 자꾸 어루만져줘야 한다. 매일 청소도 해주고, 환기도 꼭 시켜주어야 한다. 어디선가 날아오는 곰팡이가 있다면 바로바로 닦아주어야 더 이상 번지지 않고 없어진다. 음식물을 함부로 두면 다른 집에서 살던 벌레가 우리 집으로 다 이사 온다. 한번 생긴 벌레는 잘 없어지지 않는다.

내 집처럼 집을 잘 관리해줄 임차인이 우리 집에 있으면 집상태가 걱정되지 않는다. 그래서 내가 가장 선호하는 임차인은 가족이다. 아이 엄마가 있는 집은 기껏 해야 도배지가 더러워지는 정도다. 가족의 건강을 생각하는 엄마가 있는 집은 이렇게 엉망이 될 일은 없다.

또 깔끔한 남자 혼자 사는 집도 괜찮다. 요즘은 의외로 남자들도 깔끔하게 사는 것 같다. 젊은 남자들의 집은 여자친구나 엄마가 대신 집을 관리해주기도 한다. 이분들의 좋은 점은 사소한 것을 내게 요구하지 않아서이기도 하다. 자잘한 집수리는 본인이 알아서 하는 모양이다.

집 관리가 걱정된다면 처음부터 집 관리를 잘 해줄 수 있는 임차인을 들이는 것이 가장 좋다. 내 집을 잘 다뤄줄 만한 사람을 임차인으로 잘 선택해서 들이자.

경매 고수의 노하우

집수리, 누가 얼마만큼 부담해야 할까?

전세와 월세에 따라 달라지는 집수리 주체

전세일 경우에는 집수리 비용을 누가 부담하느냐로 갈등이 종종 있다. 전세계약 기간이 2년이므로 사용 기간이 2년이 넘는 것은 집주인이 부담하고, 2년이 안 되는 소모품인 경우는 임차인이 부담한다고 보면 무리가 없다. 보일러나 수도, 전기 등이 고장이 나면 집주인이 고쳐주어야 할 것이고, 전등이 나갔거나 도배지 손상의 경우에는 임차인이 부담하는 것이다. 일반적으로 월세인 경우에는 집주인이 관리를 다 해준다. 자잘한 수리도 다 해준다. 나는 임차인을 들이기 전에 수리를 하면서 전등 같은 소모품은 미리 교체를 해놓는다. 이런 자질구레한 문제로 임차인의 전화를 받는 것도 번거롭고, 사람을 불러서 하는 것보다 내가 직접 하면 비용도 얼마 하지 않기 때문이다.

7

이왕이면
착한 집주인이 돼라

월세가 석 달째 밀린 임차인

임차인이 석 달째 월세를 내지 않았다. 그리 큰 금액도 아닌 월세 20만 원이다. 보증금이 있으니 보증금에서 제하면 되지만, 이렇게 계속 월세를 밀리면 곤란하다. 매달 이자를 내야 하는데, 월세를 못 받으면 다른 곳에서 돈을 마련해야 한다. 임차인은 몇 달째 전화도 받지 않고 내 전화를 피하기만 했다. 돈도 돈이지만 화가 나기 시작했다. 약이 올랐다.

도저히 안 되겠다 싶어서 그만 내보내야겠다고 마음을 먹었다. 임차인이 전화를 받지 않으니 내용증명을 먼저 보내기로 했다. 내용증명을 보내고 바로 명도소송을 하면 되는데, 임대보증금이 있으니 소송비용은 보증금에서 제하면 된다.

그렇게 마음을 먹었는데, 띠리링~ 하고 장문의 문자가 들어왔다.

'안녕하세요. ○○에 사는 학생입니다. 정말 죄송한 마음으로 연락을 드립니다. 지금까지 저희 아빠가 몇 달째 집세를 제때 못 드린 점 고개 숙여 제가 사과드릴게요. 저희 아빠가 요즘 경제적으로 많이 힘드세요. 저도 이제 대학을 졸업하고 막 취직을 해서 어린 나이에 가장이 되었어요. 제가 지금 일을 시작한 지 얼마 되지 않아서 월급이 다음 달 둘째 주에 들어옵니다. 그땐 제 이름을 걸고 밀린 집세를 내겠습니다. 이렇게 문자로나마 제 마음을 전하고 싶습니다. 죄송하고 감사합니다.'

아… 이 문자를 받고, 눈물이 날 것 같았다. 내 전화를 피하는 임차인을 원망하던 마음이 눈 녹듯이 사라졌다. 미안하고 부끄러운 맘에 문자를 보냈을 학생에게 전화를 했다.

"학생, 기다려줄게요. 월급 받으면 그때 임대료 넣어주세요. 어려서 고생을 하면 잘산대요. 학생은 나중에 잘될 거예요."

학생은 감사하다고 거듭 말했고, 그 이후로는 매달 임대료를 밀리지 않았다.

외국인 아내의 쌈짓돈

명도를 진행하는 중에는 모르는 전화번호가 종종 뜬다. 이때도 한창 명도를 진행하던 중이라 살짝 긴장을 하고 전화를 받았다.

"저는 ○○에 사는 김○○의 아는 사람인데요."

온화한 목소리의 아주머니였다. 누구의 친구나 누구의 아는 사람이라는 사람들은 대부분 점유자의 의뢰를 받은 경매 컨설턴트이거나 경매를 좀 아는 지인인 경우가 많다. 이들은 보통 이사비를 요구하거나 인테리어 비용을 달라든가 하는 무리한 요구를 해오는 경우가 많아 그리 달갑지 않다. 그런데 이분은 느낌이 좀 다르다.

"여기 사시는 아주머니가 외국인이에요. 저는 아주머니를 도와주는 복지센터 사람이고요. 아저씨는 매일 술에 취해 있고, 외국인 아내가 돈을 벌어 먹고사는데 참 안된 집이에요. 아이들도 아주머니가 다 키우고 있죠. 아주머니가 한국어가 서툴러서 제가 대신 전화드렸어요."

"아~ 그러시군요. 그래도 죄송하지만 집은 비워주셔야 하는데 어쩌죠?"

"네, 그래서 전화했어요. 이 집에 사실 건가요? 혹시 전세로 놓으시나 해서요."

"제가 들어가 살 건 아니고요, 월세를 놓으려고 생각하고 있어요."

"여기 아주머니 상황이 월세를 살긴 너무 힘들고요, 혹시 가능하다면 전세로 해주시면 참 고마울 것 같아요."

결국 나는 이 집을 전세로 내주었다. 외국인 아내는 그동안 모아둔 쌈짓돈과 주위 분들의 도움으로 전세금을 마련했다. 나도 주변 시세보다는 저렴하게 전세를 드렸다. 내가 손해 볼 정도는 아니었지만, 내 나름대로 신경 쓴다고 쓴 것이다. 나도 가진 것이 별로 없지 않은가. 가진 것이 별로 없으면 마음이 있어도 많이 베풀 수가 없다. 계약할 때 만난 외국인 아내는 내게 고맙다는 말을 여러 번 했다. 그 말에 나도 말할 수 없이 고마움을 느꼈다.

전세금 전액지원을 받는 임차인

우리 집은 작고 저렴하기 때문에 전세금전액지원이라는 제도로 입주를 한 분이 몇 명 있다. 이 제도를 이용할 때 계약금은 본인이 내고, 잔금은 LH공사에서 대출을 해준다.

그런데 얼마 전 수상한 임차인을 만났다.

LH공사의 전세임대로 입주를 하겠다는 학생이었는데, 계약금도 입금하지 않으면서 자꾸 계약이 체결되었다고 하는 것이다. 이 거래는 부동산을 통한 것이어서 부동산 사장님과 전화통화로 진행을 하고 있었다.

"사장님, 계약금이 안 들어왔는데 무슨 계약이 되었다는 거예요?"

"LH공사에서 심사가 다 났대요. 입주하는 데 아무 문제가 없어요."

"그래도 계약금은 본인이 부담하잖아요. 뭔가 좀 이상한데요. 계약금도 안 받았는데 그냥 없었던 걸로 해주세요. 그냥 이분과 안 할래요."

전화를 끊고 얼마 지나지 않아 LH공사의 담당자가 다급하게 전화를 걸어왔다.

"이 학생은 저희 공사에서 전액지원이 나가는 학생이에요. 전세를 겨우 구했는데, 사모님이 안 된다고 하시면 이 학생이 갈 곳이 없어요."

보통은 뻣뻣한 LH공사다. 임차인을 위해서 이렇게 대신 전화를 주는 일은 흔치 않다.

"어떤 학생인데요? 왜 그리 불쌍하다고 하시는지…."

"실은요…. 고아원 퇴소자예요."

순간 머릿속에 두 가지 생각이 동시에 떠올랐다.

돌봐주는 사람이 없는 어린 학생이라면 집을 엉망으로 만들지도 모르는데 문제가 생기면 이 학생을 어떻게 하나 하는 집주인으로서의 생각과, 우리 딸과 비슷한 나이의 어린 학생이 부모도 없이 얼마나 힘이 들까 하는 엄마로서의 생각이었다.

전세가 귀해서 이 학생 말고도 들어올 임차인은 많았다. 사정은 딱하지만, 이 어린 임차인을 반가워할 집주인이 있을까. 그래서 마지막 순간까지 부동산도, LH공사 직원도 임차인의 정체를 밝히지 않았겠지. 만약 내가 안 된다고 하면 이 학생은 다시 전셋집을 구해야 할 것이고, 그것은 쉬운 일이 아닐 것이다.

학생이 입주하고 예상대로 약간의 귀찮은 일들이 있긴 했다. 집에 벌레가 많다고 전화가 오거나, 아랫집에서 시끄럽다고 전화가 온 정도다. 어른이 사는 집이라면 알아서 처리했을 작은 문제들이다. 다행히 큰 문제는 없었다.

경매를 하다 보면 다양한 사람들을 만나게 된다. 그때마다 갈등도 하고 고민도 많이 한다. 하지만 모두 사람의 일이라 조금만 배려하고 마음을 너그러이 가지면 상대방도 조금 양보해 주게 마련이다.

돈을 벌기 위한 목적이기 때문에 무작정 너그러울 수는 없지만, 적어도 인간적인 호의를 베푸는 것은 사람으로서 충분히 해줄 수 있는 배려다. 경매를 통해 사람을 내쫓는다고 생각지 말고, 필요한 다른 사람에게 내 집을 빌려준다고 생각하자. 그때부터 집주인으로서 세상을 위해 할 수 있는 일이 조금 더 늘어날 것이다.

에필로그

경매 공부는 열심히 했지만
망설이는 당신에게

우리는 여전히 투자를 한다

나는 집 한 채 제대로 사보지 않고 경매를 시작했다. 부동산 시장에
대해 공부도 안 한 상태였는데 얼떨결에 경매를 배우고 나서 그제야 부
동산을 알게 되었다.

"요즘 누가 집 사? 집 사면 다 망해."

모두가 집을 사는 대신 전세를 살던 때였다. 만약 당시 부동산 공부
를 좀 했다면 어쩌면 나도 경매를 시작하지 않았을지도 모르겠다. 하지
만 불행인지 다행인지 아무것도 몰랐고, 본전을 잃지 않는 경매를 하려
고 노력을 했다. 그러다 보니 저렴하게 물건을 낙찰받을 수 있었고, 시

간이 지나 부동산 시장이 다시 오르면서 자산이 늘어나게 됐다.

첫 책 출간 이후, 지금 나와 동생은 어떤 삶을 사는지 앞으로의 투자 방향은 무엇일지 궁금해하는 이들이 많을 것 같다. 동생은 몇 차례 경매로 성공을 한 뒤 서울 문정동 아파트로 이사를 했다. 경매 매물을 살펴보다가 운 좋게 저렴한 급매를 잡아 이사할 수 있었다. 경매가 가져다준 선물이다. 이 아파트는 재건축을 앞두고 있어 동생은 위원회 이사로 활동하기도 했다. 여전히 활동적이다.

나는 첫 낙찰받은 집에서 15년간 살았다. 전세금 때문에 더 이상 이사를 하지 않아도 된다는 것이 무척이나 좋았다. 그런데 장성한 아이들까지 다섯 식구가 살려니 집이 좁게 느껴져 이전에 낙찰받은 양평의 토지에 단독주택을 건축할 예정이다. 여기서 내 노후를 행복하게 꾸릴 것이다.

우리 자매는 여전히 함께 투자를 이어가고 있다. 하지만 아파트, 빌라 등 주거용 물건은 많이 줄였다. 보유세가 증가하여 많은 집을 가지는 것이 불리해졌기 때문이다. 대신 낙찰 후 세금을 내고 단기로 매도하거나, 좋은 입지에 있는 토지를 낙찰받았다. 때로는 토지를 매매해 건축을 한 후 매도하기도 했다.

작년에는 역세권 택지를 공매로 낙찰받았다. 호기롭게 시작했지만 최근 대출시장이 어려워서 잔금을 치르는 데 애를 먹었다. 경매를 하면서 여전히 가장 어려운 점은 역시 잔금인 것 같다. 하지만 문제는 해결됐고, 이제는 신축하기에 용이한 시기를 기다리고 있다. 월세를 받을 수 있는 다세대 주택을 건축할 예정이다.

시장에 대처하는 자세

"앞으로 부동산 시장이 오릅니다."

"아닙니다. 완전 폭락합니다."

수년의 시간을 투자자로 보내면서 느끼는 것은 데이터로도 경험으로도 시장을 예측하는 건 참 어렵다는 것이다. 한 개인이 거대한 경제의 흐름 앞에 할 수 있는 선택지는 많지 않다. 아마도 변화 앞에 적절하게 대응하는 것만이 유일한 행동인지도 모른다.

솔직히 말하면 당신이 이 책을 한 권 읽었다고 엄청난 투자자가 될 수는 없다. 이 책은 변화의 시작일 뿐이다. 알고 보면 별것 아닌 경매를 간접적으로 체험하고, 경매 지식을 쌓으면서 나도 할 수 있다는 자신감을 가졌으면 한다. 그리고 가장 바라는 것은 이 책을 통해 당신이 인생을 살아가는 기본 지식으로 부동산을 알았으면 좋겠다. 대한민국 모든 사람들이 부동산을 알아서 내 권리를 잃지 않았으면 좋겠다. 법은 자신의 권리를 주장하지 않는 사람을 지켜주지 않는다. 경매는 그 권리가 무엇인지를 알게 해주는 가장 좋은 방법이다.

수십 번의 명도를 진행하면서 안타까운 사연들을 너무 많이 접했다. 그들을 내보내는 입장이었지만 마음 한편이 아팠던 적도 있었다. 법을 알고 투자를 알면 이런 가슴 아픈 일들은 일어나지 않는다.

최근 몇 년 간 조직적인 전세사기 사건이 계속 발생하고 있다. 전세 제도가 시작된 이래로 이렇게 대규모 사기 사건이 일어난 것은 이례적이다. 하지만 과거에도 이런 일들은 계속 있었다. 나쁜 사람들은 얼마든지 기회를 이용한다.

우리는 반드시 법을 알아야 한다. 경매를 통해서 알면 더 쉽다. 고등학생이 되면 누구나 주택임대차보호법을 알아야 하고, 전월세·매매 등 부동산의 기초 지식들을 알아야 한다. 대한민국에서 성공적으로 살아가기 위해서는 반드시 집이 필요하기 때문이다. 나는 이러한 모든 것을 학교에서 필수 교과과목으로 알려줘야 한다고 생각한다. 언젠가 내가 학교로 가서 학생들에게 경매 강의를 하는 날이 오기를 바란다.

나는 돈이 없어도 경매를 한다: 확장판

1판 1쇄 발행 2024년 3월 1일
1판 3쇄 발행 2024년 8월 1일

ⓒ 이현정, 2024

지은이	이현정
펴낸곳	거인의 정원
책임편집	정아영
출판등록	제2023-000080호(2023년 3월 3일)
주소	서울특별시 강남구 영동대로602, 6층 P257호
이메일	nam@giants-garden.com